U0144537

規劃與控制

邢祖援著

文史哲出版社印行

序

我在復興基地臺灣，服務公職四十餘年，所主管的業務、擔任的教學、以及從事的研究和著述，絕大多數和現代管理中的規劃與控制有關。尤其連續擔任計畫與管制考核部門主管；主持建立戰略計畫與施政計畫制度；參與先總統蔣公親自主持的專案計畫會議，並輪任簡報達四年之久；在行政院研考會親手建立管制考核制度；兼任文化大學及政治大學與多項公務人員訓練機構規劃與控制課程。因之，對此一知識領域的資料，涉獵相當的廣泛，更培養了濃厚的興趣。

多年來在各期刊發表的論文，與個人從事的各項研究兩百餘篇。著有「現代管制考核制度」「後支量、補給量、攜行量」、「計畫理論與實務」、「整體規劃探微」以及業餘之「篆文研究與考據」等書。近年以來，復陸續撰述論文多篇，特選擇其中四十餘篇輯成此書。

此等文稿，或係應乎政府當時推行某項政策措施，略抒已見；或係教學研究期間發現的問題，再予整理闡述；或係對於既往工作的回顧，進而展望未來；或係基於持續的研究，再有衍生與創新。

將此文集彙編付梓，除對某一階段規劃與控制業務發展，留供檢討的紀錄外；並將個人在研究撰述歷程中的雪泥鴻爪，作爲誌念；更以一得之愚，如有可供參考採擇之處，期能促進規劃與控制在行政業務上的應用更求進步。

由於任教於國立政治大學教育中心，擔任「規劃與控制」課程，近二十年之久，在此受訓人員均為政府各機關主要中層以上幹部，除教學外尚主持或參與研討會，教學相長，印象至為深刻。爰以「規劃與控制」為書名，以資誌念，事實本書內容涵蓋規劃、控制以及組織與行政三大部分。

社會科學日新月異，行政與企業管理一日千里，筆者不敏，舛誤難免，仍祈不吝指正。

邢祖援　民國八十七年九月四日於臺北市

規劃與控制　目　次

規劃部分

控制部分

組織與行政部分

規劃部分

從事計畫工作的經驗與展望

壹、前　言

行政院研考會自調整組織構架以來，旋即通過立法程序成為院屬正式組織機構。其主要精神乃將原有「研究發展」與「管制考核」兩大業務，增加了「綜合計畫」與「資訊管理」兩個部門，使四大工作齊頭並進，形成更完備的研考組織型態。而省轄各縣市，早在加強縣市組織功能，調整組織機構時，即成立了「計畫室」，主管全般研考業務。至於行政院所屬各部會，在新成立機構或於組織更新時，亦均設置了計畫專責單位，或將計畫業務明定於某一幕僚單位職掌之中。

以上種種均可說明計畫工作愈來愈重要，而被機關首長視為幕僚群中重要的單位。有人說：「計畫是二十世紀的行政特徵」，誠非虛言。

再就計畫發展狀況而言，由於經濟建設計畫，以四年一期向前推進，已發展至第十期。國土綜合開發系列計畫，不僅區域計畫、都市計畫法規，都已經過立法，而且已形成法規體系。至於計畫的發展，更是廣泛、普遍、深入而持續連貫。根據行政院研考會的統計，行政院各部會及省市政府階層，每年所保持的長、中程計畫，爲數即達六〇〇個以上。際此我國即將進入已開發國家前夕的重要關鍵時刻，政府復推動六年國家建設計畫，據估計此一計畫的子計畫，即包括七七五個。計畫的發展，目前在我國具有劃時代的意義。

雖然計畫發展如此蓬勃，負責主管計畫的單位與人員相當衆多，然而吾人經常仍感到人力不足和人才缺乏，而目前服務於計畫單位的人員，對於從事計畫作業，絕大多數都是從主管業務中，多年摸索、累積經驗而得來的。因爲從基礎的養成以及專業訓練，既然極爲缺乏，而且將過去工作經驗忠實紀錄下來，或編輯成爲系統又詳盡的業務手冊的，更屬鳳毛麟角。憶及筆者過去服務於研考會所編的「十項重要建設的規劃與控制」，也嘆後繼無書了。

爰就個人服務計畫工作多年經驗，研提心得報告，一得之愚，供爲參考。

貳、與計畫結不解緣—我的計畫經歷

在復興基地四十多年來，我服務的工作，大多與計畫相關，眞可說是與計畫結不解緣。

民國四十年代初期，擔任國防部後勤計畫主管，除策訂一般後勤計畫外，還訂定後勤計畫的基本因素，如補給程序、基本攜行量；編撰後勤及編組計畫因素手冊，此一手冊的編撰，當時集合各類專家一〇八人，提供資料，由筆者總其成，蔚成鉅著。旋參與研究行政三聯制，提出報告，獲頒一等績學奬章。

先後入陸軍指揮參謀大學及國防大學深造，長期研習參謀組織與程序、作戰計畫、研究、判斷，兩棲作戰計畫，以及三軍聯合作戰計畫、軍事戰略計畫（亦稱戰爭計畫）等理論與作業，畢業後調物力司工作，主持物力動員各項計畫，並舉行多次大規模演習。

在四十七年七月國防部各聯參群大幅改組，成立各參謀次長室，奉調前往新成立的計畫參謀次長室任主管中程計畫及施政計畫的處長。首先蒐集美軍各種計畫作業手冊，將其中十種譯印分發，繼由筆者執筆撰編第一部「國軍軍事戰略計畫制度手冊」，及指導編撰第一本「國軍施政計畫制度手冊」，此時對美國戰爭計畫更加深入研究，對此項問題的權威，已故余伯權上將，受其誨益尤多。

民國四十年代後期至五十年代初期，國防部先後成立中興計畫作業室、聯戰演習計畫室及國光計畫作業室，專司某項專案計畫的研訂。筆者先後以副廳長及相當於助理參謀次長的職務，專責兼任後勤計畫處長或副主官。在此期間終日與計畫為伍，成為軍事計畫專業人員。尤以服務於後者單位時，「閉關」在某一山區從事計畫作業，竟達四年之久。其中最積極的兩年中，幾乎每週一次參與先總統 蔣公所主持的會報，並為少數擔任簡報人之一，得以長期親聆 蔣公訓示，獲益甚多。

五十八年九月調研考會服務，十月即赴韓國訪問，主要瞭解韓國企劃管理制度，並將所獲書面資料「韓國政府階層計畫作為制度」譯印分發。服務研考會多年，一面建立管制考核制度，行政機關施政計畫制度，一面廣泛閱讀行政與企業管理各種書籍，更深入瞭解在現代管理功能中規劃與控制的重要性。又為推展業務撰述研究、論文，曾對經濟建設計畫第一至九各期，以及綜合開發與區域計畫，反覆研讀幾達半年之久。所撰對經建計畫結構研究論文，承于宗先博士寄送聯合國規劃機構某華裔學者參考；對區域計畫研究論文，亦獲都市計畫主管機關及學者的重視。

七十年代初調行政院參事兼秘書室主任，除主管施政方針外，正值孫院長運璿先生重視計畫與考核，規定重要計畫、方案，必先提報院會通過。當時有幸每週列席院會，以余對計畫特別具有興趣，得能優先閱讀並蒐集建檔，亦因此機緣，而撰述多篇論述。

七十四年調國安會國建會服務，純爲研究工作，每年除撰述研究論文二至三篇（均與計畫有關）外，並主管每年度提出的「國家情勢研判」，此項研判由近二十位專家，就政治、經濟、文化、軍事等提供初步研判資料，由余綜合撰擬一長達十萬字的文件，印發各機關參考，直至該機關結束爲止。

筆者自四十年代起，分別在國防研究院、革命實踐研究院、中國文化大學、國立政治大學公企中心，以及其他中央及省市訓練機構擔任施政計畫、戰爭計畫、規劃與控制、計畫原理與實務、行政計畫概論、長期規劃、目標管理與行政計畫作業、國家施政方針等有關計畫課程，以迄於今，教學相長，更獲裨益。

叁、三大具有規範的計畫系列

吾人確認計畫是一項重要的管理功能，而與一般公文書有別。管理學家不論將現代管理功能如何區分，總不能缺少計畫此一重要功能，且恆居首位。因其屬於管理功能，故無論計畫應用在何項業務中，雖必有其個別性的特質，然亦必有其共同性的特質與原則。基此認識，從事計畫作業人員，對於各類計畫的研究與瞭解，藉以取長捨短、舉一反三，甚有必要。

不僅筆者淺見，可能亦爲有關人士所公認，國內甚至先進國家具有規範制度甚有成就的，不外三大計畫系列。即爲：國土綜合開發、經濟建設及軍事三大計畫系列。茲分別簡述如次：

一、國土綜合開發計畫系列

此一計畫系列，在國內包括綜合開發計畫、區域計畫、都市計畫等，具有地區性、綜合性、廣泛性、長期性、持續性等特質。由於有明確法規的依據，發展具有多年歷史，且多能持續不斷修訂；尤其各大學設有都市計畫或市政系所，人才培養有一定管道；各級政府設有主管機關；從其他先進國家深造歸國人員汲取國外經驗等，使其能成爲具有規範制度的系列。

目前已策訂並持續修訂的，有廿年綜合開發計畫，四個區域計畫，三百餘個都市計畫，尚有若干特定區、新市鎮計畫，各縣市亦都策訂有縣市綜合發展計畫。由這些計畫衍生而發展出來的各項實質建設計畫，更不勝枚舉。

二、經濟建設計畫系列

第二次世界大戰以後，先是美國以其民主國家領導的地位，提供落後國家的經濟與軍事援助，凡接受美援國家必須提出詳盡的計畫，以求有效運用。爾後世界銀行對此等國家提供貸款，並由世界銀行專家，指導各開發國家策訂經濟建設計畫。一俟開發中國逐漸能自給自足，仍循此一持續發展目標，策訂經建計畫；而開發中國家，彼此亦相互借鏡，力求改進計畫發展的精度與深度。許多國家主管經濟計畫機構，均具有超然崇高的地位，且能集中優越人才從事計畫，故亦可列為甚具規範計畫系列。

此項計畫系列的特性，除係以經濟建設為主要範圍外，並從總體到部門，亦具有長期性、持續性、廣泛性等的特質。惟雖有甚多經濟學家及經濟計畫專家的著作（多係國外，經建會譯印頗多），但在國內似尚無法規手冊等具體文獻。

我國自民國四十二年起，策訂第一期四年計畫，以後持續策訂至六十五年第六期計畫時改為六年計畫，至七十一年復又改為四年計畫，目前正在實施的是七十九至八十二年的第十期經建計畫。

三、軍事計畫系列

軍事計畫系列，又可區分為作戰與戰爭計畫，戰爭計畫又稱為軍事戰略計畫。軍事計畫可能發源最早，有軍隊就有作戰，有作戰就有計畫。不過早期作戰計畫偏重於謀略，或注重戰爭藝術與戰略、戰術。現代軍事計畫當以美軍為翹楚，尤其自二次大戰期間，同盟國家與美國並肩作戰，接受美援與訓練，多半採用美制。

美制計畫作為注重戰爭科學，與前者偏重戰爭藝術大異其趣。因此在計畫作為方面，係以邏輯思維建立作業程序；以預測判斷的推理，作為決心的基礎；以集體的參謀作業，發揮參謀組織的整體精神；以對人、時、地、物，作嚴密的規劃與組織；以層層節制、分層負責，策訂本計畫與各種附屬計畫、各階層計畫；以測驗與演習（包括電腦兵棋），考驗計畫的可行性與執行前的預習。

軍事作業平時即規定各項ＳＯＰ，訂定參謀組織與程序，各項參謀文書與計畫作爲手冊，在三軍大學戰爭學院與軍種參謀學院的長期教育中，泰半時間爲研習此類課程，故可稱爲法規與訓練具有規範的計畫系列。

肆、國家計畫體系的建立

無論在國土綜合開發計畫中強調「綜合規劃」，經濟建設計畫中，注重「總體規劃」，以及現代企業管理與戰爭計畫中，倡導「整體規劃」，無不重視建立一個健全的計畫體系。此一體系必須包括：一、從高階層至低階層的各級計畫；二、從長程、中程、近程至年度的各期程計畫；三、在政府各項業務中涵蓋周延的計畫；四、稱爲「持續性」或「重複性」的，不斷的、週期的計畫。

早年國家安全會議曾策訂過動員戡亂時期國家計畫體系，明確規定長、中、近程計畫涵蓋的時間，與政治、財經、文化、軍事四大建設應策訂的計畫，雖然時過境遷，內容已須再加檢討，然而基本構架精神可值參考。

多年來我國在前節所述三大計畫系列推動之下，雖然已有了卓越的成就，然而也不能否認從政府計畫體系上檢討，尚未臻於完善的境地。

例如政府最近推動六年國家建設計畫，一面是配合總統六年任期，國家處於最重要的階段；一面也由於四年經建計畫涵蓋面尚不夠廣泛，而綜合開發與區域計畫又稍欠實際，未盡能劍及履及、貫徹實施。又如有了四年經建計畫，有些部門即未再層層規劃，尤以政治建設、社會建設，不能配合經濟建設突飛猛進。有些部會本身尚乏一個有體系的計畫；有的部會雖然有了計畫或方案，亦未盡能從期程上發展長中近程的計畫，階層發展各級層的計畫，更未能形成持續性、週期性的計畫。

依據筆者多年從事計畫的經驗，淺見以爲建立整體性國家階層的計畫體系，以規範各部門、各階層的計畫發展，甚有必要。而各部門機關亦須建立本部門的計畫體系，各部門必須依照有關政策、目標，發展主管部門計畫形成體系。筆者常比喻計畫體系內分門別類，猶如堆成的積木，整體來看似一座美侖美奐的高樓，而每一塊積木與其他積木組合，可能又形成另一建築體系。例如經建計畫中的人力發展部分，必須由內政部、教育部、經濟部、輔導會等資料合組而成。可分可合，形成一個國家計畫體系的靈活架構。

伍、如何培養與增進計畫知能

由於目前各大學系所，較少培養計畫專業人才的處所，各公務人員訓練機構，所列有關計畫課程時數甚少，對於計畫人員知能的增進，甚感需要，爰依多年從事計畫作業及講授的經驗，提供淺見如次：

一、有關基本法規、參考書籍、手冊的建立與研讀

此類法規、書籍，爲培養計畫人員的基礎，一面深入研讀增進知識，一面亦宜著手建立本機關的

法規、手冊。此類資料學者著述雖不甚多，然在經濟計畫部分，在經建會早期時代，即譯印有數十種之多。都市計畫部分，由於有主管的法規體系，且各大學系所教學資料及學者著述，與人民團體的都市研究學會（筆者亦爲常務理事達十數年之久）等，資料必屬不少。至於有關管理方面，對企業經營的規劃，更樹立若干模式、觀念與理論。在軍事方面，以建立各種參謀與計畫作業手冊，最爲完善，已使其形成制度化。

二、研讀各種已策訂的計畫，取精用宏

研讀各類型計畫，最易獲得實效。不過，研讀方式不僅是普通的瀏覽，必須要精讀，每一計畫至少要讀到能默記其大要。閱讀尚感不夠，必須擇記其大要，與相關計畫加以比較，能發現其優缺點與問題所在（純就計畫作爲觀點），進一步更能提出心得研究報告。有時旁觀者清，可能會反映出一些問題，看多了自然也就增進個人對計畫的素養。

三、摹擬計畫作業，訓練作業能力

有些主管計畫單位，平時即有很多計畫在進行作業，自然有磨練計畫作業能力的機會。有些單位業務負荷不重，新進人員較多，不妨假設狀況與問題，使計畫人員有摹擬計畫作業的機會，計畫完成再加檢討與評估，以求增進作業能力。如本機關尚未建立長程與中程計畫，亦不妨先作摹擬性的計畫作業，一俟成熟後，亦可付諸實用。計畫本來是具有前瞻性的，可以做各種假設，只要是有可行的，不怕遙遠。據悉過去淡江大學與三軍大學合作來做電腦兵棋推演，當時是在蘇俄與中共交惡，陳兵邊

境之時，推演的主題是假定中共和蘇聯爆發戰爭，可能演變的各種結果。

四、認識計畫的各種型態，均宜納入計畫作為範圍

許多管理學者，都主張將目標、政策、研究、預測、判斷、程序、計畫、方案、預算、策略、措施等，都視爲計畫的型態。因此計畫人員應將計畫視爲較廣義的解釋，以使以上各種文件，均能依照計畫程序、方法產生。更進一步對於本機關的決策系統與程序，計畫可行性的先期評估等，亦應加以研究與推行。

五、多發展小型、單一問題的預測、研判，訓練思考能力

雖然較大規模的預測、研判，較爲繁複費時，惟對本機關面臨一些單一問題，不妨運用預測、研判方式，從事計畫作業，訓練幕僚人員思考能力。如軍事參謀研究規定六段：一、問題；二、立案假定（或前題）；三、有關諸事實；四、討論（分析）；五、結論；六、建議。亦屬簡單易行。又平時撰擬公文，亦宜以推理思維程序，簽擬意見。如敍述簡要事實，分析問題癥結，列舉可行意見，加以優劣評估，建議採行方案，以供首長抉擇可否，而避免凡事請示。

六、加強教育訓練

大學有關系所，宜加強一般計畫理論與實務課程；各公務員訓練班次，視其性質加強有關計畫、預測、評估等課程；專爲計畫主管人員所辦的訓練，其課程的設計，如何能合理周延，宜邀請學者專家來商討研訂。如實施計畫研擬作業、狀況推演，更爲有效。

惟任課者必須瞭解其專長，因計畫類別、系列不同，各有所長，亦不能以偏概全，摸到一條尾巴當大象。

陸、計畫對一般公務員的功能

計畫方面所培養的知能，不僅是計畫專業人員所應有，即一般公務人員亦有裨益。一面由於各部門公務人員，對主管業務均須策訂計畫，一方面計畫知能，對於公務人員處理業務具備下列功能。

一、訓練思維程序，能以科學化、邏輯化方法，合理處理業務。

二、熟悉預測、研判的方法，可以養成敏感性、主動性、前瞻性的研判習慣，掌握先機。

三、培養對本單位平時各項行動，都是有計畫的，有管理的。

四、逐漸運用計畫知能，建立本機關健全的決策系統，和完整的計畫體系。

五、計畫的特質即具有整體性，因此，經常從事計畫作爲，亦可藉以培養本機關的整體觀念與團隊精神。

六、計畫又具備效率性和效果性的本質，所以經常從事計畫作爲，亦可促進本機關工作的效能。

柒、今後展望與努力方向

一位公共行政學家說：「公務人員扮演了五種角色：一、制定政策；二、策訂施政計畫；三、制訂法律；四、保障國家社會的安全；五、促進社會福祉。」從以上各種角色而言，均需要計劃、再計劃、不斷的計劃。

從我們國家的基本目標而言，要完成兩岸的和平統一，依據統一綱領所制定的三個階段，爲期雖尚無一定的時間表，然而乃爲一長程的努力目標可無疑議。在此三階段長期的努力與競爭的狀況之下，吾人眞不知有多少預測、研判、計畫、方案、政策、策略等，需要發展、策訂，計畫工作可說是一個無限發展的天空。

再就復興基地而言，經過多年的建設，經濟突飛猛進，國人均以公元二〇〇〇年爲達到現代化已開發國家的境地，懸爲努力以赴的目標。爲達到此一目標，無論在經濟、社會、政治、文化、國防等各方面，又不知有多少長中程計畫待發展與推行。計畫工作人員必將扮演一個重要的角色，當仁不讓。

即以當前正在推行的六年國家建設計畫而言，初步統計包括有七七五個分項計畫，子計畫與衍生計畫尚難加以統計。依據研考會每年統計院屬各機關及省市政府，現有長中程計畫，合計均在六〇〇個以上，另都市計畫系列，亦已達三〇〇餘個。以上國內計畫蓬勃發展情形，配合未來發展趨勢，更可說是方興未艾。我們從事計畫作業的各部門人員，今後的職責勢將更爲艱鉅。

今後吾人應努力的方向約舉如次：

一、爲建立國家計畫體系，共同努力；尤其六年國家建設計畫訂頒後，對四年經濟建設計畫與國土綜合開發系列計畫的定位與修訂。

二、在國際與國內各種狀況瞬息萬變之際，鼓勵各部門多做各種狀況的預測、研判，以及若干因應方案，可能必須策訂多項預備方案，無論在有利或不利的狀況下，均可採取適切對策。

三、管理科學發展迅速，資訊系統應用普遍，亟應研究應用，加強計畫作業知能，使計畫作業更能科學化、計畫管理更能合理化，計畫人員的素質，更能不斷提高。

四、各類別業務計畫系列，固各有其背景，然亦具有其特質，如能相互研究，捨短取長，必可有益計畫知能的增進。

五、建立本部門的計畫作業各種規範、手冊等，使經濟得以繼續傳薪。如欲在行政院訂定一適合各類業務均可應用的規範，較屬不易。最多亦祇能規範一些共通性的原理原則。猶如一本「管理學通論」，在各企業機構應用起來卻各有千秋。

（原載「研考雙月刊」十六卷五期，民國八十一年十月）

國家重要建設的持續性與體系性

壹、前　言

我國近廿餘年以來，由於政府全力推動各項重要建設，從十項建設、十二項建設以迄於十四項建設，復推動六年國家建設計畫。初期以經濟建設爲主流，以後更擴及文化建設與社會建設，以至於全面國家建設。從十項、十二項、十四項（卅個）計畫，範圍擴大到六年國家建設初步估計的七七五個計畫，對於政府持續性與整體性的大力推動國家建設，力求達到提高國民所得、厚植產業潛力、均衡區域建設以及提升國民生活品質的四大目標；進而達到於公元二〇〇〇年邁入現代化國家及已開發國家之林。

國家建設乃一恒久性持續性的工作，必須年復一年，持久性規劃，并投下龐大資金與人力，始能見到功效，絕非一蹴可成。誠如蔣故總統經國先生，當年在行政院長任內倡導十項建設時說：「今日不做，明日必將後悔。」

國家建設又是經緯萬端，千頭萬緒，必須均衡發展，不可偏頗。早年偏重於經濟建設，未能與社會建設、文化建設，同時并舉，已經形成了許多社會問題。欲求平衡發展，無論從整體觀點，或分類觀點言，又必須使國家建設的規劃體系化。唯有使其系統化，才能求其相互配合。完整的、有次序的推動各項建設。

過去我們經濟建設的規劃，已很進步，從總體到部門，建立預測模型，發展整體規劃。然而歷次所提出的重要建設，都是僅能列舉其大端，甚至以後逐漸擴大，所列舉的項目，是否均是重點關鍵優先的項目，也有部分受到爭議。

貳、規劃控制部門促進計畫具體化的責任

國家建設六年計畫雖已勾畫了一幅美麗的藍圖，然而這樣包羅廣泛分門別類的計畫，仍然屬於一種綱要性的本質。縱觀四大冊計畫包括十八篇、六十四章，數百個小節，初步估計七七四個計畫，尚係概略估計，如果將其具體化，究竟有多少個計畫，可能目前尚無法確知。惟有使計畫具體化，才能完成整體規劃、細部規劃，納入控制體系，追蹤管制，貫徹實施。此乃就計畫本身而言。

爲就促進計畫持續性與體系性而言，最具體易行的方法，是將近二十餘年來持續執行的計畫用圖表表達出來。例如：我國的鍊鋼工業，從中鋼第一階段建廠，經十項、十二項、十四項建設，近廿年才持續完成。而核能發電自第一廠至第三廠亦近廿年持續完成。至於第四廠則形成將近十年的斷層，迄今始予解凍。在體系性而言，分門別類的計畫，在圖表縱（期程）、橫（類別）的關係上，也正可

容易觀察出我們的成就與缺失。

過去筆者爲文研提六年國建計畫的管見時，曾建議爲有效推動，應加強規劃階段的進度控制，確實統計計畫項數與分佈年度，鼓勵運用「作業研究」（ＯＲ）的方法進行規劃。這些方法，都是有助於促進計畫的具體化，是對計畫持續性、體系性的有效方法。

規劃與控制人員，具有豐富的這一方面的經驗和知識，我們除了將上級交付的計畫，克盡規劃控制的責職以外，亦應從整體的角度，將相關的計畫排列出來。甚至促進有關部門將正在研擬發展的計畫，先期將預訂時程排在相關的系列與年度期程上。這樣才能符合前瞻性、整體性的概念，避免只見樹木不見森林的缺點。

規劃與控制是管理上的重要功能之一。如從其最簡單的一種概念來說，規劃就是將準備要做的工作，列出預定的目標、執行的方法、條件和時間；控制是依照預定的事項，促其實現。從前瞻性、先期性的著眼，規劃與控制不僅是事後的作業與跟在後面追蹤。更進步而積極的方法，是站在前面誘導前進，提醒將要面臨的問題，預作準備。如從這一概念來看，規劃與控制人員不完全是被動的，更具備主動的、積極的作爲。因之，促進重要建設計畫的具體化、體系性、持續性，自然是一項重要的方法與責任。近代管理學家易爾文（R.D.Irwin-"Managment toword aeeountability for performance"）爲文，曾提出前瞻性回饋（Feedforword）一詞，以代替傳統之事後回饋（Feedbeek），實有深長的意義。

叁、重要建設計畫分類期程實例示意圖

國建六年計畫內容複雜，部門衆多，依照行政院權責經濟建設由經建會列管，一般行政由研考會列管，科技發展由國科會列管。至主辦業務，尙涉及許多部門。經查詢有關部門，依概估數七七四個，實際精確統計究有若干個？目前已開始執行者若干個？已進行規劃的若干個？以及這些計畫的規劃與涵蓋時間（自執行至完成）又各分佈在那些年度？尙難獲得一項完整的概念。

僅經建會能確認目前列管的四十七項經建重要計畫，均屬於六年計畫的範圍。如果有了六年計畫詳細的全部資料，可能接近上千個的計畫，亦非本文篇幅所能容納。所以本文僅以四十七個重要經建計畫爲範圍，調製重要建設計畫分類期程實例示意圖（如次圖），以爲其他部門類別計畫調製此項圖表的參考。舉一反三，當裨益於規劃與控制業務的推動。

此表參照行政院經建會列管計畫分類的原則，配合列次重要建設分類習慣，綜合調製，計區分爲農業、防洪及水利、交通、都市住宅、觀光遊憩、文教、能源開發、工業、環境保護、醫療保健、地方建設等十一大類。以民國六十一年至民國九十年計三十年間的持續建設爲計畫涵蓋分佈時間，圖示如文後：

肆、對於貫徹國家重要建設的展望

由示意圖中，可以看到從民國六十年至九十年國家建設計畫分類體系和期程持續的狀況。從分類

體系上看，即可看出當時十項、十二項、十四項建設包含的範圍和重點。從公布的期程看，也可以看出這三十年間的持續關係。反之，也正可發現在某類計畫上推行的較強與較弱的一環，以及在持續的期程，那些是早已長期規劃的，那些是近期規劃的，那些中間發生了斷層需要亟須補救的。以上均可供規劃與控制部門的參考。

由於資料的限制，在國建六年計畫方面，只能以經建會八十一年度列管的四十七項計畫做基礎。現八十二度開始，勢將有更多國建六年計畫開始執行。除了經建部門以外，尚有更多部門的計畫已經或即將付諸執行，爲能參照此圖完成各部門的體系化與持續化表達的圖表，再由綜合部門綜其大成，則使國家建設藍圖的抽象性構想，轉化成更具體入微的設計，自當有助於決策者、政府各部門，甚至一般國民的瞭解與支持。

茲再將重要建設分類關係統計如次表一圖二，從此表可以看出推行重要建設的初期類項涵蓋面較少，持續的年期也較短，而愈向後發展涵蓋面愈廣，持續年期也愈長。如再就國建六年計畫正在執行的四十七個計畫而言，可以說絕大部分是十四項建設或其他重要經濟建設持續執行的計畫，新訂的計畫爲數不多。我們在八十二年度以後可能新發展計畫愈來愈多。主管規劃與控制的部門，不僅要掌握過去和現在既成的事實，更要前瞻回饋，先期規劃、誘導發展，以掌握將來。這樣才能掌握國建六年計畫全面性的來龍去脈，使計畫目標、國民資源分配，隨時隨地都能有一整體性、全面性的瞭解、規劃和控制部門的人員，才能善盡職責，供決策者的參考。甚至將全面性的資訊，讓民意代表、全體國民瞭解。

圖一

一、農業類

計畫名稱	61 62 63 64 65 66 67 68 69 70	71 72 73 74 75 76 77 78 79 80	81 82 83 84 85 86 87 88 89 90
(一)促進農業機械化	1212		
(二)改善重要農田排水計畫	12121	12121 ↙	
(三)繼續區域排水計畫		1414	
(四)漁港建設計畫		6666	6666

二、防洪及水利類

(一)防洪

計畫名稱	61 62 63 64 65 66 67 68 69 70	71 72 73 74 75 76 77 78 79 80	81 82 83 84 85 86 87 88 89 90
1.修建海堤河堤工程	1212	↙	
2.繼續修建海堤河堤		1212	
3.臺北區防洪後續計畫		14	
4.臺北防洪第三期計畫		↙ 6666	6666
5.東部蘭陽地區治山防洪計畫		14141	
6.同　右		↙	6666
7.大里溪治理計畫（第一期）		6666	6666

(二)水利

計畫名稱	61–70	71–80	81–90
1.鯉魚潭水庫計畫		1414	
		↙ 6	
2.南化水庫計畫		1414	
		↙ 6	6
3.牡丹水庫計畫		1414	
		↙	6
4.美濃水庫計畫			666666
5.集集共同排水計畫			6666

三、交通類

(一)捷運

計畫名稱	61–70	71–80	81–90
1.臺北都會區大衆捷運系統		1414	
同右		↙	6666

㈡公路

計畫名稱	61 62 63 64 65 66 67 68 69 70	71 72 73 74 75 76 77 78 79 80	81 82 83 84 85 86 87 88 89 90
1.中山高速公路	101010		
2.中山高速公路汐止五股段高架拓寬工程			6666
3.北部區域第二高速公路計畫		1414 66	
4.第二高速公路後續建設計畫			666666
5.國道北宜高速公路計畫			666666
6.改善高屏地區交通計畫（五個計畫）		1212	
7.屏東至鵝鑾鼻道路拓寬工程	1212		
8.新建橫貫公路（三個計畫）		12121212	
9.第三號省道縱貫公路第一期計畫		1414	
10.西部濱海公路第一期計畫		1414	
11.西部濱海公路提升爲快速公路計畫			666
12.臺灣西部走廊東西快速公路建設			666666
13.臺北市東西向快速公路建設			6666

(三)鐵路

計畫名稱	61–70	71–80	81–90
1. 鐵路電氣化	101010		
2. 北迴鐵路	101010		
3. 南迴鐵路	1212	1212	
同右		141414	
同右		66	66
4. 東線鐵路拓寬工程	121212	121212	
5. 高屏鐵路雙軌計畫		141414	
6. 鐵路重要橋樑重建工程計畫		666666	666666
7. 鐵路山線竹南至豐原間改線與雙軌工程		66666	66666
8. 臺北市區鐵路地下化計畫		1414	
9. 臺北市區鐵路地下化東延松山專案		6666	6666
10. 萬華板橋地區鐵路四軌地下化工程		666666	666666
11. 興建臺灣西部走廊高速鐵路		666666	666666

(四)航空

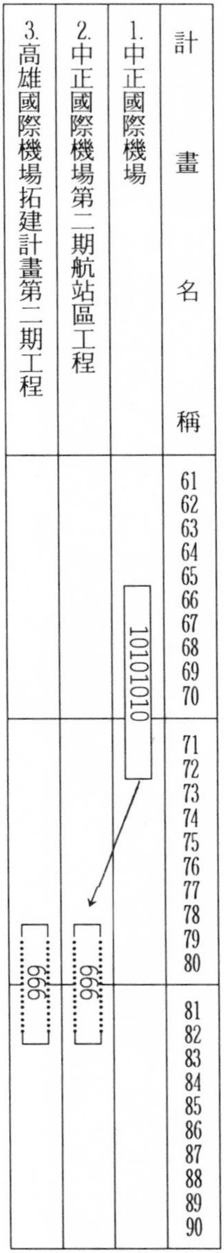

計畫名稱	61 62 63 64 65 66 67 68 69 70	71 72 73 74 75 76 77 78 79 80	81 82 83 84 85 86 87 88 89 90
1. 中正國際機場	10101010		
2. 中正國際機場第二期航站區工程			666
3. 高雄國際機場拓建計畫第二期工程			666

(五)港埠

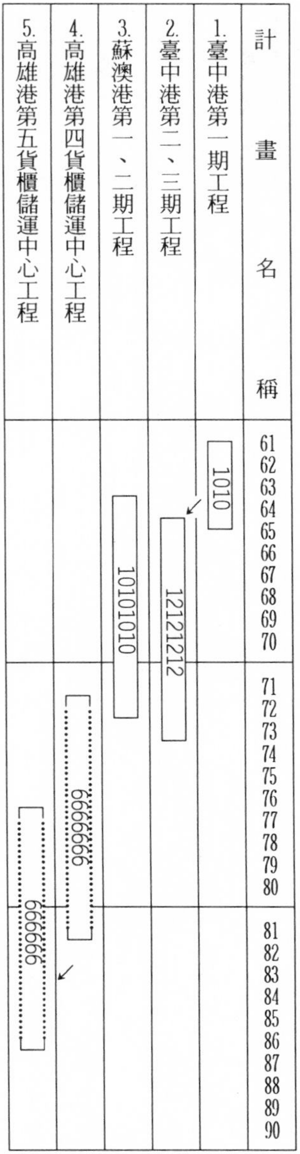 計畫名稱	61 62 63 64 65 66 67 68 69 70	71 72 73 74 75 76 77 78 79 80	81 82 83 84 85 86 87 88 89 90
1. 臺中港第一期工程	1010		
2. 臺中港第二、三期工程	12121212		
3. 蘇澳港第一、二期工程	10101010		
4. 高雄港第四貨櫃儲運中心工程		6666666	
5. 高雄港第五貨櫃儲運中心工程			666666

(六)電信

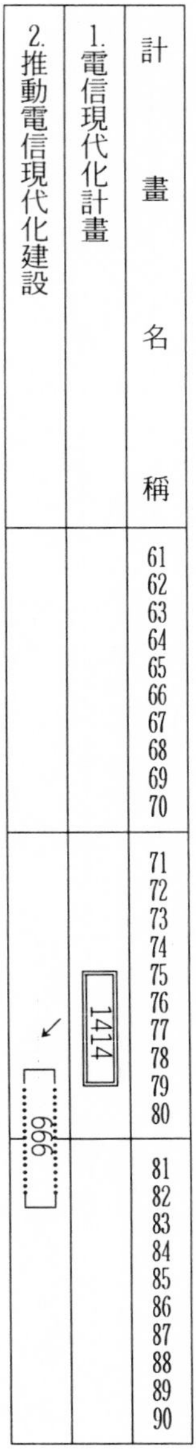 計畫名稱	61 62 63 64 65 66 67 68 69 70	71 72 73 74 75 76 77 78 79 80	81 82 83 84 85 86 87 88 89 90
1. 電信現代化計畫		1414	
2. 推動電信現代化建設			666

四、都市住宅類

(一)開發新市鎮

計畫名稱	61 62 63 64 65 66 67 68 69 70	71 72 73 74 75 76 77 78 79 80	81 82 83 84 85 86 87 88 89 90
1. 臺中港特定區	121212121212		
2. 林口	12121212		
3. 南崁	1212121212		
4. 大坪頂	1212		
5. 澄清湖	121212		

(二)廣建國民住宅

計畫名稱	61 62 63 64 65 66 67 68 69 70	71 72 73 74 75 76 77 78 79 80	81 82 83 84 85 86 87 88 89 90
1. 臺灣省	12121212		
2. 臺北市	12121212		
3. 高雄市	12121212		
4. 興建中低收入住宅方案		6666	

㈢市區管線整建

計畫名稱	61 62 63 64 65 66 67 68 69 70	71 72 73 74 75 76 77 78 79 80	81 82 83 84 85 86 87 88 89 90
1.市區道路電線電纜地下建設計畫			66666

五、觀光遊憩類

（自然生態及國民旅遊）

計畫名稱	61 62 63 64 65 66 67 68 69 70	71 72 73 74 75 76 77 78 79 80	81 82 83 84 85 86 87 88 89 90
㈠四個國家公園計畫 1.玉山		1414	
2.太魯閣		1414	
3.墾丁		1414	
4.陽明山		1414	
㈡東北角海岸風景特定區建設計畫		1414	
㈢同　右			666
㈣東部海岸風景特定區建設計畫			6666
㈤高雄都會公園開發計畫			66666

六、文教類

計畫名稱	61 62 63 64 65 66 67 68 69 70	71 72 73 74 75 76 77 78 79 80	81 82 83 84 85 86 87 88 89 90
(一)設置各縣市文化中心計畫（四十八個計畫）		12121212121	
(二)積極籌建國立社教機構（五個博物館）			6666

七、能源開發

計畫名稱	61 62 63 64 65 66 67 68 69 70	71 72 73 74 75 76 77 78 79 80	81 82 83 84 85 86 87 88 89 90
(一)核能發電一廠	101010 ↘		
(二)核能發電二廠	121212	↘	
(三)核能發電三廠		121212	
(四)核能發電四廠（十四項建設中未發工）			
(五)同　右			66666
(六)明潭抽蓄發電計畫		141414141	↘
(七)同　右			666666
(八)臺中火力發電計畫		141414 ↘	

計畫名稱	61–70	71–80	81–90
(九)臺中第一一四號機火力發電工程		6666	
(十)臺中第五一八號機火力發電工程			666666
(土)馬鞍水力發電計畫			6666
(圭)液化天然氣接收站擴建			6666

八、工業類

(一)鋼鐵及造船工業

計畫名稱	61 62 63 64 65 66 67 68 69 70	71 72 73 74 75 76 77 78 79 80	81 82 83 84 85 86 87 88 89 90
1.中鋼建廠計畫第一階段	10101		
2.中鋼建廠計畫第二階段	1212		
3.中鋼建廠計畫第三階段		1414	
4.中船高雄總廠建廠計畫	10		

(二)石化工業

計畫名稱	61 62 63 64 65 66 67 68 69 70	71 72 73 74 75 76 77 78 79 80	81 82 83 84 85 86 87 88 89 90
1.第二輕油裂解計畫	101010		
2.輕油裂解更新計畫		141414	

3.輕油裂解更新計畫		66666	
4.石化基本原料前期計畫	10		
5.己內醯胺建廠計畫	1010		
6.丙稀腈建廠計畫	1010		
7.二甲苯分離計畫	1010		
8.對苯二甲酸二甲脂計畫	10		
9.液化天然氣專用接收站計畫		141414	
10.彰化濱海工業區開發計畫			666666

九、環境保護類

計畫名稱	61 62 63 64 65 66 67 68 69 70	71 72 73 74 75 76 77 78 79 80	81 82 83 84 85 86 87 88 89 90
(一)都市圾垃處理計畫		14141	
(二)圾垃處理計畫		↙	6666
(三)臺灣省臺北近郊污水下水道建設一期計畫		666666	

十、醫療保健類

計畫名稱	61–70	71–80	81–90
(一)臺大醫院改建計畫		141414	
(二)榮民總醫院改建計畫		1414	
(三)榮民總醫院高雄分院計畫		1414	
(四)成功大學醫學院及附屬醫院計畫		14	
(五)籌建醫療網計畫		1414	
(六)建立全國醫療網二期計畫		666	

十一、地方建設類

計畫名稱	61–70	71–80	81–90
(一)基層建設計畫		14	
(二)同　右			666
(三)臺灣省均衡地方發展第二期計畫			66

表一　重要建設計畫分類關係統計表

類別		農業	防洪及水利		交通					
		農業	防洪	水利	捷運	公路	鐵路	航空	港埠	電信
10項建設	項					1	2	1	2	
	涵蓋年期					60-67	60-68	64-73	60-72	
12項建設	項	2	1			3	2		1	
	涵蓋年期	66-73	67-77			67-79	66-72		65-74	
14項建設	項	1	3	3	1	3	3			1
	涵蓋年期	75-80	74-80	74-80	75-80	74-80	73-79			74-79
國建六年計畫	項	1	3	5	1	7	6	2	2	1
	涵蓋年期	77-85	78-86	80-90	80-87	77-78	79-87	78-83	71-81	78-82
	來源：新訂						1			
	來源：14項續		2	3	1	3	3	1	1	1
	來源：其他續	1	1	2		4	2	1	1	
備考										

能源開發	文教	觀光遊憩	都市住宅		
			市區管線	廣建國宅	新市鎮
1					
60—68					
2	1			3	5
63—74	66—80			64—74	64—80
2		2			
74—86		74—80			
6	1	3	1	1	
	79—86	78—86	80—86	78—88	
			1		
4		1			
2	1	2		1	
核能四廠14項建設未執行	12項建設中含48個分計畫 國建六年計畫中含5個分計畫	四個國家公園以一個整體計畫計算			

工業		環境保護	醫療保健	地方建設	合計	
鋼船	石化工業					
2	6				10	
60—66	60—67					
1					21	
67—72						
1	2	1	5	1	29	
73—78	73—80	73—79	69—78	74—77		
	2	2	1	2	47	
	75—88	75—85	78—84	80—84		
				1	3	47
	1	1	1	1	25	
	1	1			19	
					國建六年計畫重要經建計畫經建會截至81年6月列管47項	

（原載「研考報導」第二二期，民國八十一年九月）

國家建設六年計畫時程問題的淺釋

壹、前　言

民國七十九年五月二十日李總統登輝先生就任第八任總統時，其就職演說中曾謂：「登輝值此非常之際，膺承全國的厚望與重寄，倍感責任艱鉅。切望全國同胞繼續給予支持督勵，俾能在未來六年任期中善盡職責，圓滿達成歷史使命」。又說：

「大衆已經確認，唯有憲政體制的正常發展，才是落實民主政治的坦途。因此登輝希望，能於最短期間，依法宣告終止動員戡亂時期。同時參酌多年累積的行憲經驗與國家當前的環境需求，經由法定程序，就憲法中有關民意機構，地方制度及政府體制等問題，作前瞻與必要的修訂，……務望在國人共同的參與策勉下，以兩年爲期，促其實現」。

李總統登輝先又在七十九年五月二十二日，就任總統後的第一次記者會，答覆記者詢問時說：

「剛才提出來的問題，本人是在訪問國大代表的時候提出來的。爲什麼要提出來呢？如果是本人當選第八任總統的話，希望六年中把中華民國現在所有遭遇的問題，在六年中把它完成，主要的目的是在這裏。當然對本人來說，憲法的規定，還有一任可以做，共十二年。如果以這種看法來做總統，做十二年，拖拖拉拉的來做總統，我們的民衆現在所需要我們做的事情變得要十二年才可以完成。所以，本人強調一定要六年中完成這些事情」。

從以上李總統演詞中，可以說明對「時間性」的重視，尤其是一再強調以「六年」的時間，來完成國家各項目標、使命的建設。

貳、國家建設六年計畫的重要內容

自行政院郝院長宣布策訂「國家建設六年計畫」以來，行政院經建會正積極規劃並配合各相關機關推動之中，各方面均非常矚目和重視。因爲此一計畫涵蓋範圍至爲廣泛，時間較四年經濟建設計畫爲長，且與總統六年任期相配合，故在現階段而言，可將其視爲國家高位階的重要計畫之一。

此一計畫的總目標爲：重建經濟、社會秩序，謀求全面平衡發展。內容分爲提高國民所得；厚植產業發展；均衡區域發展；提昇生活品質等四大部分。

在提高國民所得部分，亦即總體經濟的目標，自八十一至八十五年平均經濟成長率爲七%；物價上長率爲三・五%。至八十五年失業率爲二・三%，GNP八〇、七三五億美元，每人國民生產毛額一三、九七五億美元。對外貿易輸出一、二二二億美元。輸入一、二〇八億美元，順差一四億美元。

在厚植產業發展部分，包括產業關聯、生產資源需求、生產資源開發三部分。生產資源開發又區分為：土地開發、電力開發、水資源、技術人力、普通人力、石油進口、煤進口及運用資金等項。

在均衡區域建設部分，包括人口集中趨勢、人口遷入原因、調整區域發展差距策略，及區域建設四大項。其中區域建設乃屬實質建設部分。其中包括土地有效利用、水資源開發、交通建設、電力開發等四項，其內容所涵蓋的子項甚多，不再一一列舉。

在提昇生活品質部分，包括建設生活圈、增進社會福利與安全、以及加強環境保護與自然保育三大項，內容項目甚多，不再贅述。

又據報載：國家建設六年計畫，確立四大政策——安定社會、繁榮經濟、重建文化、提昇生活品質；確定三大範圍——強化產業發展體系、促進區域均衡發展、提昇國民生活品質，確立各部會二十一項重點工作分工表——能源政策、工業區開發、水資源開發與維護、住宅建設、公共設施保留地開發利用管理、觀光遊憩、事業廢棄物處理、空氣污染防制、噪音管制、垃圾處理、水污染防制、人力培訓、體育設施、教育設施改善、文化建設、社福建設、停車場、公共工程發包改進、養豬政策、電線桿地下化、醫療網計畫等。其實以上輿論報導涵蓋項目，可能仍未盡其詳。

又據報載，國家建設六年計畫臺灣省部分，即包括有各項計畫子目二九五項，照此推算，將來全部計畫子項，可能超越千項以上。

以上簡要介紹國家建設六年計畫內容，但並非本文研究對象，本文主要研究是關於計畫的時程問題。

叁、計畫時程在理論上的區分

計畫時程在理論上一般區分為以下各項：

第一，以計畫時效性來分類，將計畫區分為三大類；即㈠一次性計畫，㈡常備性計畫，㈢持續性計畫。

所謂一次性計畫，即爲對某一特定問題所策訂的計畫，並無須在執行完成後，再持續策訂第二期計畫，亦即一次計畫執行完成即可達成任務。此類計畫甚多，如規劃十月慶典僑胞回國接待計畫，等接待完成，計畫亦告一段落。

所謂常備性計畫，乃不訂明確的計畫涵蓋時間，適用期間較長，亦無所謂期程的關係。據統計行政院所屬各機關經常保持有中長程計畫六百餘個，而其中常備性計畫約有三十餘項。如早期所策訂的「防制青少年犯罪方案」、「改進社會風氣重點措施」。

所謂持續性計畫，係指持續不斷分期、分段的執行計畫，最典型的就是「臺灣地區經濟建設中期（四年）計畫」。此一計畫現已策訂至第十期，三十餘年來迄未間斷，對國家經濟建設貢獻至大。此外，中共的「五年經濟計畫」，現已策訂至「八五計畫」，亦即爲「第八期五年計畫」。茲將以

圖一、我國經建計畫時程圖

圖二　中共經濟計畫時程圖

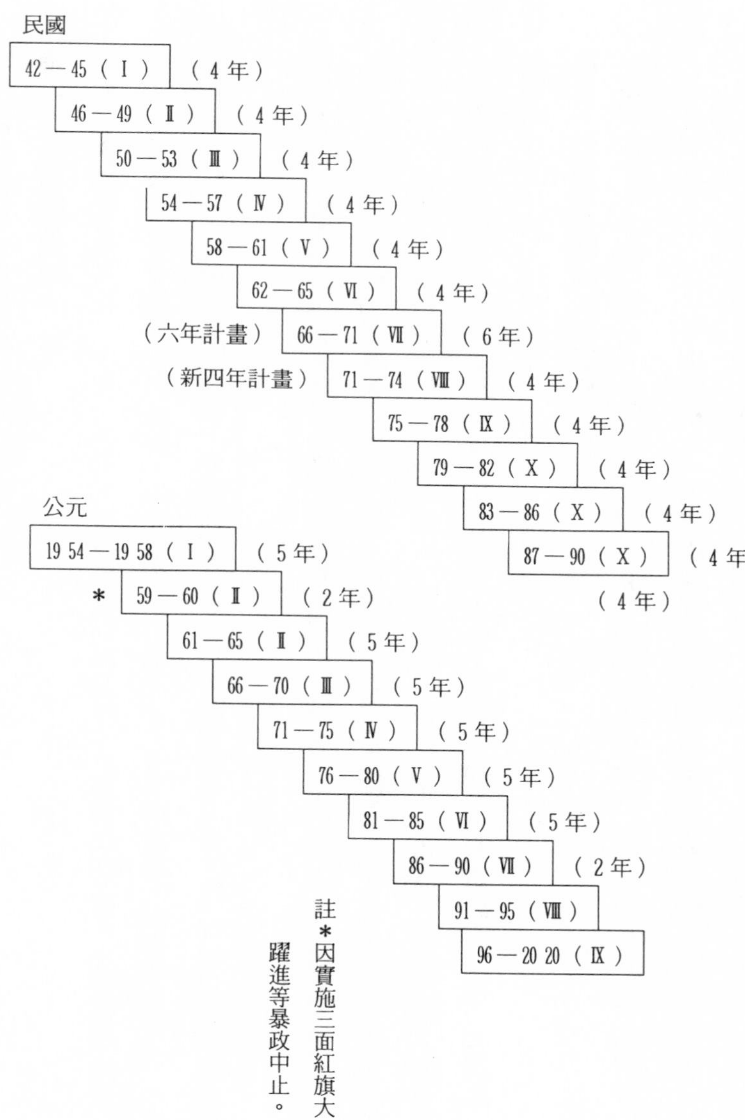

註＊因實施三面紅旗大躍進等暴政中止。

上兩項計畫持續發展的期程示意如附圖一、二。

第二，計畫期程問題。

一般計畫均區分爲長程、中程、近程，或將長程稱爲遠程，近程稱爲短程。究竟幾年爲長程？幾年爲中程？幾年爲近程？並無一定的界說。如大型企業十年、二十年不以爲長；而小型企業三、五年，或已認爲較長。政治、經濟安定的國家，亦可構想長遠，以求長期發展；反之，則難以發展較長期的計畫。

我國對於期程的解說，並未趨於一致。淺見以爲過去經建會曾策訂過「六年經建計畫」（民國六十六年至七十一年）一般仍將其視爲中程計畫，故曾主張在現階段暫將七年以上視爲長程，三年至六年視爲中程，一年至三年視爲近程，多受一般人士所認同。何以三年計畫既可視爲中程，又可視爲近程呢？主要原因係由於一般人士雖多視三年計畫爲中程，惟國防部軍事戰略計畫體制仿效美國，按美國軍事戰略計畫中的「近程戰略能力計畫」即係三年。

第三，計畫涵蓋時間決定的依據

所謂計畫涵蓋時間，是指計畫開始執行到執行完成的時間，如第十期「經建計畫」涵蓋四年（自民國七十九年到八十二年），因常稱爲「四年經建計畫」，「國家建設六年計畫」涵蓋六年（自民國八十年至八十五年）。有些計畫的涵蓋時間在計畫名稱上已可一目了然，有些計畫在計畫名稱上並未標明，要看計畫的內容才能知道。

然而參考世界各先進國家，對於計畫涵蓋時間的決定，究竟有些什麼原則做依據呢？經歸納其主要原則不外以下各項：

第一、依據傳統習慣並無其他理由。

第二、依據國家既定的計畫制度或體系。

第三、依據國家元首、內閣或地方首長的任期。

第四、依據國際或區域協定、或接受外援等因素。

第五、依據大型企業計畫可實現期間理論（從產品的研究，試製、生產、銷售，以迄於再研究）。

肆、國建六年計畫從計畫時效性認定其屬性

前節已說明依計畫時效性區分計畫的類別可分爲：常備性計畫，一次性計畫，持續性計畫三大類。

「國建六年計畫」已訂有明確的計畫涵蓋時間——六年，而且對於計畫內容各項目，均係具體的實質性的計畫，並均將訂定明確執行期間，不是一項純屬原則性、政策性的文件，自然不屬於常備性計畫的範圍。

「國建六年計畫」是屬於整體性的國家建設整備計畫，當然其中若干計畫項目是賡續以前計畫繼續實施的，亦必有若干計畫是新訂的項目具有創意性的，更可能有若干項目在六年期程中不能執行完成，尚須繼續執行的。因此，從理論上看，國建六年計畫似不屬於一次性計畫。

然而，「國建六年計畫」於民國八十五年執行完畢以後，是否會策訂第二期計畫，使其形成持續性計畫的特色，並非現任首長所能完全掌握。如果像四年經建計畫已形成制度，持續循環，期期遞延，自亦不成問題。

因此，淺見以爲國建六年計畫在本質上雖具有持續性，但未發展是否將形成爲一項持續性計畫，由涉及整體規劃與政治因素，尚難加以臆斷。

伍、國建六年計畫的期程問題

淺見認爲國建六年計畫，仍可視爲是一種中程計畫的性質。

依前節對計畫期程的界說，分析已頗明晰。雖然長程、中程、近程的明確區分並無一定的界說，惟以我國過去曾將四年經建計畫，延長六年（民國六十六年至七十一年），一般均仍將其視爲中程計畫。目前國內政治、經濟情況，比較當年策訂「六年經建計畫」時，已更趨進步繁榮，則視「國建六年計畫」爲中程計畫，想可爲學者，專家，以及主管機關所認同。

不過，當時「六年經建計畫於執行中途之時，適遇第二次能源危機，形成情勢轉變，不得不迫使將後三年計畫重加修訂（民國六十九—七十一年）。且於尚未執行完畢之時，即又策訂「新經建四年計畫」即第八期經建計畫（民國七十一—七十四年）。目前情勢與當年迥異，惟亦可藉此說明計畫期程的長短，涵蓋時間的多寡，其優劣利弊亦可顯而易見。自然計畫均富有相當彈性，將來配合需要，亦可逐年或定期加以修訂，以力求符合實況。

陸、國建六年計畫的涵蓋時間問題

計畫涵蓋時間，是指自計畫開始執行至預定計畫執行完成之日，已在前面第三節加以敘明。同時，在前節中亦簡要敘述了決定計畫涵蓋時間的因素，不外有五種原則。國建六年計畫的涵蓋時間，已明確定爲六年，亦即自民國八〇年元月一日至民國八十五年十二月卅一日（一九九一——一九九六年）。很顯然的，此一涵蓋時間的決定，是參照以上五項原則的第三項，「依據國家元首、內閣或地方首長的任期」來決定。按照李總統登輝先生第八任總統的任期是自民國七十九年五月二十日就職，至民國八十五年五月任滿。既然李總統登輝先生在歷次演說中，非常珍視這六年的時間，且對國內政治、經濟各項，均具有遠大的目標，更明確指出要在這六年內完成這些工作，則此一計畫涵蓋時間決定，自屬適切明智。

計畫的本質即具有先期性，亦即前瞻性，愈能高瞻遠矚愈能掌握先機。本文既以計畫期程理論爲研究的前提，吾人亦不妨將今後十數年的時程加以排列，然後將「四年經建計畫」、「國家建設六年計畫」，以及中共「五年經濟計畫」的涵蓋時間分別配當於圖上，如加以比較則可獲得若干概念：

在一九九〇至二〇〇〇年之間，有幾個關鍵的時間：

第一、一九九〇——一九九六年爲第八屆總統任期時間。

第二、一九九七年為香港大限時間，屆時將由中共接收。

第三、公元二〇〇〇年，是我國一直懸為目標的進入已開發國家的時期。

就以上三個關鍵時間來看：

臺灣第十期經建計畫（民國七十九—八十二年，即一九九〇—一九九三年），目前剛剛開始執行，待一九九四年策訂完成並開始執行第十一期計畫時（民國八十三—八十六年，即一九九四—一九九七年），第八屆總統任期適在第十一期計畫執行年餘時屆滿（民國八十五年五月—即一九九六年五月），而香港九七大限之年，正為第十一期計畫執行完成之時；屆時策訂第十二期計畫，將涵蓋民國八十七—九〇年（即一九九八—二〇〇一年），亦即自目前起要達到公元二〇〇〇年，尚須經過第十、十一、十二等三個計畫期程的分別策訂與執行，惟第十二期計畫將較中共未來策訂的「九五計畫」超越一年。

「國家建設六年計畫」涵蓋時間，較第八屆總統任期略為超前數個月，概與任期符合。為便於計畫作為並略具前瞻性此乃當然合理之事。若與「經建計畫」相較，其完成期間適在第十一期計畫執行過了兩年。假定「國建六年計畫」能照持續性計畫的性質發展，繼續策訂第二期計畫，則此時經建會又將準備策訂「第十二期經建計畫」。至於將來在第八任總統任內行政院是否改組，以及下一任總統為何人繼任，均屬政治問題，無法加以逆料。如果認定國家政策是一貫的，施政是制度化的，則「國建六年計畫」亦如「經建計畫」持續發展，即或政策稍有調整，仍可在制度下適切修訂，繼續推行，亦即照此假定，作為本文的研究推理。「國建六年計畫」第二期計畫涵蓋時間為民國八十五—八十九年（即一九九六—二〇〇二年），則較公元二〇〇〇年尚超越了二年。

再看中共五年經濟計畫，現正在執行中的「八五」計畫（一九九一—一九九五年），未來策訂的「九五」計畫（一九九六—二〇〇〇年），兩期計畫執行完成，恰爲公元二〇〇〇年。此項計畫與我國相關計畫涵蓋時間的比較，除如上述外，並參閱圖三有關計畫時程配當關係比較圖。

如純就計畫理論上探討，以計畫本質的先期性、前瞻性、超越性而言，不難推斷出此三種計畫未來發展的趨向，在今後海峽兩岸長途競爭發展之下，「國家建設六年計畫」自有其相當的價值。雖然對影響計畫的各項主客觀因素，部分難以逆料，惟「四年經建計畫」、「國家建設六年計畫」，均係由行政院經濟建設委員會主管，將來如何調適？計可適應狀況推移，作最佳的建議與處理。

柒、結論與展望

有關計畫時程在理論上說明，以及「國家建設六年計畫」，「四年經建計畫」與中共「五年經濟計畫」在計畫時程上的各種關係，已簡介如上。總之，無論純就計畫時程的理論而言，或就計畫的內涵而言，「國家建設六年計畫」有其肯定性的價值；如就主持施政者將其遠大抱負，將其形成計畫，透過集體智慧的思考與作業，而使其能夠具體化，進而貫徹執行，其精神即可值得讚揚。

對於「國家建設六年計畫」的未來展望，略申淺見如次：

第一、蒐集輿論反映以供策訂計畫參考。

自宣布「國家建設六年計畫」以來，輿論方面多予以讚揚與肯定，惟亦有頗多可資參考的建設性意見，如：

中國時報社論「以均衡原則推動六年國建計畫」除強調整體配合外，尚有若干建議，摘述如次：

㈠要和憲政改造工作一體併行。

㈡要靠有效率的行政體系貫徹執行。

㈢必須整體功能、兼顧人文與物質兩範疇，對以往國土編訂、區域開發以及其他經建計畫作通盤調整。

㈣充實地方財政，合理調整財源，分層負責，衆志成城。

㈤兼顧對外拓展經貿、外交，對內扶植產業升級不可偏廢。

中央日報社論「六年國建計畫中『生活圈』設計之探討」中建議，摘述如次：

㈠依經建會對七個單元「生活圈」設計，依目前客觀條件按大衆緊急需要，衡量政府財力、人力、技術、暫去「遠者」，而集中力量務其「近者」。

㈡欲建立大型購物中心與現代化超級市場，必先解決「攤販」問題。

㈢勞保、公保、農保問題叢生，必須先求健全，始能談到全民保險醫療網的建立。

㈣現在國家音樂廳院、文化中心，應先求充分利用，再進行各項休閒營造。

以上均所以於增進計畫可行性爲著眼。

第二、純就計畫時程理論對相關計畫的整合發展

本文以研究計畫時程理論為主，茲將相關計畫涵蓋時間關係示意如次文（五四、五五頁）附圖一、二。

按照國家建設六年計畫內容，四大部分中「均衡區域發展」一項，與相關計畫最密切關係的有「綜合開發計畫」、「區域計畫」、「都市計畫」等一系列國土開發計畫體系，以及在我國政府計畫中最具重要性與代表性的「四年經濟建設計畫」。如以涵蓋時間言：「綜合開發計畫」涵蓋二〇年，「區域計畫」涵蓋約在十五年以上，「都市計畫」概為十年，以上均顯屬長程計畫範圍；「國家建設六年計畫」涵蓋六年，「四年經建計畫」涵蓋四年。如依計畫時程理論，長程指導中程，中程指導近程，亦即近程依據中程，中程依據長程，殆無疑異。如依計畫位階言，雖然「綜合開發計畫」居於國家最高位階，然「國家建設六年計畫」，亦並非屬於此一計畫體系之內的計畫；且我國目前尚未制定「綜合開發計畫法」。另就行政機關體制慣例而言，是上級機關所制定的計畫，次級機關必須依照修訂；新發布的計畫比舊有的計畫視為有效。總之，無論如何以上列舉的各項計畫，關係均至為密切，如何協調整合加以修訂調整，實屬必要。這是一項頗為繁鉅的工作，然而也是一件非常有意義的工作，如此才可使各級機關於執行時不致無所適從。至於在「國家建設六年計畫」執行至中期時，亦應考慮如何發展第二期計畫，及第十二期經建計畫，使其能在國家建設過程中，更能發揮整合的作用。

（原載「實踐月刊」第八一一期，民國八〇年一月）

國建六年計畫的評估修訂與整體、持續的發展

壹、前　言

國家建設六年計畫在現階段的重要性，已不待言。行政院院長連戰先生，自就任迄今，迭次在行政院院會、立法院施政報告，以及答覆立法委員的質詢中，對於其重要性和調整、修訂的要點，已提示非常詳細。茲歸納其要點如次：

一、推動國家建設，達成提高國民所得、厚植產業潛力、均衡區域發展，進而期於公元二〇〇〇年，達到已開發國家的水準，其重要性自不待言。

二、國建六年計畫爲一持續性計畫，自應按照原定構想繼續執行，但須重加評估，並適時加以檢討，俾能更配合國家與國民的需要，以求適切可行。

三、定期加以檢討評估，其著眼在衡酌國家資源負荷的能力，與各種相關的因素，作必要的補充與調整；尤其要顧及財政上的健全，以經濟有效運用，達成推動國家建設的目標。

四、國建六年計畫，要注重其前瞻性與未來性，屬生產性部分應盡一切力量來支持；屬消費性部

分要重加檢討。

五、鼓勵民間參與，促進公營事業民營化。公債可適度發行，以刺激經濟的成長；我國充沛的外匯存底，應有效運用在國家建設上。

六、綜合開發、區域計畫等，應求整合，俾形成國家建設長期規劃的體系，統籌國家建設的長遠目標與整體資源的合理分配。

此外，各主管機關、民意代表、學者專家，對國建六年計畫的未來發展，亦多有建議，惟大致都可以包括在前項行政院連院長的表達啓示範圍，不再贅述。

貳、國建計畫現階段的意義與特質

參照行政院經建會八十二年八月所提「國家建設六年計畫期中檢討報告」，及有關資料，分述如次：

一、現階段的意義

㈠國建六年計畫期間，涵蓋自民國八十年至八十五年，當時決策，顯以總統任期爲概略時間基準。此一選擇在世界各國中，亦不乏先例。從計畫理論言，亦爲選擇各種計畫涵蓋方式之一種。目前純就總統任期與涵蓋時間而言，正爲六年計畫的第三年，檢討前二年，瞻望後三年，適爲計畫的最重要階段，貫徹計畫目標，自爲國家的中心任務。

㈡政府研訂並全力執行「國建六年計畫」，主要宗旨在矯正民國七〇年代以來，所累積而成的經濟發展失衡問題。在外部失衡方面，主要是貿易連年出現巨額出超，招致若干亟待克服的課題。在內部失衡方面，由於國內需求擴張相對緩慢，主係公共投資不足與民間需求疲弱，導致國內經濟與金融若干失控現象。其次，由於公共設施不足，影響國民生活提昇。此一計畫的目的，即在透過公共投資的加速推動，解決前項經濟失衡問題，厚植產業發展潛力，提昇國民生活品質，促進經濟更進一步發展。

㈢截至現階段，由於國建六年計畫的推行，國內經濟已呈中度成長；對內、對外經濟失衡現象，已獲顯著改善；經濟結構亦見顯著變化，可見已產生正面效益。然對於繼續執行國建六年計畫，亦面臨若干迫切的問題。諸加政府財力經常支出快速增加，收入增加減緩，債務比重大幅提高；勞力供應仍感不足；各項資源尤其土地取得，益感困難。至於社會各界，對於計畫本質、實施期程、經費概估、計畫效益、執行品質、執行進度等，亦提出若干不同的反映。然而無論就原訂總目標以及未來發展而言，政府一直列爲現階段的施政方針，決心全力繼續落實執行，殆無疑異。至檢討評估、調整修正，乃計畫執行的必要途徑。

二、國建六年計畫的特質

㈠是一種綱要性計畫，當初策訂時即界定爲綱要性計畫，綜合當前重要建設，予以系統分類，做爲政府各主管機關綜合性的施政綱領。

㈡是一種目標性計畫，接近目標管理的方法，以各部門參與共同選定的總目標與分類、分項目標，作為六年期間施政建設中期目標的準擬。

㈢是一種涵蓋面最廣、且有整體性的計畫，包括交通運輸、通信、觀光、水利、文教、科技、能源、工業、服務業、環保、醫療、社會安全及福利等各方面。

㈣是一種持續性計畫，國建六年計畫所列的公共建設項目，並非可能全部在六年內完成，甚至部分須持續到廿一世紀才能完成。

㈤為繼續十項、十二項、十四項建設的計畫，國建六年計畫不僅包括範圍廣泛，而且前者由主管機關編列預算，經立法機關通過，即為個別執行的計畫。後者須衡酌國內外情勢與財力，逐年檢討修訂，依法定程序編列年度預算，付諸執行。

㈥與綜合開發系列計畫具有密切的關聯性，是參照其長程的目標與構想，選擇其實質建設的項目與精神，調整其內容與優先，使能更具前瞻性、適切性、周延性、整體性。

叁、國建六年計畫後二年調整情形

基於以上狀況，行政院經建會乃積極從事國建六年計畫的檢討、評估、調整、修訂工作。此次檢討作業程序與方式至為週密，在需求面採由下而上，經各層次自評、初評、複評、綜評四階段，再由主辦機關評估投資計畫及資金需求，進而修訂部門或實質建設計畫。在供給面由上而下，進行評估公共部門財力，修訂總體經濟目標，根據前項結果，綜合研訂國建六年計畫期中報告。務求總體與部門，需求與供給，協調一致，依優先次序，適切、可行、建議實施。此項工作在經建會協調各部門通力合作之下，已於八十二年八月完成，並經行政院核定實施。

僅就計畫項目與預算概估，調整情形如次：

原列農林漁牧等十一大類項目合計七七五項。

經過檢討評估後，減列了一六二項，其中包括已刪除七三項，併案執行八五項，分項執行四項。另經併案或分項之後須增列項目十九項。保留或增列六三二項。

以上六三二項中，除已完成了六九項，其餘四八五項，又依其重要性及優先次序，區分爲甲、乙、丙三級。其中甲級再區分爲第一類三二六項，第二類一〇一項；乙級五二項；丙級六項。依序規劃執行，至爲明確。

截至八十二年六月，此六三二項計畫執行情形，概爲已完成六九項；已核定四八五項（包括正在施工中四〇六項，尚在規劃設計中七九項），尚未核定七八項（包括在規劃中三〇項，可行性研究中三二項，未辦理十六項）。

至於在預算概估方面，原列八二、三八二億餘元，經重新檢討後，六年所需經費爲六二、七五二億餘元；其中，已核定計畫五五、六四四億餘元，尚待核定七、一〇七億餘元。

以上經建會主持此一繁鉅工作，終告完成，至表敬佩。以次各節將以持續性與整體性觀點，對國建六年計畫未來發展，提供一些個人的看法。

肆、與計畫相關的幾個關鍵時間

國人將公元二〇〇〇年，懸為進入已開發國家的目標。吾人何幸生於此橫跨二〇及二十一世紀的時代，而如今已屆一九九五年，距離公元二〇〇〇年，亦不過五年之期，時序如流，轉瞬即屆。國人又何幸在此重要時期中，來規劃與執行如此重要的建國藍圖—國建六年計畫！因此在這短短的五年之中，全國上下更宜珍惜每一月、一日、一分、一秒！

其實在這到達公元二〇〇〇年的里程中，尚有若干重要的關鍵時間，可供為國人注意警惕之處，這些關鍵時間都對計畫的設計與執行，具有密切的關係（詳圖一）。

公元二〇〇〇元為衆所共識的，進入已開發國家的關鍵時間。目前第十期四年經建計畫至民國八十二年甫執行完成，尚須策訂第十一期及第十二期經建計畫，始能在公元二〇〇一年完成其涵蓋面。而六年國建計畫亦須持續策訂第二期計畫，或依遞延方式推進。海峽對岸的中共，其八五計畫將於一九九五年完成，九五計畫勢必持續策訂，適將涵蓋至公元二〇〇〇年。海峽兩岸的長程競爭，不僅是對立，由於與大陸的貿易與交流，更形成密切的關係，良可值得重視。

現由香港九七大限而言，距今只有四年之期，可說迫在眉睫。香港為一自由貿易港埠，不僅與我關係至為密切，且與大陸的間接貿易、通商、通郵、通航，均由香港轉口，為至大陸的主要跳板。此一關鍵時刻，與計畫執行亦具影響力。雖然政府主管部門，亦採取若干政策及因應措施，然屆時的實際發展，仍具若干未知數，自應值得注意。

圖一　相關計畫時程配當與關鍵時間示意圖

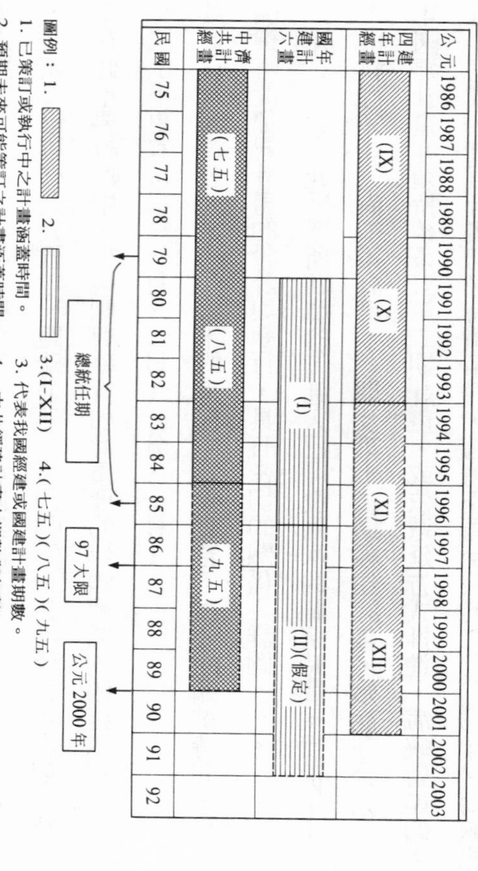

再從總統任期而言，現任總統任期爲八十年五月至八十五年五月，國建六年計畫原參照此一任期爲涵蓋時間。李總統登輝先生在就任時即曾說過：「本人當選第八任總統，希望六年中把中華民國所有遭遇的問題，在六年中把它完成」。吾人既已肯定國建六年計畫具有持續性，則至八十五年後，總統是否連任或是否提前直選，均屬政治問題，非屬本文討論範圍。然對於國建六年計畫的持續實施，其計畫作業的方式，則不無值得研究之處。如採經建計畫直線式的四年一期向前推進，可能難以提前確定。如採僅保持目前六年期間，六年後則將未執行完成的計畫，分由各部門納入其他計畫執行，則又缺乏號召力。自以採取遞延式（即圓週式）向後遞延，較爲合適，以次各節另行討論。

伍、從整體規劃看今後發展

世界各先進國家，多已建立健全的國土開發計畫系列。我國亦策訂「臺灣地區綜合開發計畫」；進而發展北部、南部、中部、東部四個「區域計畫」；三百多個「都市計畫」；以至「縣、市綜合發展計畫」。四年經濟建設計畫中的實質建設計畫，亦均依照綜合開發計畫系列爲依歸。且一般國家均視國土建設計畫爲國家最高層次計畫。惟我國綜開計畫與區域計畫，均逾十年未加修訂，基本原則或未稍變，而情勢發展則難免變易。

又前項多屬十至二十年的長程計畫，按理論言自以長程指導中程，中程指導近程爲原則。然自策訂國建六年計畫以來，國人均集中精神，全力注視並規劃、執行此一計畫，數年來均以其爲現階段國家最重要的計畫，似無餘力來修訂綜合開發計畫及區域計畫。近悉主管部門已注意及此，已進行規劃修訂工作。俾能由上而下及由下而上，兩方面整合進行，促進整體規畫系統性、時間性、範圍性、持續性的功能（詳圖二）。

圖二　相關計畫涵蓋時間關係示意圖

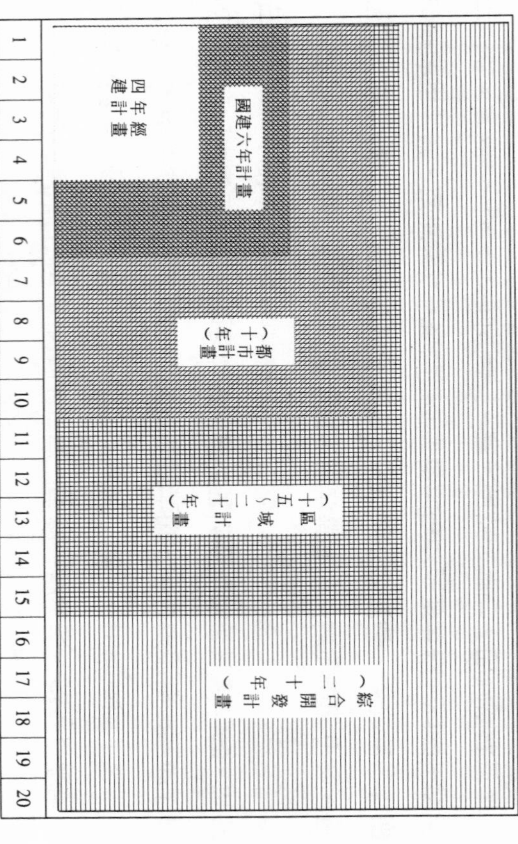

陸、從持續規劃看今後發展

國建六年計畫具有持續性的特質，已不待言。

吾人既已經標榜在公元二〇〇〇年，進入已開發國家，且彼岸亦正與我在各項建設上，不斷相互競爭，中、長程的建設規模，亦在顯示繼續擴張中，持續規劃的進行，殆無疑問。四年經建計畫雖屬更詳細的計畫，然其範圍則遠不若國建六年計畫爲廣大。

細閱國建六年計畫內涵，部分計畫已屆完成（據統計爲六九項）；部分計畫係逐年辦理，屆至某年完成，並不表示下年度不辦；部分項目尚未核定，或尚在規劃階段，或於此次計畫修訂時已予延至民國八十六年以後，以上均具有持續性。

即以八十三年度由行政院經建會列管的五九項計畫而言，其中須在八十六年以後完成的，即三四項，佔全部計畫的五八%。分析各年度完成的項目如表一。

表一、各年度完成項目

年別	項目
86.6	12
86.9	1
87.6	4
87.12	2
88.6	4
88.12	2
89.6	2
90.6	4
92.6	2

持續計畫策訂的方式，已在前第四節中略加說明。運用直線式（亦稱階段式）或遞延式（亦稱圓週式）固各有其利弊，然在現階段以及進入廿一世紀，仍以後者優點爲多。此項屬於計畫理論方面的問題，本文篇幅有限，無法討論。此次國建六年計畫內涵的修訂，已建立良好基礎，據悉綜合開發計畫亦由主管機關進行修訂工作中，爲配合整體性發展及持續性的特質，建議以遞延式（圓週式）方法進行未來計畫的持續發展工作，使國家建設能在統一目標，齊一步驟，共同努力之下，臻於已開發國之林。

茲試擬有關計畫現行涵蓋時間及持續發展構想如圖三。圖上現行涵蓋時間全照實況記述，持續的構想僅係一構架性的示意，主管機關自可依實際需要訂定計畫發展的週期和適切的涵蓋的時間。然綜開計畫爲期廿年，區域計畫比照發展，國建六年計畫等涵蓋時間，固已確定，端視持續發展的週期來確定其遞延持續的時間。爲此則國家建設的整體性與持續性，均可充分發揮，亦可形成制度，不致因人爲因素而影響。以上研究淺見，僅供指正參考。

圖三　有關計畫現行涵蓋時間與持續發展構想示意圖

區分	綜開計畫			區域計畫						國建六年計畫			區分
民國	現行	持續發展	構想	現行 北部	現行 南部	現行 中部	現行 東部	持續發展	構想	現行	持續發展	構想	公元年
66													
67													78
68													79
69													80
70													81
71													82
72													83
73													84
74													85
75													86
76													87
77													88
78													89
79													90
80													91
81													92
82													93
83													94
84													95
85													96
86													97
87													98
88													99
89													20
90													1
91													2
92													3
93													4
94													5
95													6
96													7
97													8

（原載「研考雙月刊」第十九卷二期，民國八十四年四月）

國家建設六年計畫促進區域均衡發展部分評介

壹、前言

國家建設六年計畫，爲當前國家施政最重要的中程計畫，可說是肯定而毫無疑問的。目前行政院院會已通過了此項計畫，行政院郝院長在強調此一計畫的重要性時說：

「全民對國家建設六年計畫，應該站在全民觀點，以放眼天下的世界觀來看未來六年的國家建設，我們的目的是使中華民國臺灣地區六年後可以和其他先進國家相媲美，讓全世界對我們刮目相看」。

這項計畫係以前瞻性——不落於形勢之後，如交通系統；整體性——住宅、醫療、交通、學校、環保等生活圈建設；均衡性——全省各地均衡發展，爲規劃著眼，在不損及財政健全的原則下，每年仍要審度預算來執行。

另爲使各級行政同仁都能對此計畫有更深一層的體認，希於日內由行政院召集中央各單位司處及臺北市政府等單位局處長以上人員座談，交換意見，建立共識。

再回溯國家建設六年計畫的來源，可從李總統登輝先生就任第八任總統時就職演說及這次談話中體察：

「切望全國同胞繼續給予支持督勵，俾能在未來六年任期中善盡職責，圓滿達成使命」。

「……經由法定程序，就憲法中有關民意機構，地方制度及政府體制等問題，作前瞻與必要的修定……務望在國人的共同參與策勉下，以兩年爲期，促其實現。」

「希望六年中把中華民國現在所有遭遇的問題，在六年中把它完成」。「本人強調一定要六年中完成這些事」。

計畫從開使執行到完成的時間——計畫涵蓋時間，決定的原則很多，依據世界各國的先例，有基於傳統的，有基於國家既定計畫體系的，有基於元首或內閣任期的，有基於國際間協議的，有基於企業上研究產品可實現期間的。六年國家建設計畫顯然是參照元首任期而決定其涵蓋時間的。

國家六年計畫內容範圍至爲廣泛，茲僅就其四大目標之——「均衡區域發展」部份，提供介紹與淺見，以供參考。

貳、「促進區域均衡發展」內容摘介

國建六年計畫四大目標之——「促進區域均衡發展」部份，內容又區分爲兩個方面，其一爲「調整區域發展差距」，其二爲「交通建設」，茲分別摘介其主要內容如次，在「調整區域發展差距」方面，又區分爲以下六項：

第一、區域發展差距——說明人口集中的趨勢、遷移原因，以及區域均衡發展目標。
第二、加強發展緩慢地區建設——說明生活圈之建設與改善偏遠地區之措施。
第三、疏導人口與產業過密地區——說明發展問題與因應策略。
第四、加強中型都市功能——定義、範圍與發展策略。
第五、健全都會區發展——說明發展概況與策略。
第六、均衡城鄉教育、文化、醫療水準——說明現況檢討以及發展重點與配合措施。
茲再將各章重要內容目標簡介如次：
在第一項「區域發展差距」中，提出區域均衡發展目標具體計畫如次：
一、區域人口合理分布，使由目前人口總數達成未來目標（民國八〇年—八五年）：
北部：由八五五萬人—九二四萬人
南部：由六〇八萬人—六一七萬人
中部：由五二一萬人—五三一萬人
東部：由六五萬人—六四萬人
二、區域所得差距縮小，使北部區域所得指數由一二三降至一一一，南部東部中部則大幅提高。
三、區域產業結構改善，除東部外均以工商爲主。未來六年繼續提高產值，縮小差距。
在第二項「加速發展緩慢地區建設」中主要政策措施爲：

一、加速發展緩慢生活圈建設，依人口、產業、公共設施及財政收支，臺灣地區以苗栗、雲林、嘉義、屏東、花蓮、台東、澎湖及南投八個生活圈，較其他地區爲差，列爲發展緩慢生活圈，應採取各種有效措施，促其加速發展。

二、改善偏遠地區措施：

㈠改善山胞部落生活環境

㈡改善離島交通與供電

㈢改善飲水及交通設施

㈣加強沿海地區防風造林，修建堤防與船澳

㈤辦理偏遠地區住宅整建

在第三項「疏導人口與產業過密地區」中，採取因應策略爲：

一、興建新市（社）區、廣建住宅、誘導產業、人口之合理分佈。

二、鼓勵新設大專院校、政府機構、工商機構、醫療等設施分散至其他地區，避免過分集中之弊。

三、實施建築容積管制，創造優良居住環境。

在第四項「加強中型都市功能」中之發展策略爲：

一、中型都市包括下列市鎮（一〇—二〇）萬人

㈠一般生活圈中心都市：苗栗、彰化、斗六、嘉義、新營、屏東、台東、宜蘭、羅東。

㈡具特別機能之生活圈中心都市：南投、基隆、花蓮、馬公。

二、改善投資環境，增加就業機會。

三、充實行政、文教、休閒、醫療等設施之服務機能。

四、規劃整頓市區，創造良好生活環境。

五、建設完善之地區性交通運輸網路。

在第五項「健全都會區發展」中之發展策略爲：

一、中心都市人口及其衛星市鎮人口達一〇〇萬人的地區——臺北、臺中、臺南、高雄、桃園中壢、新竹六處，均已或將形成都會區。

二、緩減人口成長速度，疏導人口及產業至外圍新市區。

三、建設大衆捷運系統，加強通勤鐵路列車服務，使達到一小時都會通勤之目的。

四、設置貨物轉運中心、冷凍倉儲中心、綜合工商服務區、大型購物中心及遊憩區。

五、建設快速道路系統，接近中型都市。

六、加速推動公共建設、都市建設制度及改善都市景觀。

在第六項「均衡城鄉教育文化醫療水準」方面，目標如次：

一、臺灣四個區域社教設施增建計畫中，自民國七十九年原有總數三〇四所，增加至八十五年七七七所，計增加四七三所。

二、臺灣四個區域病床總數成長預估，自民國七十九年五三、一三三個，增加至八十五年六三、六九八個，計增加病床一〇、五六五個。以萬人病床率計算由二六・四增加至二九・七所。

在「交通建設」方面又區分爲以下三項：

第一、現況與展望——說明車輛成長情形、汽車持有率以及區域間客運旅次分佈。

第二、促進區域均衡發展之建設目標——以建立臺灣地區一日交通圈爲原則。

第三、建設目標——包括高速公、鐵路，一般公、鐵路，都會區捷運系統，貨物轉運系統以及東部交通現代化。

在第一項「現況與展望」中，主要說明：

一、臺灣地區機動車輛成長迅速，自民國六十五年至六十九年增加一倍，至七十八年再增加一倍，達一、〇二〇萬輛，平均每二人即有一部。

二、預測汽車持有率：民國七十八年至百戶持有率爲四輛；至八十五年將增加至六十七輛。

在第二項「建設目標」爲：

一、建立臺灣地區一日交通網

二、整建生活圈道路系統

三、增進交通安全，增建都市停車場

四、加強國際客、貨運機能，提高服務水準

在第三項「建設項目」中，列舉如次：

一、高速公路，包括中山高速公路拓寬改善、北部第二高速公路、北宜高速公路、第二高速公路後續計畫、南橫高速公路、東部高速公路。（以上完工後臺灣地區高速公路長度將自目前的三八二公里，增爲一、〇七二公里，以密度言將超過英、法、日、瑞士）。

二、一般公路，包括十一項道路改善計畫。

三、高速鐵路，全長三四四公里。

四、一般鐵路，包括繼續完成南迴鐵路等十二項。

五、都會區捷運系統包括臺北、高雄、臺中、臺南、桃園、新竹等六個都會區捷運系統。

六、貨物轉運系統。

七、東部交通現代化，包括公、鐵路及機場改善。

叁、幾點提供參考研究的問題

一、國建六年計畫四大目標均息息相關而不可分離，關於「促進區域均衡發展」部份，與「整體經濟發展目標」、「厚植產業發展潛力」以及「提昇國民生活品質」，均具有密切的關係。如「厚植產業發展潛力」中的規劃產業區位、土地及水資源利用、培育人力資源、能源供應、改善運輸系統、加速電信建設等，均對促進區域平衡發展有重大影響。至於「提升國民生活品質」中的建設生活圈、增進社會安全與福利、防制災害，環境保護等亦均對促進區域平衡發展關係甚鉅。因此在細部規劃以及評估效益時，如何發展整體規劃的功能，使其從總體功能中能發揮實效，重蹈過去成效未彰的覆轍。

二、除國家建設六年計畫外，現行中長程計畫中，尚有「綜合開發計畫」、「區域計畫」、「四年經建計畫」、「都市計畫」等均與「均衡區域發展」具有密切的關係。如以計畫涵蓋時間而言：「綜合發展計畫」二十年，區域計畫十五年以上，「都市計畫」概爲十年，以上均屬長程計畫範圍。國建六年計畫、四年經建計畫係屬中程計畫。如依計畫時程理論而言長程指導中程，中程指導近程；反之，近程依據中程，中程依據長程，殆無疑義。如以計畫位階言，雖然「綜合開發計畫」屬於國家最高位階，然而「國建六年計畫」並不一定屬於此一體系內的計畫，尤其我國尚未制定「綜合開發計畫法」。以上所列舉的各項計畫關係均甚密切，內容項目必多相似，如何協調整合予以修訂調整，使各級機關化眾多計畫目標之下能有所適從。這是一項至爲繁鉅的工作，然而也是一項非常有意義的工作。茲將相關計畫涵蓋時間關係示意如下圖：

相關計畫涵蓋時間關係示意圖

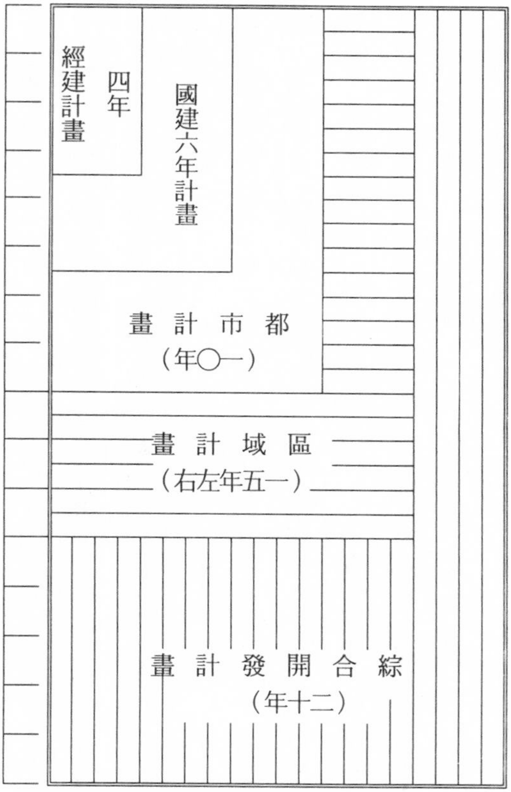

四年經建計畫

國建六年計畫

都市計畫
（一〇年）

區域計畫
（一五年左右）

綜合開發計畫
（二十年）

三、目前國建六年計畫所列各項目標，或爲概定數量性目標或爲較具抽象性的目標。然依經建會估計已可概定有七百多個計畫，如將分項子計畫計算，估計當在千餘個計畫以上。除亟應將各項目標予以具體化、數量化外，更應列出各項實質建設計畫分布的年度，每類及總體的優先順序，以改進過去區域計畫進度與優先不夠明確之弊。估計完成各項計畫的細部規畫和可行性評估，可能即需要一年的時間（部份已執行的計畫除外），在此有限的時間之中，如何明定計畫實施預定時程表，加以追蹤管制，縱橫間協調配合，以竟全功。

四、「加強改進發展緩慢地區」爲促進區域均衡發展的重要政策，然而過去行政院核定多項方案，如「改善農業結構提高農民所得方案」、「基層建設方案」、「改善偏遠地區建設方案」等（據報載經建會考評「基層建設」成效，無列甲等者，平均爲丙等）多項計畫，惟實施成效似不彰顯，究其原因，或則缺乏整體規畫，或則資源支援不足，或則未盡形成重點，雨露均沾反而效果不彰。在各項區域計畫與都市計畫中，亦均列有多項計畫項目，這次國建六年計畫如不能對過去實施情形，予以澈底有整體的評估，將易重蹈過去覆轍，難以達到促進區域均衡發展的目標。

五、都會區的設置具有多種功能，學者未來論述甚多，茲不贅言。過去劃定四個都會區，現增加爲六個都會區。過去都會區的設置劃定，已經超過二十年，然迄未有一個都會區完成了整體規畫，各新市鎮開發、捷運系統的興趣，亦均進行緩慢。致都會區的劃定，圖具虛名；都會區的功能自亦難以充分發揮，形成都會區百廢待舉，而各行其是，頭痛醫頭，腳痛醫腳，甚至相互掣肘。

六、參照輿論反映，對七個單元「生活圈」設計，應依目前客觀條件按大衆緊急需要，衡量政府財力、人力、技術諸條件，調定優先次序，由近及遠、圖難於易，使能務實可行。又若干懸訂的目標，雖甚理想，惟必須先解決部份現實問題，始能逐步推動。如欲建立大型購物中心與現代化超級市場，必先解決「攤販」問題；欲進行各項休閒設施的營造，必先求現有文化、音樂等設施的充份運用，始能奠定良好基礎。

七、過去綜合開發計畫及區域計畫，已建立的「都市體系」中各個層次，如臺灣地區政經文化中心、區域中心、地方中心、一般市鎮、農村集居地等，以及前節所述的都會區，均因國建六年計畫的規劃，以及生活圈的劃分，而有所變動。此一都市體系的建立，關係未來區域及都市發展甚大。尤其依綜合計畫及區域計畫法、都市計畫法，各層次應具備的各設施與條件，均有明確的規定。過去區域計畫雖多照規定納入，惟或則未列具詳細名稱數量，或則未針對各地方實際需要加以取捨。自宜基於六年國建計畫精神，重加探討修訂，建立完整適切的都市體系，俾能循序發展。

八、依照規定綜合開發計畫、區域計畫等，均應每五年修訂一次，目前似未依照辦理，際茲六年計畫核定公佈，自宜加速配合修訂，以求目標一致、方向一致。又參照行政院郝院長在今（八〇）年二月在行政院主管座談會提示：「此一國建六年計畫只是開始，之後還有第二個、第三個以及連續的六年計畫」。可以說明國建六年計畫是一種「持續性」的計畫。假定此一計畫於民國八十五年執行完成前，將要策訂次一期計畫時，四年經建計畫已執行至第十一期計畫，且行將策訂第十二期計畫。綜合開發計畫與區域計畫的修訂週期，又不悉如何預定。

在諸多計畫進行策訂與執行之下，如何予以統一、簡化，以及規劃適切的預定計畫作業時程表，亦得早日研究準備。

（原載「都市研究與發展學刊」，民國八十年七月）

計畫與預算在現代管理中的地位

壹、計畫與預算的關係

計畫是二十世紀行政的特徵，許多公共行政學家和管理學家都支持這一種說法。事實上，在現代政府或企業中，計畫已形成了重要的地立。尤其是整體規劃、綜合開發等名詞，更與國家建設結成一體而無法分離。

預算是計畫多種型態的一種，個人研究認爲「目標、政策、程序、計畫、方案、預測、研判、策略、措施、預算」等，都是計畫型態的一種。尤其預算和計畫是一體的兩面。也有人說，「計畫是預算的文字表達，而預算是計畫的數字和金錢數額的表達」，其關係與重要性自不待言。所以提到計畫，自然就包含了預算在內。因爲沒有預算，計畫勢將難以執行，沒有計畫則預算完全失了依據。

吾人如從政府預算制度的發展演進來觀察，就可證明預算制度愈進步，與計畫愈是結了不解緣。例如傳統預算制度，等於是一種委任經理制度，主要乃以機關爲單位，區分爲經常費與臨時費，再以人員與事物數量，按一定標準，分別計算人事、業務、事務等費用，加以編列。雖有編製簡單，便於控制之利，卻與施政計畫完全不能配合。

迨推行績效預算制度（Performace Budget）較前與計畫的關係，即較趨密切。其主要精神，乃以各機關要執行的工作或提供的服務爲基礎，將經常性及資本性的工作計畫，研提次一會計年度預定完成的具體建議，並分列逐項所需成本，編成預算案；經過立法程序，成爲法定預算。各機關對所訂目標，必須負責完成；使預算配合計畫，計畫表達績效。此一制度較前雖有進步，能促進計畫功能，惟仍感缺乏整體規劃的觀念。

以後推行企劃預算制度（PPBS-Planning, Programming & Budgeting System），更重視長程規劃及整體規劃，且能運用現代管理技術，以系統分析方法，產生計畫目標，遂行成本效益分析，並使長、中、近程計畫持續發展，力求計畫與預算密切配合，經濟有效分配各種資源。此項制度已能注重整體規劃與計畫密切結合，惟在執行上仍不無困難。

至於零基預算制度（ZBBS-Zeor Base Budgeting system）乃是一種合理可行的計畫與預算作業方法，要求各決策單位的主管，在提出預算申請時，不必顧慮年度預算多少，在新年度從零開始，詳細衡量全部需求，提出各項計畫，說明其必要性和可行性。再由各層級予以有系統的評估，按其重要性排列優先順序。此一制度可保持企劃預算的特性，彌補其缺點，並可拋棄上年度預算的包袱。惟由於計畫作業相當繁重，政府亦僅採擷其精神，並未全部實施。

從以上預算制度的演進來看，可從預算制度愈進步，愈與計畫發生密切不可分的關係。而且，計畫和預算都是管理的重要功能之一，也可從計畫和預算本身就是一種管理；前面說的，計畫和預算是一體的兩面，誠非虛言。

每年十一月到翌年元月，行政院爲審查預算，各種會議及小組審查，都要舉行三十多次會議，其實這種會議的全名是「計畫與預算審查會議」，而不是單純的「預算」審查會議，亦即說明名爲審查預算，實際是審查計畫，如果計畫被否定了，自然預算也就不存在了。更可證明計畫和預算是不可分開的一個整體。

貳、從管理知識領域言

管理（management）的範圍非常廣泛，然而無論從管理學的縱橫關係上討論，計畫莫不佔有重要的地位。

先從縱的方面說，有些學者將管理知識領域，區分爲四個層次。

管理知識領域的最高層次，是屬於管理哲學範疇，顧名思義，管理哲學是探討管理方面若干基本理念、管理思想，管理的基本原理、原則等。雖然是屬於理念、思想等方面，但對管理學的發展演進、管理學流派的形成，直接、間接也發生重大的影響。如從計畫方面來說，愈是較高層次的，期程較長的計畫，比較偏重於一種理念的指導，具體的說，屬於一種政策性的指導。例如戰爭計畫中的長程戰略判斷，其性質更具體指明：「長期計畫作爲之範圍甚廣，爲產生軍事哲學之基礎，決定軍種長期發展之形態，指導研究發展工作，擬定明確指導準則，決定長期立場」。

管理知識領域第二個層次，稱爲管理功能，或管理過程。這是一個非常重要的層次。對於管理功能區分的方法，學者主張甚多，但一般均推崇法國管理學家費堯（Henro Fayor）的分類方法，亦即區分爲下列五大功能。㈠計畫（Planning），㈡組織（Organiyation），㈢指揮（Direction），㈣協調（Coordination），㈤控制（Control）。以上五大管理功能中，計畫實居於首位、即或有若干學者尚有甚多不同主張的區分方法，亦無不將計畫列在第一項功能。其實組織、指揮、協調、控制，亦無不和計畫具有密切的關係。甚至有些學者主張，管理功能可歸納爲計畫與控制兩大項，因爲其他功能，也屬於規劃與控制的範圍。計畫與預算既然是一體的兩面，自然同等重要了。

管理知識領域的第三個層次，是管理職能，管理職能是依照企業或行政機關的組織而區分出來的。例如人事，會計（主計）、生產、銷售、運儲等部門，其實現代企業或行政機關，多將「企劃」列爲一個重要部門，甚至將之列爲幕僚群中的首席單位。以上各項職能都有其特具的管理功能和專業的管理知識。計畫和預算不僅是組織的重要部門之一，而且與其他管理職能均具有密切的關係。

管理知識領域的第四個層次，是管理技術，這一方面範圍非常廣泛，因爲各種管理的方法與技術甚多，例如從管理功能的計畫、組織、領導、協調、控制、以及人事、會計、生產、銷售等各種管理職能，都有若干屬於技術層面的知識。綜合起來說，如計畫評核術網狀圖，工作分析與簡化、管制考核，以及在資訊方面若干技術，均係屬於此一層面。

叄、從管理發展流派言

從橫的方面說，管理學自發展以來，即逐漸形成許多流浪，眞是五花八門洋洋大觀。有人將其區分爲：系統管理（Management by system）；溝通管理（Management by Communication）；目標管理（Management by Objectives）；激勵管理（Management by Motivetion）；參與管理（Management by Participation）；例外管理（Management by Exception）；成果管理（Management by Results）。

部分學者將其區分爲：行動或過程學派（The Operetional School），實驗學派（The Empirical or Case School）；行爲學派（The Mlceman Behavior School）；社會系統學派（The Social System School）；決策理論學派（The Decesion Thoory School）；數學學派（The Mathematical School）。

以上區分雖甚爲複雜然大部分管理學者都主張區分爲四大流派，而形成管理的主流。第一、管理功能或過程學派；第二、行爲學派；第三、系統學派；第四、數量學派。

管理功能學派，無論區分爲多少功能（或過程）均以計畫爲首要功能，已如前述，不再贅述。

行爲學派基於行爲科學而發展，其重點在於重視管理的人性面，認爲人們爲團體目標而共同工作時，應相互瞭解。其主要具體方法，爲目標管理制度。所謂目標，亦即團體的計畫目標。其決定目標的原則、方法、程序，與計畫理論與方法完全一致。目標亦為計畫的型態之一種。年度目標綱圖，亦屬一種具體入微的計畫方法。計畫本來就是一種集體智慧的產物，必須與行為科學精神相符合。

系統學派是基於系統概念，乃是將具有關係的目標或元素、概念、活動，組合成為一個邏輯的或功能性的單位，以執行某一任務，達成某一目標。系統分析（System Analysis）的特點，即在尋找目標與確定目標；以科學的方法來分析問題；研究達成目標的各種可行方案；綜合使用各種計量與非計量的工具；重視整體性。所以不僅是計畫決策的一種管理科學方法，也是與計畫理論相合的一種進步方法。

數量學派常將管理當作一種數學模式與程序的系統，經由模式的建立，即可將目標與問題的基本關係加以表示。現代計畫作業，離開不了數學與統計。如經濟建設計畫，在預測階段均以深奧數學模型推算。即在計畫可行性評估階段，對於預期效益的估測，亦均以形成數量化為要求目標。

肆、從近代管理發展沿革言

再從近代管理學發展的沿革來說，有些管理學家將其區分為三個重要的階段。

第一個階段，概為一九一〇年到一九二七年，這一階段可說是管理發展的萌牙時期，亦即初期階段。在此一時期企業界針對傳統管理的方法，力求予以改進。主要是訂出了良好的工作程序和明確的工作標準，嚴格要求依照此項程序、標準實施，其目的則在提高工作效率（Efficiency），而其對象則爲最基層的操作工人，這是一個嚴格要求提高效率的時代。

第二個階段，經歷一九二七年到一九四七年。這一階段中，有不少傑出的行爲科學研究者，他們發現人不是一個機器，如果僅以嚴格的管理，來要求達到規定的程序和標準，是不合理的要求。必須注重研究人性問題，亦即人的行爲問題。管理者應講求如何激勵工作人員的情緒和意願，使其樂於工作、願於工作。因此，在這一時期中目標管理、意見溝通、人群關係等行爲科學，相繼發展，風行一時。然而在此一時期之中，管理的目的仍以提高工作效率爲依歸，對象則仍以基層工作人員爲主。

第三階段，是從一九四七年以後，由於電子計算機的發明且發展迅速，數十年間已發展到第五代。有了此一工具，可將大量數據用電子計算機來處理，許多管理科學如決策理論、系統分析、作業研究等，亦應運而生。管理也進入了一個重視決策的階段，這是一個重視計畫效果（Effectivieness）的時代，而其對象也不是基層工作人員，乃是高層主管，企業和機關的首長。

雖然，今天已進入一個重視效果—決策的階段，然而吾人並未能否定效率的重要性。亦即可以說，在管理立場言，效率與效果仍具同等的重要性。不過在機關的層次上、計畫的程序上、業務的特質上，對於重視效果與效率，可能有先後輕重的區分。

效果與效率兩個，很多釋義，有時亦難以嚴格區分。管理學家杜拉卡（Peter Drucker）名言：「做正確的事」（Do the Right thingw）—效果。亦頗有助於吾人的深思。

計畫和預算具有效果和效率的雙重特質。在決策過程中，經過正確的決策選定最佳可行的方案，就是效果。在計畫與預算的編製過程中，如何有效及經濟使用現有與可能獲得的資源，以及在執行計畫與預算時，如何對人力、財力、物力、時間，予以有效控制，都是屬於增進效率的問題。

對於效率和效果，如何研訂模式，來予以量化，看起很簡單，實際也很複雜。因爲效率與效果的計算，牽涉到很多有形和無形的因素，要在各方面都很週延，自然考慮的相關因素就很多了；然而如果建立一種模式太過複雜，又難免徒增困擾，所以祇有作適當的取捨。計算成本效益分析（Cost & Benefit Analysis），主（會）計人員可能

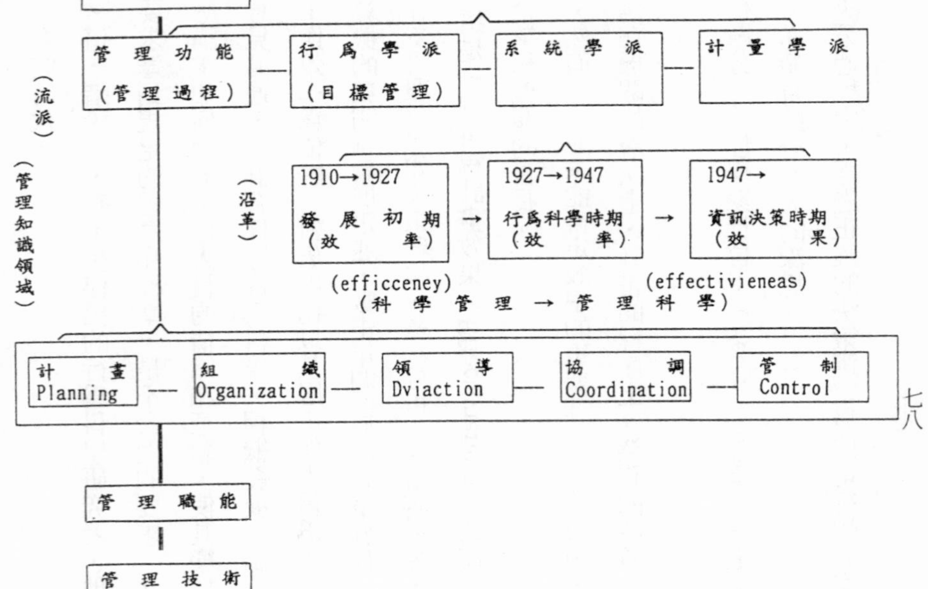

更較專長。

從以上管理各方面討論，在現代管理體系中，計畫和預算實居於重要的地位。茲將管理知識領域、管理學流派與發展沿革縱橫關係，就計畫與預算在現代管理中的地位調製示如上圖。

伍、今後展望

以上已將計畫與預算在現代管理中的地位和重要性，分別詳加剖析。今日吾人正面臨管理科學蓬勃發展，國家社會要進步革新的時代，展望今後計畫與預算的發展，亦必須加速步伐，向前邁進。以下數項，略抒拙見：

第一、計畫與預算應密切結合成為一整體

由於我國政府組織，預算係屬主計部門主管，計畫係屬各業務部門主管，年度施政計畫彙編文件，係由研考部門彙編，年來亦不斷改進，協調配合較前更趨密切，惟無論如何在促進施政計畫與預算的整體化方面，仍宜再求加強。看到美國一九九〇年的聯邦預算，發現其對計畫與預算的結合，更爲密切，似較我國更爲進步，可資取法。

第二、建立我國綜合性計畫預算的特色

我國現行預算制度，雖以兼採績效預算、企劃預算，及零基預算制度精神，惟各部門的長中程計畫，既未盡與預算密切配合，部分預算績效執行亦未彰顯，尤以上年度計畫與預算的色袱，仍難完全

卸除。爲建立我國綜合性計畫預算的特色，亟宜加強長中程計畫的整體規劃，有效運用國家資源，進而與年度計畫及預算相連貫；爲加強預算執行績效，應強化管考制度與主計部門檢討分析制度，使能產生綜合管理的效果。

第三、政府應速發展中程施政計畫

國人尚無中程施政計畫的概念，祇有年度施政計畫的作業。所謂中程施政計畫與各項長中程業務計畫不同。例如某一機關有二十個長中程的業務計畫，每個計畫均須經費、員額、組織、土地、建築、設施、儀器等支援，此二十個計畫總共需求多少？又分布在五個特定的會計年度中，每個年度又各需要多少。這些分類目標與計畫，即可編爲中程施政計畫。有了中程施政計畫，年度計畫與預算就有了具體依循的目標和數量，不需滿天要價，就地還錢，而便於編製與審查了。而且更進一步，可將主計部門所提出的總資源供需趨勢預測，發展成爲中程預測文件，對未來國家建設的整體規劃，更具前瞻性。

第四、加強先期計畫作業

先期計畫（Advance Program）作業，在工業設計方面應用非常普遍。經建會對政府各部門的投資計畫，加以先期審查和評估，已建立了良好的制度。以後研考會、國科會對一般行政和科技發展計畫，亦推行先期施政計畫作業。惟由於經建計畫較爲具體，再配合專業人才審查，效果較佳。又經濟計畫與非經濟性計畫的區分，亦屬不易。將來公共建設投資計畫增多，加強先期計畫作業，發揮管理功能，勢有必要。

（原載「研考報導」季刊第十三期，民國七十九年十月）

中程施政計畫

壹、概說

中程施政計畫這一個名詞，在國人，尤其是在政府機關中，可能感到非常陌生。因爲，在目前有關政府法規和實際作業中，祇有年度施政計畫，未見到有關中程施政計畫的規定。

過去亦曾有人認爲，政府一切長、中程及年度計畫，無不是推行政府政務的計畫，也可說都是施政計畫。這一說法表面上似乎沒有什麼不通，但是深一層研究，就知道此一概念有些含混不清。須知施政計畫配合預算作業，已具有其特定的意義和界說，自然不可將政府所有計畫都列入施政計畫範圍。

在軍事方面，美軍制度爲民主國家的翹楚，最具科學化，也最健全完善，國軍各項參謀作業亦以取法美制爲依歸。美軍將施政計畫稱爲非戰術性計畫，亦即與其他戰略性計畫、戰術性計畫有所區別。

在企業上，將長、中程計畫稱爲策略性計畫，顯然，年度工作計畫不屬策略性計畫範圍。至於政府各項長中程計畫，無論其屬策略性、政策性或業務性，均不能與施政計畫（或稱年度工作計畫）相比擬。因此，政府機關的各種長中程計畫如視爲業務性計畫，則施政計畫可視爲是一種行政計畫，通過此一計畫爲獲得預算的橋樑。

嚴格的說，施政計畫不是單一的、詳盡的、完整的業務計畫，它只是將許多要執行的業務計畫，摘列其目標，統計其所要資源，規定其實行期間，並予以分類、分項的排列，以期與預算平衡結合。在表面上看，施政計畫很爲繁瑣，但從實際上看，它沒有比任何一項業務計畫完整而詳盡，它祇是一項計畫摘要表，由此可以說明行政性的施政計畫與業務性的、策略性的、戰術性的計畫，性質完全不同。

關於年度施政計畫的意義、界說、作業方法等，由於政府已經行之有年，公務人員均有深刻的瞭解，自毋須再加贅言。至於中程施政計畫的意義與界說，以及爲什麼我們迫切需要建立中程施政計畫，擬就有關參考資料及個人經驗與心得，分別於以次各節加以介紹。

貳、美軍整體規劃中程施政計畫的介紹

美軍戰爭計畫的整體規劃，爲具有邏輯思維世界著名的一套計畫制度，主要包括長程戰略判斷、中程戰略目標計畫及近程戰略能力計畫，並採用圓週式週期循環作業方法，堪稱爲非常完備的整體規劃制度。筆者過去曾多次爲文介紹，不另贅述。

其配合戰爭計畫作業的一套施政計畫制度，亦稱爲非戰術性計畫，包括中程施政計畫及年度施政計畫，頗有參考的價值。關於年度施政工作計畫部分，以國內已建立健全的制度，不擬再加說明，以

下將以中程施政計畫爲主，加以介紹闡釋。

美軍中程施政計畫是中程戰爭計畫中重要的一環，依據中程戰略目標計畫，發展中程施政計畫，此一計畫稱爲「施政控制計畫」（Control Program），或稱爲「主要施政計畫」（Major Program）。此項中程施政計畫均跨五個會計年度，而以中間年度爲目標會計年度（Target Fiscalyear），亦即涵蓋目標會計年度的前兩年與後兩年，合計爲五年。

施政控制計畫通常包括五個計畫：

一、部隊兵力施政控制計畫

二、設施施政控制計畫

三、物資施政控制計畫

四、後備部隊施政控制計畫

五、研究發展施政控制計畫

在美國空軍則稱爲主要施政計畫，包括下列各項：

一、飛機及飛彈主要施政計畫

二、飛行時間主要施政計畫

三、基地使用及主要部署主要施政計畫

四、通信電子主要施政計畫

五、人力及編組主要施政計畫

我國國防部參採美制，根據國軍中程建軍目標計畫，亦訂有五年中程施政計畫，包括以下各項：

一、部隊兵力中程施政計畫

二、物質中程施政計畫

三、設施中程施政計畫

四、後備兵力中程施政計畫

五、部隊訓練中程施政計畫

六、研究發展中程施政計畫

七、政治作戰中程施政計畫

八、情報中程施政計畫

九、通信電子中程施政計畫

有了以上各種非戰術性的中程施政計畫，自然對年度施政工作計畫及動員施政計畫的策訂，就有了指導和依循。

在此我們再強調施政計畫的意義：

「它是對平時的各項活動的一種有組織的指導和管理方法。對五年或年度期間建立分項目標，並與資源結合為一體，以完成一定期間的各項使命」。

「施政計畫，亦即行政行爲的方案，係用於規定時間內達成預定目標」。

「施政計畫乃一衡計成就或作業速率的計畫，藉由施政計畫制度以顯示各機關、各項業務，如何計畫從現在的狀況，以達成未來的目標」。

叁、政府機關建立中程施政計畫的構想

茲以教育部爲例，說明長中程業務計畫與施政計畫的關係。參考有關資料，教育部訂有十七項長中程業務計畫，包括：

一、高等教育長程發展計畫
二、改進公費留學考試中程計畫
三、加強培養及延攬高級科技人才方案
四、資訊人才推廣五年計畫
五、加強高中實施輔導中程計畫
六、中小學科學教育中程計畫
七、發展與改進國民教育五年計畫
八、加強學生視力保健重要措施
九、延長以職業教育爲主國民教育長程計畫

十、改進商船教育及船員訓練中程計畫

十一、工職教育改進中程計畫

十二、加強家庭教育促進社會和諧中程計畫

十三、社會教育五年計畫

十四、加強補校輔管措施

十五、加強推展青少年公民教育中程計畫

十六、準備參加世運、亞運中程計畫

十七、推展全民體育運動中程計畫

以上所列舉的計畫，由於筆者手頭資料未全，亦可能現況已有所變動，但對此項研究構想作爲假設，並無影響，從以上十七項計畫而言，即可能需要增加若干編制、員額；土地、建築；車輛油料；必要設備；科學儀器；電腦；在職訓練；出國深造及考察等。對每一個別計畫的總需求量及某一會計年度的需要量，主辦單位必然瞭如指掌。然而，如就教育部整體規劃而言，此十七個計畫的總需要量多少，或更就中程觀念，最近五年的需要量若干，可能並未作此統計，亦非主管人員所能熟知。站在個別計畫的資源估測和整體規劃的資源估測上，觀點自然不同。

如果將這些計畫的需求，直接過渡到年度施政計畫和預算方面，雖然以往都是這樣作業，但由於缺乏中程施政計畫的作業，不僅缺乏較具整體的觀念，而且計畫與預算單位，往往審查至爲困難。

初步研究構想，似可建立以下各項中程施政計畫：

一、組織員額（含增加系所）中程施政計畫——統籌估測十七個長中程業務計畫五年中增加組織員額若干。

二、土地建築中程施政計畫——統籌估測十七個長中程業務計畫五年中所需土地與建築需要若干。

三、車輛油料中程施政計畫——統籌估測十七個長中程業務計畫五年中所需增加車輛油料數。

四、增添設備中程施政計畫——統籌估測十七個長中程業務計畫五年中所需增加各種設備數量。

五、資訊系統中程施政計畫——統籌估測十七個長中程業務計畫五年中所需增加電腦及其週邊材料數量。

六、科學儀器中程施政計畫——統籌估測十七個長中程業務計畫五年中所需購置科學儀器數量。

七、在職訓練中程施政計畫——統籌估測十七個長中程業務計畫中五年內需要在職訓練的種類、人數，以及因辦理在職訓練的其他需求。

八、出國深造及考察中程施政計畫——統籌估測十七個長中程業務計畫五年內出國深造及考察的需要量。

有了以上各項中程施政計畫，對年度施政計畫與預算的編製與審查，自然就方便多了。

茲調製教育部長中程業務計畫與施政計畫關係示意如附圖，其中所列中程施政計畫名稱，均係初步設定，自然可以再加詳細研訂。

肆、建立中程施政計畫制度的必要性

一、培養整體規劃的觀念

無論在經濟發展上、公共行政上、軍事計畫上，甚至於企業經營上，均重視整體規劃。所謂整體規劃包括數個層面，即上下階層建立計畫體系，前後期程包括長中近程規劃，業務範圍包括全面性以及在週期上是用持續性的規劃。吾人不能僅以個別計畫爲滿足，必須在每一部門的計畫作業中，瞭解整體的目標的願望。中程施政計畫上可爲培養整體規劃的觀念，而建立橋樑。

二、建立健全的施政計畫制度

年度施政工作計畫，只是施政計畫制度中最基本的一環，如無中程施政計畫來統籌估算各項資源的需求，則必須由各種長中程業務計畫，直接過渡到某一會計年度的施政計畫和預算，這樣是比較困難的，而且就一個健全的施政計畫制度而言，也不合邏輯的程序。

三、建立較長期的總資源估測的基礎

我國主計部門對年度總資源供求趨勢估測，已建立了相當的基礎，惟對較長期的——五年總資源估測，似尚未發展。我國即將邁入已開發國家之林，各種建設規劃，亦均向長程發展。吾人常以「前瞻性」一詞爲政府未來規劃的重點，則發展中程總資源供需趨勢估測，勢在必行。中程施政計畫可對各部門多項長中程計畫的資源需求，加以分類彙計，自可作爲提供長期總資源估測的基礎。

四、便於年度施政計畫先期作業及預算的審查

每年度十月至十二月期間，行政院研考會、經建會、國科會，進行施政計畫先期作業的審查。同時各部門的概算報到行政院主計處，召開計畫與預算審查會議，除大型會議數十次外，尚有若干專案小組，如員額、車輛、建築、增加系所等，會議極爲繁瑣，甚至「滿天要價，就地還錢」，令參與會議人員，無不感覺困擾。主要由於年度計畫與概算與長中程業務計畫未能發生聯繫。如果各部門對未來組織、員額、土地、建築、車輛、油料、訓練、設備、儀器等，已經建立了五年的中程施政計畫，且計畫需求均有核定的依據，則審查工作自然可以迎刃而解了。

結語

近年來國內對年度施政計畫制度建立已具規模，在研考月刊上亦拜讀了不少對施政計畫的論著，然而對施政計畫的本質與一般業務計畫的區分，有些概念還有需要加以澄清的必要，爰藉本文略申愚見。

建立中程施政計畫制度，雖然過去在政府機關一般公務人員較少討論這一問題，但也並非個人的創見，因爲它本來就是施政計畫制度的一環。今天政府各項建設，已朝向整體規劃的途徑發展，則建立此一制度，已是刻不容緩之事。

本文所舉教育部整體規劃與施政計畫關係示意圖，僅爲一種嘗試性範例列舉，以供研究推動此一

制度的參考。如果主管部門採擇此一構想，當然還可從事若干更切乎實際的細節的設計；自然亦不妨先行指定部分機關試行，以後再全面推行。

（原載七十八年九月「研考月刊」一五一期）

類別	業務計畫	中程施政計畫
高教	高等教育長程發展計畫（75－84） 改進公費留學考試中程計畫（78－82） 加強培養及延攬高級科技人才方案（中程）（78－82） 資訊人才推廣五年計畫（75－79）	組織員額（含增加系所）中程施政計畫（78－82）
中	加強高中實施輔導中程計畫（76－80）	建築中程施政計畫（含土地）（78－82）

年

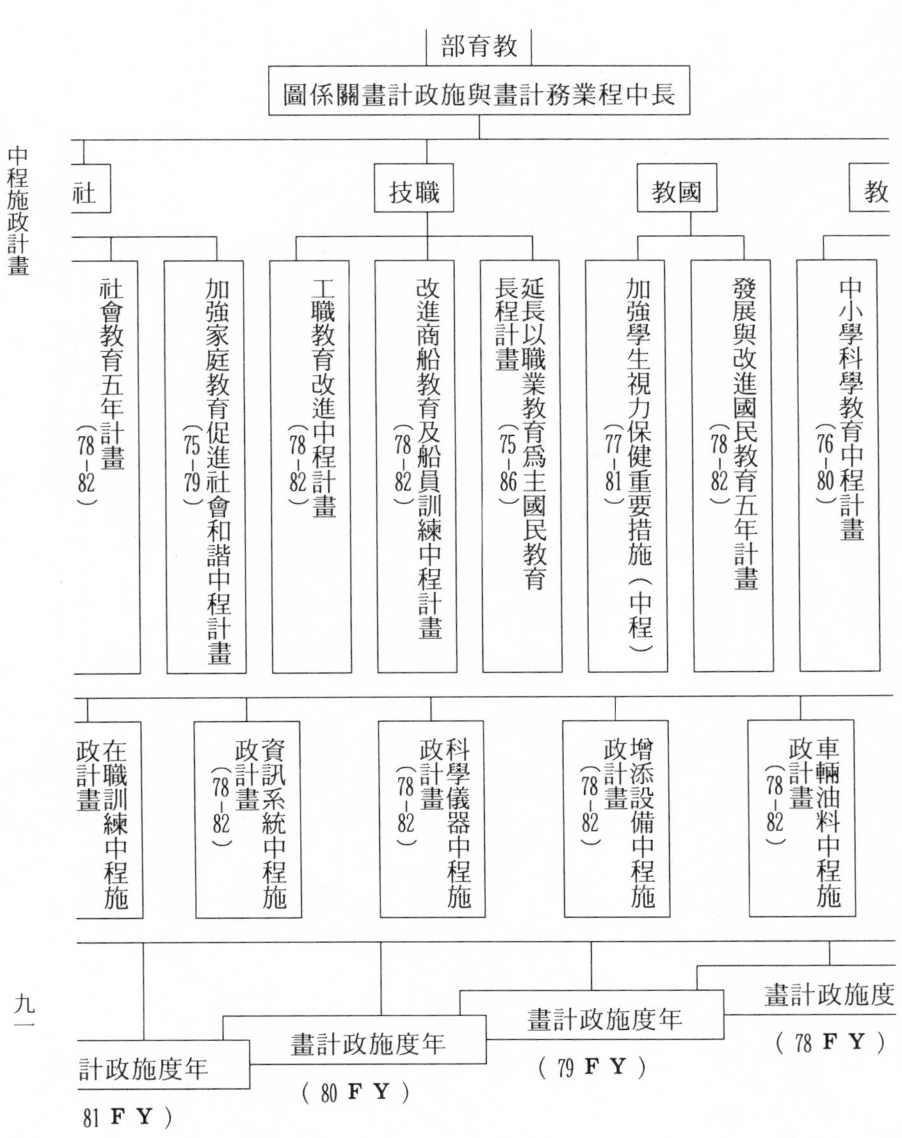
教育部
長中程業務計畫與施政計畫關係圖
社
技職
國教
教
社會教育五年計畫（78-82）
加強家庭教育促進社會和諧中程計畫（75-79）
工職教育改進中程計畫（78-82）
改進商船教育及船員訓練中程計畫（78-82）
延長以職業教育為主國民教育長程計畫（75-86）
加強學生視力保健重要措施（中程）（77-81）
發展與改進國民教育五年計畫（78-82）
中小學科學教育中程計畫（76-80）
在職訓練中程施政計畫
資訊系統中程施政計畫（78-82）
科學儀器中程施政計畫（78-82）
增添設備中程施政計畫（78-82）
車輛油料中程施政計畫（78-82）
年度施政計
81 F Y）
年度施政計畫
（80 F Y）
年度施政計畫
（79 F Y）
度施政計畫
（78 F Y）

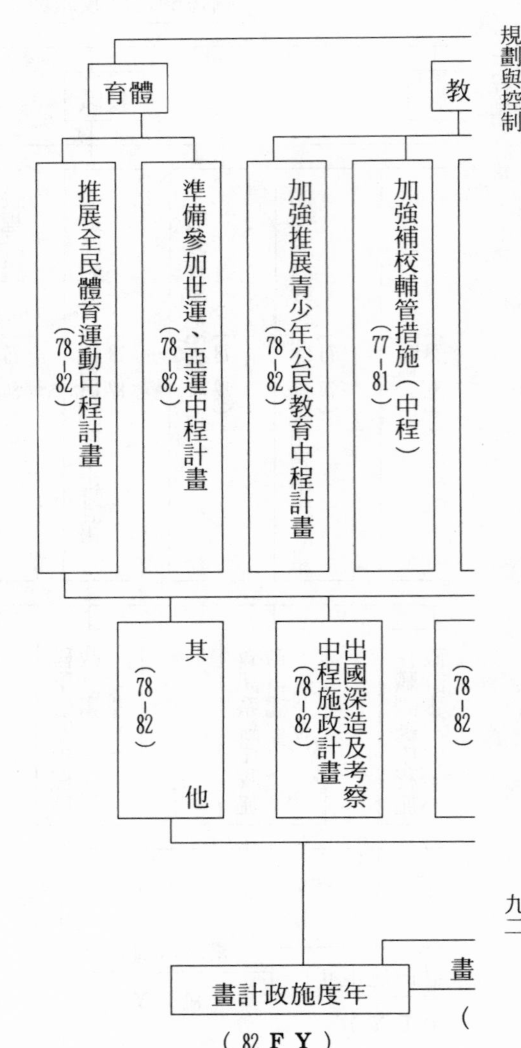

註：1.表列資料係例舉性質，可能與實況略有出入。

2.所有計畫　時間均係假設。

十年經濟計畫的發展與期望

日期報載，國家建設六年計畫即將於明（八五）年完成，經建會集合專家的意見，僉認今後將制定以十年爲期的經濟計畫，此一計畫在性質上係屬指導性計畫。長中程的計畫發展，與當前推行的經濟自由化並不衝突，因爲長程計畫只是在發展目標和策略上，提供指導與協助，並不干涉到各產業部門的細節、基本上，由於經濟自由化以後，政府掌握的資源越來越少，未來經建計畫的性質，亦將和以往不同，不能做爲產業的細部計畫。

經建會宣佈的有以下要點：

一、經濟計畫的涵蓋以十年爲期：四年至五年檢討乙次。執行計畫每期約四到五年，亦即類似目前的四年經建計畫，可能仍予維持，形成執行計畫。

二、未來的經濟計畫原則有四：即爲㈠經濟自由化；㈡社會公平化；㈢生活舒適化；㈣同時控制財政赤字，使未來十年政府支出占國民生產毛額在三成以下。

三、規劃重點包括：㈠公共財政，如交通建設等；㈡外部性的，如環保、研發等；㈢水、能、電力有自然獨立性的；㈣所得重分配；㈤不能進口的，稀少性的，如土地；㈥區域均衡；㈦需大量投資、資金龐大、民間無法做的。

四、此一長達十年指導性的經濟計畫，預估其經濟成長率目標將不超過百分之六；而物價上漲目標將不超過百分之三。

五、僉認我國雖然努力推動自由經濟、市場經濟，但在民主制度之下，難免有些決策會偏重短期利益，忽略長期利益；重視個人利益，忽略總體利益，制定長期經濟計畫，可以導正上項錯誤。

基於以上說明，睽諸當前與未來情勢發展，國家建設六年計畫，即將執行屆期（八五年），且原係依擬據總統任期決定計畫涵蓋時間，現憲法已修正，自無意義再繼續策訂。經建會決定發展十年經濟計畫，自有其必要性，其所說明各項原則要點，亦均正確可行，殆無疑異。惟就個人多年從事計畫研究與擔任政府公職經驗，仍對未來發展十年經濟計畫，提供若干建言如次：

一、四年經建計畫之所以能有重大成就，且受到重視，除甚多因素外，其中一項重大因素乃為確定其為「持續性」計畫，自第一期以迄第十一期能持續執行不輟，累積成果，蔚為重大貢獻。故十年經濟計畫，似宜建立成為制度化的「持續性」計畫。

二、過去經建會亦曾訂過六九－七八年之十年經建計畫，然一曝十寒，未能持續策訂，如綜合開發計畫，四個區域計畫，均訂好後一置十餘年而未加修訂。如求維持常新，均宜修正為持續性，遞延式的計畫向前滾進。而此類計畫與長中程經濟計畫，亦宜律定彼此間的一種制度化的密切協調關係。

三、所議擬訂爲長程十年，中程四到五年，并謂四至五年檢討修訂乙次。當前國內外以及大陸情勢，均瞬息萬變，如訂了一個長期十年的計畫，就等到十年才修正，必定難以適應未來發展的狀況。甚至連四年計畫中間，都會發生很多變化。四至五年檢討乙次，不僅難能應付隨時變化的國內外情勢，也未盡形成制度。淺見以爲最好每二年檢討修訂乙次，既能適應情勢變化，亦可作爲四年計畫的中期檢討，如能將計畫涵蓋時間向前遞延，則更能持續不輟，形成制度。

四、「經濟」的範圍固然愈來愈廣泛，然而總不如「國家建設」範圍涵蓋面較廣。過去「國家建設六年計畫」的定名，政府定必經過愼重的考量，八十五年後，該計畫必然尙有若干未能完成的項目，雖然絕大部分均可包含在經濟計畫範圍以內，然而如用「國家建設十年計畫」則可更增進國民對國家建設持續性的體認。

五、就計畫理論而言，長、中、近程計畫均有其特質，吾人自應把握長程計畫的特質來發展長程計畫，而避免以中、近程計畫的方法來做長程計畫。如長程計畫具有廣泛性與全面性，故須綜理全局考慮到各方面；乃一種可能實現的期望，故仍應具有相當的可行性，具有高瞻遠矚的功能，預測不宜過於保守；因時間較長，爲供預測，需要廣泛資料，宜有健全資訊系統；

視必要預爲規範計畫的前提或假定，以免若干不確定因素影響計畫作爲。

六、全國總資源供需估測，乃策訂計畫、編製概算之主要參考資料。我國編製年度施政方針、施政計畫、概算，已有豐富經驗。亦即主計部門對年度全國總資源供需估測，已具有相當經驗與規模，長程計畫自需依擬長程估測，對於未來十年全國總資源供需估測，作業前提可能有若干限制因素，估測自較困難，尚須克服有關困難，努力以赴。

七、長程計畫所獲得的結果，不一定如中程計畫的具體目標與數量，可能僅是一種展望、策略、政策、原則、結論、建議、發展的方向等。即或是比較具體的原則或目標，仍宜具有適度的彈性，至少不宜影響到中程計畫作業，而僅屬提供中程計畫發展的準則，以避免代替了中程計畫的功能。

以上各項，敬請參考。

（原載「會計與管理旬刊」第一一二〇期，民國八四年九月）

跨世紀規劃

——我國邁向現代化國家的展望

目前已堂堂進入一九九六年，距離公元二〇〇〇年，只有短短的四年，亦即爲我國跨入現代化國家目標之年，國人自然予以熱切的期望。

行政院副院長兼經建會主任委員徐立德先生，於三月初宣稱：政府即將推出「跨世紀十年展望計畫」，引起國人的矚目。茲從各方輿論報導，此項計畫主要精神與內容概略如次：

一、繼國建六年計畫與四年中期國建計畫之外，推出跨世紀的十年展望計畫，做爲我國國家建設邁向二十一世紀的指導性計畫。主要目標是發展我國爲現代化國家。

二、初步規劃未來十年的發展方向和架構，內容特色於十二項建設和亞太營運中心等實質建設項目外另尚包括精神、文化層面的建設目標。

三、此項長程經建計畫，主要爲塑造整體經建環境，延續我國政府推動自由化、國際化的政策目標，並使我國整體經濟發展更成熟。

四、經建會規劃未來十年經濟建設的目標：民八六—九五（一九九七—二〇〇六）年經濟成長率平均每年爲六・五%，前五年（一九九七—二〇〇一）每年平均經濟成長率爲六・七%，後五年（二〇〇二—二〇〇六）平均經濟成長率爲六・二%。

五、近年政府提出的長程經建計畫爲：民國六十九年至七十八年的十年展望計畫；民國七十五年至八十九年的十五年展望計畫；此次提出的民國八十六年至九十五年的十年展望計畫，即將代替前項計畫，而將前者停止。

由以上說明，已可概略窺見此一跨世紀計畫的內容，由於其具有跨世紀於我國帶入現代化國家之林，其重要性與對國家的影響至鉅。由於此一跨世紀計畫具有整體性、超越性與前瞻性，爰就規劃理論與實務，略申淺見，以供未來發展之參考。

就整體性而言：

管理學者認爲整體規劃應具備四項特質：即一、層次（Level）；二、範圍（Scope）；三、時間（Time）四、重複性（Repectiveness）或稱持續性（Sustained）

所謂「層次」即是上下一體的規劃，根據此一十年計畫，各層次、各部門應發展其長程、中程計畫，非經建會策訂一個長程計畫即可滿足。

所謂「範圍」，即是計畫內容涵蓋的周延性。此一跨世紀的國家建設計畫，自不應跼限於經建範圍；尤其在政府號召社會建設、文化建設應與經濟建設齊頭並重時，更應加以重視。甚至國民文化與道德的水準，亦能夠做一個現代化國家的國民。

所謂「時間」，即須包括長程、中程與近程，而且是環環相接，期期相連，形成整體。

所謂「持續性規劃」，在整體規劃中最爲重要，我國的四年經建計畫和中共的五年經濟計畫，都是典型的持續性計畫。不過我國始終未能將各項長程計畫予以持續化、制度化。從前面所述迭次策訂的長程計畫的斷續情形來看，即可予以說明。如果將長、中、近程計畫，視爲一整體的活動，必須將這個整體向前的滾動，形成共持續的發展，而不是僅靠中程計畫一環來滾動持續向前推進的。

我們已訂有很好的「國土綜合開發計畫」、「區域計畫」、「都市計畫」，但是訂好以後，一放十多年未加修訂，沒有持續向前推進，致失時效，使國家的整體規劃不夠積極、靈活。將來十年經建計畫，與此等計畫，均應律定一種嚴密的關係。

就超越性與前瞻性而言：

此爲跨世紀計畫的特色，所訂各項目標不能過於保守，管理學家的「超越理論」應充分加以運用；目標亦不宜限於經濟成長率方面，更廣泛的象徵進步的生活指標、社會指標等亦宜兼採並用。至於進入「現代化」，如何形成更具體的目標和數據，根據世界先進國家進入已開發國家的各項水準，包括在政府的行政管理革新方面，自應有對比的說明。

海峽兩岸在各方面的競爭，乃爲一明顯的對比，對中共的「九期五年計畫」（一九九六—二〇〇〇），未來的「十期五年計畫」（二〇〇一—二〇〇五）與我國十年經建計畫，尚未策訂的第十二期四年經建計畫，均應詳加比較，「知彼知己，百戰不殆」。預判各種發展，妥擬因應對策。

吾人處於當前一個多變化的情勢之中，無論在國際、在兩岸、在政治、在經濟，欲求完全控制掌握未來的情勢，並非易事。從事規劃工作者，常依賴下列手段，以求把握狀況，因應處理。

一、對未來狀況依預測判斷結果，預擬若干「前題」，或稱「立案假定」，在此條件下從事規劃。

二、保持計畫常新，依照狀況加以修訂。最好的方法是定期（一年或數年）檢討修正，使計畫向前演進延伸。此點爲國內長程計畫普遍潛在的缺點。如果十年計畫到十年後再重訂，早就失去意義。

三、計畫保持適度的彈性，多訂備用方案，以適應狀況的變化。

此外，長程計畫視爲一種展望性的目的，原無可厚非。然既認定爲跨世紀的計畫與整體規劃，則恐非僅係一預測、展望爲滿足，其詳簡程度，是否仍以前訂十年、十五年展望計畫方式爲藍本，值得加以研究。

（原載八十五年六月「會計與管理」旬刊第一一四八期）

對我國跨世紀整體規劃再獻言

配合經建會正在研訂的「跨世紀十年國建發展計畫」，行政院研考會結合學者專家，進行公元二〇〇〇年社會環境趨勢分析研究，經委托學者已完成「政府服務與收支」、「社會保險」、「教育」、「休閒與生活」、「環境」、「文化」、「人口與家庭」、「社會福利」、「所得與消費」、「健康及社會秩序與公共安全」等十一項專題研究報告，並於九月八日至十日舉行跨世紀社會發展趨勢及策略研討會。以上十一項專題主持編撰人士，皆爲國內對此一問題具有權威之學者。再經過擴大學者與專家會議，集思廣益，必可獲致更多寶貴意見；爲將來整體規劃工作，提供若干研判與策略性意見。故此一大規模探討未來跨世紀社會發展趨勢與策略研討會，在短期內籌辦完成，可謂國內對跨世紀研究規劃之創舉，值得讚佩。

茲就個人對規劃多年教學研究與長期服務政府之經驗，對此項跨世紀規劃之重大課題，再申獻言，以供參擇。

第一，跨世紀規劃之實質設計，尤重於其計畫之前奏。

無論在計畫前或計畫間之各種預測、判斷、研究，甚至於經建會所擬策訂之「跨世紀十年國家建設之展望」，與各學者向研考會提出之「跨世紀社會發展趨勢及策略」等，仍宜視爲提供規劃之重要參考資料，如稱之爲計畫的前奏，似亦無不可。吾人策訂此一大型計畫，自難以此爲滿足，以免貽虎頭蛇尾之譏如參照國土綜合開發計畫或美國全球性軍事戰略計畫之方式與邏輯程序，似更較爲合適。

第二，計畫涵蓋之時間與完成目標之時間，宜再斟酌。

所謂跨世紀規劃，當然是指由目前二十世紀跨入第二十一世紀而言。然而計畫目標的時間，卻有不同的看法。如經建會之十年展望其計畫的涵蓋時間，係爲一九九六至二〇〇五年。而研考會委托學者提供之研究，係以躍入公元二〇〇〇年之目標爲概定。雖然彼此並無矛盾，惟以計畫涵蓋時間而言，卻非一致。今後政府其他各部門，亦必可能繼續發展類似的規劃，爲求能向前看、前瞻性，自宜將計畫目標與涵蓋之時間儘量推前。

第三，計畫涵蓋時間宜延伸為十二年

計畫涵蓋時間照經建會訂爲十年（一九九六—二〇〇五年），建議延長爲十二年，其理由如次：

1.此一長程計畫之涵蓋時間，可包括第十一、十二、十三期三個四年經建計畫。仍以原訂二〇〇五年爲計畫完成時間，可回溯到現在正執行中之第十一期經建計畫，使能長中程密切銜接。

2.以後每二年或四年修訂乙次，使長程與中程均能滾進延伸。如屆策訂第十二期經建計畫時，則先策訂涵蓋十二、十三、十四期四年計畫之一九九八—二〇〇九年之十二年長程計畫，以後類推，以建立長中程計畫之整體規劃制度。是以有規律的策訂和推動計畫，不是憑想到策訂時才策訂的計畫方式。

3.以海峽對岸中共爲比較，中共現在正開始執行第九期五年計畫（簡稱九五計畫），涵蓋了第十三期四年經建計畫的構想，不至僅有第十二期四年計畫而失去超越性。

第四，對策訂計畫有關情勢，應提供有系統之資訊。

無論經建會策訂長程國建發展計畫，或研考會委托學術界從跨世紀社會建設趨勢之研究，均應基於整體規畫觀點，運用集體智慧，絕非個人閉門造車，因此：

1.運用經建會組織，邀集有關部門人員與學者、專家，組成「跨世紀整體規畫委員會」，或稱之爲「作業組」，經常開會以集思廣益，交換資訊與意見。

2.先由主管部門，提出有關國家情勢研判報告，此一報告應包括截至二〇〇五年之國際情勢、大陸情勢、國內情勢（政治、經濟、文化、軍事等各面之研判），以及國家基本目標與政策，分門別類由主管提出報告。

3.使參與計畫或研究人員，能充份了解整個國家情勢與目標政策，然後才能在獲得完整的概念下，從事研究與規劃；否則，以個人或個別單位所了解者，必難以完整。

第五，厘訂計畫作業程序、權責、時程

爲使此一大規模整體規劃，能在有組織的狀況下進行，應由主管機關厘訂計畫作業程序，規定各參與單位之權責，並訂定計畫自開始至完成各個步驟預定作業時程表，必要時加以管制。

第六，系統性、持續性、全面化規劃

我國跨世紀國家建設規劃，應確認是一項大規模的整體規劃。因此，此一規劃必須具有系統性、持續性、全面性，才能充分發揮整體規劃的功能。因其具有系統性，故能自高層至基層，形成完整的計畫體系；因其具有持續性，故能長、中、近程環環相接，且使計畫期期滾進，保持常態；因其具有全面性，不僅涵蓋面包括完整，且應與國家其他長中程計畫，構成一個嚴密的關係。絕不是想到策訂計畫才訂計畫，更不是提出幾點展望，幾項策略，幾條建議爲滿足的。

因爲跨世紀國家建設整體規劃，茲事體大，雖然政府部門人才濟濟，仍願就個人經驗，試提淺見，以供主管部門參擇。

（原載八十五年十一月「會計與管理」旬刊一一六〇期）

提昇國家競爭力的構想的初步評估

行政院經濟建設委員會主任委員江炳坤，爲遵照大選後政府施政號召，特於今年七月十日，在執政黨中常會，提出「提昇國家競爭力，迎接廿一世紀的挑戰」專題報告。此爲首次以具體的構想或概念，來表達此一問題的文件。內容分爲六大方面，三大觀念及三項做法。

六大方面包括：

一、以自由開放的經濟體系來追求持續成長。

二、以研究創新來發展科技。

三、發展多元精緻的教育文化。

四、建立公平和諧的法治社會。

五、創造舒適安全的生活環境。

六、成爲廣受敬重的國際成員。

三大觀念涵蓋：

一、政府行政人員的心態必須改變，一方面把「管」的心態釋放出來，然後積極修改不合時宜的法規，尤其要取消或放寬不必要的管制──「鬆綁」，行政作業程序應儘量簡化，最好一級制，最多爲兩級制。

二、政務官及民意代表，無論施政或立法都要有氣魄、有遠見。

三、企業是經濟的骨幹，也是心臟，財團是創造財富的團隊，所以政府應大力排除障礙，讓企業留根臺灣，帶動經濟發展。

在方法上：一、政府應學習企業，各部門設定施政目標，沒有達到目標就該換人。

二、爲使行政效率提高，應提升公務人員素質，對素質不良的公務員，應逐年依一定比例淘汰。

三、希望立法部門對待審法案能於同一會期審查完畢，一年內未審畢而已一審通過之法案，可以暫行條例方式先行付諸實施。

綜合以上構想，可說內容完備，涵蓋廣泛。然而如均能即日付諸實施，立竿見影，卻亦未必。故執政黨李主席登輝先生，對此一報告作以下三項指示：

第一、六大遠景方向要用清楚的數據表現，同時各項目標的重要性及佔整體計畫的比重權數，也應以數據呈現。

第二、政府預算分配，亦應數字化，同時應與歷年作比較，並就目標與達成成果佔比較、檢討。

第三、跨世紀國家建設計畫，要有明確的時間表，以爲指標，並由經建會、研考會追蹤考核。以明確責任歸屬。

以上三項指示，剛好彌補構想的不足，自屬允當。

在發佈以上新聞的同日報紙上，也發表了王永慶先生強烈批評當前投資環境惡化，指再不改善不如結束亞太投資公司。與前一新聞對照，實爲一大諷刺。按亞太投資股份有限公司，於七月十日召開八十五年度股東常會時，針對企業界面對臺灣當前的日益惡化，希望政府能積極改善投資環境，使企業界能眞正做到留根在臺灣，表示以下各點：一、儘管他有心推動亞太投資公司各項投資計畫，但如政府再不改善國內投資環境，亞太投資公司乾脆結束算了；二、當初爲配合推動亞太營運中心，支持成立亞太投資公司，如今公司運作一年多以來，卻感到包括土地取得不易，勞工成本過高等多方因素，使其心灰意冷之感；三、今日臺灣所要發展的是高科技密集產業、革命產業爲重點，使臺灣能領先亞洲其他國家，至少不至於落後韓國。四、我國首要之務，即在於各項投資法令必須「鬆綁」。

從以上兩段新聞看來，提昇國家競爭力不僅是當前國家跨世紀規劃的重要政策，也是當前經濟發展迫不急待的走向。而目前國家的投資環境和行政效率，亟待加以改善，更是政府與企業界的共識。

經建會所提「提昇國家競爭力，迎接廿一世紀」的構想，雖然很爲完備、面面俱到，然而細加研究，仍感到有：目的與手段不分；具體的目標與抽象的觀念不分；基本的施政與重點的策略不分；長期的努力與應急的計畫不分等缺點。尤其缺乏一項提升國家競爭力的總體目標與分項目標。至於要求立法院達成的事項，恐非行政部門一廂情願所能做到。提昇人員素質，改變行政人員的心態，修訂法規等，恐亦非一蹴可成。

淺見以爲提高國家競爭力，其本身雖然是一個中程甚至長程的計畫，然而最重要的是應提出若干應急措施或計畫，來解決當前急迫需要改進的若干瓶頸；并因應若干個案計畫的需求，輔導切實解決其難題。自不能等到立法問題，人員素質問題等全部解決後，才能進行，否則緩不濟急。亦即針對當前環境劍及履及，解決問題，才是應急的對策。

至於長期的，基本的施政目標、政策與計畫、國家整體規劃、中長程計畫與施政計畫，均已策訂完備，具有規模，自可因應提高國家競爭力的需要，適時予以修正與補充。而提昇國家競爭力，原即爲跨世紀國家建設整體規劃之一部分。

否則，即屬依據前述六大遠景方向，勉強訂出目標與數據，交付管制與考核，亦難以立即奏效。何況所謂遠景方向之第一至二項追求經濟成長，發展科技，尚屬有具體數據目標可循；對於第三至六項發展多元精緻教育文化，創造舒適安全生活環境，成爲廣受敬重的國際成員，不僅屬於長期努力的工作，亦且愈趨抽象，甚至不易訂出數據性目標。

（原載八十五年十月「會計與管理」旬刊一一六〇期）

提昇國家競爭力的檢討與勵進

我國政府爲促進國家現代化，曾將跨世紀整體規劃，重要施政目標，積極加強規劃與推動。爲要達成跨世紀整體規劃的目標，確使我國在廿一世紀初，能達到已開發國家之林。再提出提昇國家競爭力的政策與目標，經過詳細規劃後，提出十大競爭因素，例如生活素質，基礎建設、兩岸關係、政府效率等，將提昇國家競爭力，做爲政府施政的主軸。復特別成立行動小組，擬定出一三四項行動指標，積極加強推行。

不意，瑞士洛桑管理學院頃初步公布今年國際競爭的力排名調查，對臺灣競爭力的總排名從去（一九九六）年的十八名遽降至第廿四名。總排名主要係依據八大因素，我國成績如次：

國內經濟實力：自一九九二年之十一名降至一九九七年之十八名；國際化程度：自一九九二年之十名降至一九九七年之三四名；政府效率：自一九九二年之五名降至一九九七年之廿二名；金融實力：自一九九二年之十四名降至一九九七年之廿五名；基礎建設：自一九九二年之廿二名降至一九九七年之卅名；企業管理：自一九九二年之十五名降至一九九七年之廿名；科技實力：自一九九二年之十九名

昇至一九九七年之十一名；人力及生活素質：自一九九二年之十四名降至一九九七年之廿一名。

從以上數字檢討，除科技實力已顯著提昇外，其餘均顯著下降，其中特別是政府效率，滑落最大。其餘國際化程度、金融實力、人力及生活素質，亦顯著下降，且大多項目在連續六年中，有連續走下坡之趨勢，自值檢討。

洛桑國際管理學院，初步公布的國際競爭力調查，是從所蒐集的二四四項指標中的一五四項，亦即先就三分之二的指標，初步所做的評比，正式的「一九九七年世界競爭力年報」尙待於今年六月二十五日出版。不過，從此已可觀察出大概的趨勢，當然對我們有很大的警惕作用，自不可予以忽視。

此項列入國際競爭評比的國家，共有四六國。照此次評比結果，美國仍居首位，第二爲新加坡，第三香港，日本原居第四，現已退居第十一。第五爲荷蘭，第六爲挪威，第七爲丹麥，大陸名列二十七，南韓則退居三十一，我國竟敬陪末座。

此外，根據新加坡報導，依照香港政經風險顧問公司最近發表的報告，如以歐洲各國政府的政風從最清廉至發生貪污的順序排列：1.新加坡、2.香港、3.日本、4.馬來西亞、5.臺灣、6.菲律賓、7.泰國、8.南韓、9.越南、10.大陸、11.印度、12.印尼。從以上統計觀之，我國由於年來整肅貪瀆，雖然已具成效，仍居於新加坡、香港、日本、馬來西亞之後；在四小龍中亦名列第三。

對於今後我們應該如何努力奮進，急起直追，各方意見約如次述：

連兼院長提出四個努力的方向：

1.追求人文關懷，以「心靈改革」來創造善與美的社會。

2.倡導經濟自由，以「環境改造」來建立公平競爭與有效率的經營環境。

3.投入研究發展，以「技術創新」來構築新的產業優勢。

4.提高行政效率，以「效率革新」來加速國家競爭力量的形成。

經建會江主任委員丙坤，則表示，今後繼續努力克服基礎建設不足；加強國際化、自由化腳步；提升行政效率等三管齊下，以促進提升國家競爭力的助益。

前法務部部長，現任政務委員馬英九表示，在洛桑管理學院的評比中，有關法治項目，如貪污賄賂、遊說等情形，我國的排名均不高，因此法治不彰，已成爲我國需要改善的重要課題。要使法治現代化，首先是政府執法必須澈底、公平、適當。其次，立法效率應當加強；第三則是人民守法的觀念。

以上各項論點均甚正確重要。筆者就理論與從政經驗，再補充數點淺見如次，以供參擇。第一、我國期望提昇之名次，缺乏嚴密預測評估制度：行政院曾宣布，希望於公元二〇〇〇年，跨入廿一世紀時，能將國家競爭力提昇到第五名。行政院主計處去年預測，希望我國競爭力，能自一九九六年之排名十八名提昇二名，亦即至十六名。事實告知吾人，一九九七年竟退居廿四名，均較預估瞠乎其後。目前距離公元二〇〇〇年僅有三年多的時間，希望達成的目標似無可能。主要遺憾是在我國缺乏一項健全的預測評估制度。此項國際競爭力，乃以實質的各項成長數字爲基礎，而非爲一項政治號召的口號。今後亟應建立健全的預測評估制度，據以對有競爭力的各項因素，加以預測評估，俾了解實況，進而及時採取有效措施。

第二、行政效率未見提昇，應切實檢討改進：政府的效率良窳，可說是國家競爭力的原動力。我國提倡行政革新，已有多年歷史，行政院並設有專責機構。然而政府號召行政革新多年，成效未彰亦係事實，推其主要原因，乃在未能針對政治、經濟、社會情況之演變，使制度有效改進而因應；若干時效在表面上或有進步，但事實上未能超越，亦未有效解決問題；更對各級行政機關行政效率之綜合評估，缺乏整體之考核制度。以上各點，均應切實檢討，力求改進。按行政效率之提高，不僅是一般行政機關，應包括全國各公民營機關團體在內，才能全面革行。我國即將進入資訊化時代，實應大力配合提高全面行政效率。

第三、消彌社會亂象，導正社會風氣，年來社會亂象，無論從搶劫、強暴、殺人、詐欺、擄掠等各方面言，日益嚴重。雖經政府大力整頓，嚴法執行，然仍未稍減。社會風氣亦日趨奢靡，色情氾濫，我國傳統文化、倫理，亦難以遏制歪風。長此以往，皆使社會人心不安。如何正本清源，崇法務實，來導正社會風氣，並使行政革新與社會風氣革新，齊頭並進，爲當前重要課題。

第四、我國政治體制，正面臨一重要轉型期，影響人心不安，自應迅速定型，自政府召開國家發展會議後，若干結論，尚難於短期內形成全民公識，如總統與內閣權責，國民大會、立法院與監察院，特別是所謂「廢省」問題，凡此種種，均引起社會人士之爭議與探討。而此類問題又須經過修正憲法來貫徹執行，即使完成修憲，付諸執行，在過渡期中，仍難免需要一相當時期之調適，對於政治之穩定性，施政之特續性，難免仍有影響。自應對以上問題詳為考慮，在絕大多數國人共識下，求其早日定型。

第五、加強對各行政機關與事業機構行政效率之整體評估，激勵改進。政府對於各機關行政效率的提高，雖然一向都非常重視，然迄無一整體評估考核制度。如僅以「公文時效制度」來考核各機關行政效率，不僅有欠週延，亦且未盡可靠。因此項公文時效統計數字，不僅屬於單一數據，且檢討內容，亦多未盡正確，致推行廿餘年來改進幅度不大。行政機關整體管理效能，涉及相關因素甚多，應宜廣為蒐集，擇其相關性、重要性項目，作為評估指標，進而建立評估模式，切實進行。每年定期或不定期對所屬機關予以考核評估，以激勵績效之增進。

（八十六年五月「會計與管理」旬刊一一七九期）

提昇我國競爭力的再接再勵

壹、前　言

關於提昇我國競爭力問題，由於瑞士洛桑學院公佈了初步統計結果，總評成績由世界排名去（一九九六）年十八名，下降到廿四名，而政府行政效率更由第六名，下降至廿二名。加之，政府邀請英國哈佛大學商學院教授、競爭策略家麥克．波特來臺，針對此一問題，發表演講，提出意見。不僅成為國人近來關注的焦點，亦引起一陣熱烈的旋風。關於此一問題，筆者曾經為文發表淺見，茲再就最近發展狀況，說明並分論如次：

貳、經建會分析影響排名的原因與對策

一、「國內經濟實力」排名為十八名，較上年度落後七名。因去年經濟投資率及成長率由前年的五．五%，降為二．六%與五．七%。

二、「國際化程度」排名第三四名，較上年退步八名，其原因出口、進口成長率，由前年二成成

長率的亮麗表現，降爲上年的三・八%及負二・二%，此點實應積極檢討改進。

三、「政府行政效率」排名第廿二名，大幅退步十六名，主要由於政府參與經濟活動，司法公平性及社會安全，與政府行政效率等方面表現欠佳所致。此外，我國長期以來，憲政體制欠健全，諸多法令不合時宜，制度容有僵化，加上兩岸關係低迷，均可能導致受訪者對國內整體經濟持負面看法。

四、「金融實力」名列第廿五，較上年退後四名，主因去年金融事件仍時有所聞，金融紀律仍待加強。

五、「基礎建設」排名則維持第三十名不變。基礎建設，政府大量投資而無進展，導因於執行進度大都落後，部分品質未如理想。未來應加速推動十二項重建設，並擴大民間參與公共建設。

六、「企業管理排名」第二十名，較上年退後二名，經檢討去年勞動生產力增加率爲五・二%，與前年的六・八%，下降一・六%。

七、「人力及生活素質」排名第廿一名，較上年退後五名，可能是失業率升高，由前年的一・七九%，上升爲二・六%。對此，行政院已提出「當前勞動供需失衡因應對策方案」，正積極推行中。

八、至於「科技實力」排名，則由前年的第十七名，晉升爲去年的第十一名，進步六名，是八大類指標中唯一進步的類別，顯示我國多年來對科技方面的努力，已受到肯定。

基於以上分析，除分項提出原因分析及部分對策外，經建會特別強調，政府在去年底已由國發會對未來國家建設與發展形成共識，將在一、二年內達成憲政改革、行政革新、司法革新、政府組織再造等工作，希望透過政府機構、民意代表、企業及全民一起努力，提昇行政效率與國家競爭力。吾人自應拭目以待。

叁、麥克．波特教授對我國提昇國家競爭力的忠言

國際競爭策略理論大師，哈佛大學商學院教授麥克．波特於四月七日應邀來臺，其先後發表建言，重點如次：

一、彼認爲一個國家繁榮富裕的來源，即爲高生產力；臺灣現在要做的，即爲要擁有更高創造力，亦找出自己發展的特色。

二、在增進國家生產力，政府應扮演的角色，約有以下五端：

㈠政府應建立穩定且有預期性的政治環境。此點彼認爲臺灣已經做很好。

㈡創造一個清楚的經濟前景，說明政府明確、正面、宏觀、具有挑戰性的經濟發展目標。

㈢政府應改善成本所得的品質和效率。

㈣政府應創造一個鼓勵提昇創造力的環境。

㈤成本要創造「群聚」（CLUISTER）的環境，讓資源、交通等互動能集中在一起。

三、臺灣提出提昇國家競爭力，共計一三九項指標，實感複雜繁瑣可能無人搞得清楚。必須定出一個明確的目標，讓每人均能獲得深切瞭解與激勵。

四、發展亞太營運中心計畫，包括六大中心計畫，範圍較廣，且易導引臺灣成爲對大陸更爲仰賴的地區。臺灣更須找出自己的特色來，其答案即在「科技」，發展臺灣成爲亞太科技中心。

五、對於臺灣在邁入下一世紀時，共應努力的方向：

㈠首先，要改善政府的行政效率。

㈡其次，爲加強基礎建設，在成效與品質上均應提高。

㈢提昇人力資源水準。

㈣加強科技發展，使企業更投入研究發展工作，並取代過去完全由政府負責的現象。

六、強調他本人所獨創的「菱形石理論，提昇國家競爭力，應從強化工作生產力，提高產品價值、品牌及減少不必要的成本做起。而最重要的觀念是，政府與企業應認清自己的角色，密切溝通，但不可越俎代危，如再加上優異的人力資源，才是提昇國家競爭力的重要關鍵。

七、兩岸經貿關係，須靠投資來支持，大陸設廠，固爲正確，然不能視爲唯一途徑，如在宏都拉斯、土耳其、約旦、巴拉馬等地投資，因其工資低廉，距西方國家近，同時具有競爭力。

肆、對麥克．波特教授建言重點的詮釋

波特教授的各項建言，大部均尙明確，易於認知。較涉及理論層面的，政大教授司徒賢達博士特予以詮釋：

一、在經濟面，國家競爭力的核心意義，即爲國民所創造的附加價值與世界其他各國的相對水準比較。一國國民能在經濟上創造的附加價值，若能普遍高於他國國民，則此國家必擁有較高的國家競爭力。

二、在經營策略分析中，有所謂「產業價值鏈」的觀念。從一典型的製造業而言，自上流的原料、關鍵電組件，到中間的研究、施行、加工、運儲，一直到接近消費面的通路、品牌、貿易、服務等各種價值活動，均有其附加值。

三、以上「產業價值鏈」上的各種價值活動，可全部由企業本身負責，亦可部分外包或外購，此一決策稱爲「垂直整合程度」。

四、以上「產業價值鏈」上各種價值活動，可置於同一地區，與可分散到世界各地區，此一決策，稱爲「價值活動之地理聚散」，即是企業國際化的問題。

以上司徒賢達所釋「產業價值鏈」、「垂直整合程度」、「價值活動之地理聚散」，旨在說明產業每一活動的目的，均在增加附加價值。而對此所產生的影響因素，又涉及行政效率、生活環境，甚至政治與社會的穩定性，例如加速通關時間，簡化投資手續，提昇電信水準，改善交通與治安等。易言之，提高國家競爭力關係到整體規劃，亦即波特教授所說的「群聚」理論。

伍、提昇國家競爭力的再接再勵

「他山之石，可以攻錯」，波特教授之言，良足珍視，玆再提出幾個重點的關鍵問題，以供國人為提昇國家競爭力，再接再勵。

一、政府各機關與事業機構（包括立法院），提高行政效能—包括效率與效果，實急不容緩，公文再革命，行政再革新。

二、政府及執政黨有提昇國家競爭力「萬事俱備，只欠東風」，意指國發會結論，特別是憲改付諸施而言。淺見修憲固居政治層面，其進行過程中有否困難，姑且不論。即屬定案以後的大幅度調整，亦須一相當時的調適。

三、從宏觀的態度、整體化的立場，切實檢討產業活動的各個環節，向國際化、自由化的目標努力以赴，放手讓企業自己去創造前景，增加附加價值，為若干管理學來的共同看法。

四、人力發展一向政出多門，如何針對國家發展需要，來整體規劃，為人力資源、素質，更求精進，乃為當前重要的課題。

（原載八十六年七月「會計與管理」旬刊一一八六期）

期程配當、預定進度、涵蓋時間

——幾個有關規劃控制名詞的釋義

壹、前　言

我國近年以來，配合政治經濟的發展，同時不斷推行管理革新，進步迅速。溯自十項、十二項、十四項重要建設的推動，以及九期經濟建設計畫與國家建設六年計畫的持續推動，對於配合發展需要，運用現代管理方法，來從事規劃與控制，亦即目前的計畫與管制考核工作，益趨重要。時代進步迅速，管理科學方法與工具，日新月異，管理人才輩出，日新又新，績效彰顯，值得欣慰。

規劃與控制，範圍非常廣泛。筆者從事此項業務多年，又經常在公務員訓練各層次擔任講席，講述此一課程，接觸頗廣，常常感到在規劃與控制方面，有些名詞與內容，應用既未一致，實質亦欠允當，深感有加以介紹、糾正、統一的必要。爰申淺見，以供參考。

貳、幾個實例的列舉

案例一：南部區域計畫實質計畫實施進度表（表一）

實施項目	實施階段 第一階段 民國73—80年	實施階段 第二階段 民國81—90年
一、區域計畫與都市計畫。		
1.區域計畫之檢討修正。	△	△
2.區域計畫之推動。	△	△
3.都市計畫之新訂與配合檢討修訂。	△	△
二、都會區之規劃建設。	△	△
三、縣綜合發展計畫之訂定並推行。	△	
四、地方生活圈之規劃建設。	△	△
五、工業區之開發及工業引進。		
1.特殊工業區之開闢。	△	
2.嘉義、新營、麻豆、潮州等四個生活圈工業發展。	△	
3.其他。	△	△
六、土地利用及管理。		
1.非都市土地使用編定。	△	
2.市地與農地重劃。	△	△
3.沿岸地區地籍測量。	△	

4.山坡地之開發利用與保育。	△	△
5.集水區土地利用管制。	△	△
七、公共給水水源開發。		
1.仁義潭水庫。	△	
2.鳳山水庫。	△	
3.後堀溪水庫及旗山溪上游水源開發。	△	
4.美濃水庫（或瑪家水庫）。		△
5.嘉誠水庫。	△	
6.四重溪水庫。	△	

案例二：高雄地區自來水及水源污染改善工作項目及實施進度表（表二）

工作項目	措施內容	執行時程	主（協）辦機關	所需經費
污染源管制及輔				
一、加強事業廢水污染源管制及輔導	(一)加強流域內工廠、礦場污染取締。 (二)調查畜牧業污染及管制取締。 (三)加強輔導事業廢水處理改善。	八十一至八十六年度	臺灣省政府 高雄縣政府 屏東縣政府 （行政院農委會） （經濟部工業局） （行政院環保署）	*五千萬元

導					
污染源管制及輔導	二、養豬政策調整方案	(一)專案輔導高屏地區水源水質水量保護區內一〇〇〇頭以下養豬戶設置廢水處理設施、停業或轉業。	八十一至八十四年度	行政院農委會（自來水事業主管機關）（高雄縣政府）（屏東縣政府）	十二億五千萬元
	三、港西、鳳山、岡山淨水場原水預先處理工程計畫	(一)港西淨水場部分： 1.生物旋轉盤原水生物處理設備一套及附屬設備。 2.增購用地約二公頃	目前至八十二年十二月	臺灣省自來水公司	一億二千二百萬元
		(二)鳳山淨水場部分： 1.生物處理設備。 2.操作控制設備。 3.電氣管線及閥類。	目前至八十三年十二月	臺灣省自來水公司	*七億元
		(三)岡山淨水場部分： 1.濾池：四池。 2.濾料：無煙煤、濾	已於八十年六月完成	臺灣省自來水公司	一千八百萬元

	石。 3.集水系統：八十公厘PVC集水管一一二友。 4.空氣管系統：鼓風機三台（一即備用）二百五十公厘—八十公厘空氣管。			
四鳳山水庫及澄清湖曝氣循環設備工程計畫	(一)鳳山水庫部分： 1.散氣設備。 2.現場控制站六十處 3.中央控制設備。 4.湖邊施工小路。	目前至八十二年六月	臺灣省自來水公司（行政院環保署）	△一億六千萬元
	(二)澄清部分： 1.散氣設備。 2.現場控制站五十處 3.中央監控設備。 4.施工小路。	目前至八十一年十二月	臺灣省自來水公司（行政院環保署）	△八千五百萬元
五澄清湖淨水場除藻設	(一)浮除池四池（每池直徑二十一公尺）。 (二)加壓浮除設備四套。	目前至八十二年三月	臺灣省自來水公司（一億一千萬元）	△一億一千萬元

	備工程	(三)加壓及空氣壓縮機。 (四)藥液及混凝劑貯存糟 (五)其它抽水設備、配電及配管設備。			
	六阿公店水庫更新改善工程先期作業計畫	淤泥挖除處置	八十三年度	臺灣省水利局	*一億元

以上兩個案例，均稱之爲「實施進度表」，如予詳細研究，均名不符實。

前者南部區域計畫所稱實施進度表，僅將長達十八年的區域計畫，區分爲兩個階段，第一階段八年，第二階段十年。用三角形記號註明預定在第一階段或第二階段實施。至於某一計畫究竟在此長達十八年期中，概定於何時開始規劃？何時完成規劃？何時開始執行？何時完成執行？所需預算應在何年度至何年度獲得？均未加以說明。似嫌含混籠統，尙未達到一種概定的「期程配當」，自然難以稱爲更具體的「實施進度」了。且區域計畫涵蓋近二十年，是屬於長程計畫範圍，如論及實施進度，未免言之過早。

後者高雄地區自來水改善工程，雖屬於中程計畫較前者爲具體，然以表列內容觀之，稱爲「實施進度表」亦頗值得研究。如表上「執行時程」欄所列，「八十二至八十六年度」、「目前至八十二年度」、「八十三年度」等，僅能表示計畫涵蓋的年度或如所謂「執行時程」，亦難以顯示「預定進度」或「執行進度」，自然亦有名不副實之處。

叁、期程配當

期程配當是指將一個計畫中所包括的若干子計畫，或一個計畫中若干分計畫，所涵蓋的期程、年度，用圖表的方式標示出來。雖然是一個概定的時間，但可以對那些計畫在何年何月至何年何月執行，一目瞭然。不僅可以概略了解執行的期間，亦可明瞭預算的分配狀況，對總體資源的調配大有幫助。例如政府在推行十二項建設時，鑒於財政的困難，曾將部分計畫延後執行。

茲舉例如次：

例一：重要建設（含十項、十二項、十四項）計畫交通建設公路部分期程配當圖（圖一）

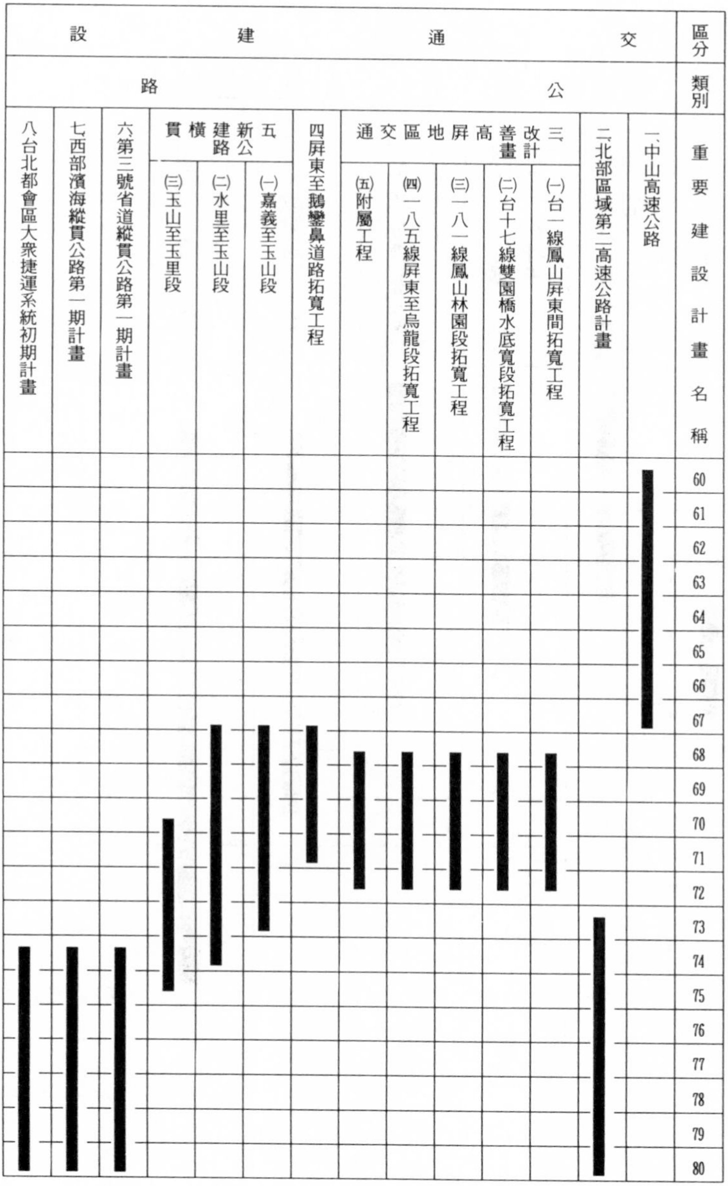

區分	類別	重要建設計畫名稱	60	61	62	63	64	65	66	67	68	69	70	71	72	73	74	75	76	77	78	79	80
交通建設	公路	一、中山高速公路	■	■	■	■	■	■	■	■													
		二、北部區域第二高速公路計畫														■	■	■	■	■	■	■	■
		三、改善高屏地區交通計畫 (一)台一線鳳山屏東間拓寬工程									■	■	■	■	■								
		(二)台十七線雙園橋水底寮段拓寬工程									■	■	■	■	■								
		(三)一八一線鳳山林園段拓寬工程									■	■	■	■	■								
		(四)一八五線屏東至烏龍段拓寬工程									■	■	■	■	■								
		(五)附屬工程									■	■	■	■	■								
		四、屏東至鵝鑾鼻道路拓寬工程									■	■	■	■									
		五、新建橫貫公路 (一)嘉義至玉山段									■	■	■	■	■	■							
		(二)水里至玉山段									■	■	■	■	■	■	■						
		(三)玉山至玉里段											■	■	■	■	■	■					
		六、第三號省道縱貫公路第一期計畫															■	■	■	■	■	■	■
		七、西部濱海縱貫公路第一期計畫															■	■	■	■	■	■	■
		八、台北都會區大眾捷運系統初期計畫															■	■	■	■	■	■	■

例二：試將高雄地區自來水及水源污染改善工作計畫期程配當圖修正示範如次（圖二）

區分		80	81	82	83	84	85	86
污染源管制	一、加強事業廢水污染源管制及輔導	■	■	■	■	■	■	■
	二、養豬政策調整方案	■	■	■	■	■		
自來水質改善工程計畫	三、淨水場原水預先處理工程計畫	■	■	■	■	■	■	
	四、鳳山水庫等曝氣循環設備工程計畫	■	■	■				
	五、澄清湖淨水場除藻設備工程	■	■	■				
	六、阿公店水庫更新改善工程先期作業計畫			■	■	■	■	

由以上舉例中可以看出用條形圖來表示期程配當，遠較文字說明為清晰；尤其如區域計畫類型的大型計畫。

肆、預地進度與執行進度

前面第二節所舉實例，均稱之為「實施進度」未盡適合已如前述，即改稱為「期程配當」亦宜如第三節所舉，將涵蓋年度用條形圖表示，較為適切，原例稱為「實施進度」自值研究。

政府推行管制考核制度已歷多年，均瞭解所謂「進度」二字，應為工作「進行」的程度。「進行」含有時間的觀念，即自何年何月何日開始？至何年何月何日完成？必須涵蓋一個明確的時間過程。所謂「程度」含有進程的「度數」，具體而言之，必須有計畫的觀念和方法，最普遍的方法，即是應用百分數來表示。要用百分數表示，又必先對計畫內各子目賦予適當的權數，再將此分項權數，分配到涵蓋期程中的每年每月，作為預定進度的基礎，如此才能稱為進度。

至於化成百分比的權數，可以依工作使用時間、預算、工作量等來做基礎，可以選擇其中一種或數種綜合計算。如果是可以計量的工作，更可以數量化，即是比較抽象的工作，也可以使其量化。行政院研考會有具體的規定，不另贅言。

進度又可區分為預定進度和執行（或實施）進度。顧名思義即知前者是在規劃時預先訂定的，預定進度是執行時的依據，控制的準繩。在實際執行時也許會與預定有些差距，亦可能在差距太大時，政策或其他因素變動時，加以必要的修訂。

執行進度是將實際執行的結果紀錄下來，與預定進度作一比較，即知是否與預定符合，超前抑落後。進一步將每個月的預定進度和執行進度，分別連成一條曲線，從兩條曲線的差距上，即可一目瞭然全年度進度超前落後的狀況。

由上說明可知期程配當是比較概定的，預定進度和執行進度是比較具體的、確定的、細密的。

茲舉十項建設中中山高速公路實例如次：

㈠高速公路總體進度權數配定表（表三）

區分	分項計畫及權數 項目	權數%
規劃設計	1.選線研究。	15
	2.航空測量。	15
	3.初步設計。	30
用地征購	1.路權初步勘查。	2
	2.地籍測量。	14
	3.製圖造冊。	14
	4.地上物查估及造冊。	9
	5.協議價購。	10
	6.公共設施協調拆遷。	9
	7.徵收及公造。	8
	8.發價款及異議處理。	8
施工	1.工程準備。	8
	2.招標簽約。	1
	3.工程執行。	90

	4.細部設計。	40	9.地上物拆遷。 10.地籍地權清理。	10 16	4.驗收。	1
說明	1.上列各項目之權數，係以其工作繁簡計算。 2.本項佔總計畫權數20％。		1.上列各項目之權數，係以其工作繁簡計算。 2.本項佔總計權數20％。		1.上列各項目權數，係以其工作繁簡計算。 2.本項佔總計畫權60％。	

二高速公路各分段工程進度計算表（截至民國六十六年六月）（表四）

各段名稱	權數 %	執行進度% 預定	執行進度% 實際	執行進度% 比較	計算方式 預定	計算方式 實際
1.基隆內湖段	3.33	100.00	97.55	-2.45	$\frac{100\times3.33}{100}=3.33\%$	$\frac{97.55\times3.3}{100}=3.24\%$
2.內湖臺北段	6.36	99.23	95.23	-4.00	$\frac{99.23\times6.36}{100}=6.31\%$	$\frac{92.25\times6.36}{100}=6.05\%$
3.臺北三重段	2.	99.54	95.20	-4.34	$\frac{99.54\times2.74}{100}=2.73\%$	$\frac{95.20\times2.74}{100}=2.61\%$
4.三重中壢段	5.46	100.00	100.00	完成	$\frac{100\times5.46}{100}=5.46\%$	$\frac{100\times5.46}{100}=5.46\%$
5.中壢楊梅段	1.42	100.00	100.00	完成	$\frac{100\times1.42}{100}=1.42\%$	$\frac{100\times1.42}{100}=1.42\%$
6.楊梅新竹段	6.26	87.22	90.26	+3.04	$\frac{87.22\times6.26}{100}=5.45\%$	$\frac{90.26\times6.26}{100}=5.65\%$

7.新竹臺中段	20.27	77.96	84.10	+6.14	$\frac{77.96\times 20.27}{100}$=15.80%	$\frac{84.10\times 20.27}{100}$=17.05%
8.臺中彰化段	6.62	72.95	79.85	+6.90	$\frac{72.69\times 6.62}{100}$=4.83%	$\frac{79.85\times 6.62}{100}$=5.28%
9.彰化西螺段	7.47	66.73	82.00	+15.27	$\frac{66.73\times 7.47}{100}$=4.98%	$\frac{82.00\times 7.47}{100}$=6.12%
10.西螺嘉義段	10.06	62.23	74.58	+12.25	$\frac{62.33\times 10.06}{100}$=6.27%	$\frac{74.58\times 10.06}{100}$=7.50%
11.嘉義新營段	4.51	62.44	76.85	+14.41	$\frac{62.44\times 4.51}{100}$=2.82%	$\frac{76.85\times 4.51}{100}$=3.46%
12.新營臺南段	7.73	70.05	82.48	+12.43	$\frac{70.05\times 7.73}{100}$=5.41%	$\frac{82.48\times 7.73}{100}$=6.37%
13.臺南鳳山段	17.77	93.08	86.45	+3.37	$\frac{93.08\times 07.77}{100}$=16.54%	$\frac{96.45\times 17.77}{100}$=17.14%
平　均	100	81.35	87.36	+6.01	81.35%	87.36%

次舉行政院經建會列管的四十七項重要經建計畫水利防洪類八項計畫截至八十年八月執行進度比較表如次（表五）：

計畫名稱	主管機關	完工時間年／月	總經費億元	預定進度%	實際進度%	差異%	預定支出億元	實際支出（億元）	支用比%
水利防洪類八項									
(一)水利									
1.南化水庫計畫	臺灣省政府	85.06	128.77	68.84	68.34	-0.50	86.13	64.90	75
2.牡丹水庫計畫	臺灣省政府	83.12	74.00	79.20	58.80	-20.40	28.85	20.28	70
3.美濃水庫計畫	經濟部	90.06	540.56	4.08	4.03	-0.50	0.72	0.61	85
4.集集共同引水工程計畫	臺灣省政府	86.06	96.00	規劃中，有部分工程已奉核准先行動工。					
(二)防洪									
1.臺北地區防洪計畫第三期	經濟部	84.06	514.68	59.01	43.64	-15.47	86.20	66.97	78
2.大里溪治理計畫第一期實施計畫	臺灣省政府	83.06	141.53	31.95	34.13	2.18	41.39	43.63	105
3.東部蘭陽地區治山防洪計畫	臺灣省政府	86.06	86.90	56.42	56.45	0.03	43.90	42.71	97
4.臺北市基隆河整治工程	臺北市政府	84.06	411.00	39.37	39.40	0.03	111.69	111.69	100

以上所舉均係較為複雜的大型計畫，茲再舉一甚為簡單的實例。筆者任教國立政治大學教育中心行政管理研究班第一一一期，舉行專題研討時，該班第四分組，僅就二十天時間，編擬一作業時程配當及權數分配與預定進度圖如次（圖三）

月	日	1.第一次分組討論專題確定分工	2.資料搜集	3.第二次分組討論資料篩選	4.書面報告撰寫	5.第三次分組討論綜合撰寫	6.打字校印	7.第四次分組討論報告答辯預演	8.綜合研討報告答辯	每日預定進度	累積進度
八十一年九月	14	■								4	4
	15		■							4	8
	16		■							4	12
	17		■							4	16
	18		■	■	■					12	28
	19		■		■					8	36
	20				■					4	41
	21				■					4	44
	22				■					4	48
	23				■					4	52
	24				■					4	56
	25				■	■	■			12	68
	26						■			4	72
	27						■			4	76
	28						■			4	80
	29						■			4	84
	30							■		4	88
十月	1							■		4	92
	2								■	4	96
	3								■	4	100
權數		4	20	4	32	4	20	8	8	100	100

伍、涵蓋時間

僅就規劃方面言，「計畫涵蓋」時間，即是計畫開始生效至執行完成的時間。如我國四年經建計畫涵蓋四年，國家建設六年計畫涵蓋六年；中共八五計畫涵蓋五年，其理甚明。

惟在規劃作業中，另有一名詞，稱爲「計畫作業時間」，是指完成計畫許多的先期作業，如預測、研判、決策、詳細計畫的策訂等。如行政院年度施政計畫自前一年四月即開始作業，到翌年三月十六日完成，隨同總預算送立法院，其作業時間歷經十二個半月。

而在控制作業中，是將規劃與執行全程，區分爲若干階段，其中最重要的即爲「規劃階段」與「執行階段」。有的採兩個階段整體的工作，視爲一〇〇，再詳加區分，有的將規劃與執行分爲兩個階段，各視爲一〇〇。也有的在規劃階段聽其自行發展，到開始執行時再加以管制的。在整體控制過程中，也有的計畫以整體計畫涵蓋總時間視爲一〇〇的；也有將整體計畫區分爲若干年度，以每一年度計畫視爲一〇〇的。總之，涵蓋期間在規劃與控制方面，亦可能有個別的意義與應用。

陸、結　語

筆者服務於規劃與控制部門多年，並執教於政大教育中心，爰就研究教學發現，略抒己見，以供參考。

目前國內政府各部門，大部分均與規劃與控制有密切的關係，尤其在國土綜合開發、區域、都市計畫、經建計畫、交通運輸規劃、社會、文化建設，以及研考主管部門，對於規劃與控制業務，自宜繼續研究發展，綜合協調，加強此項工作。

國家建設六年計畫，正在積極推行之中。對於已由研考會、經建會、國科會列管的二百餘個計畫，如何加強控制、交流資訊、統籌方法、改進技術，以促進加速執行外，對於尚未納入控制的數百個計畫，如何在規劃階段，即加以適度的控制，使能迅速定案，交付執行，均為當前有關部門的重要使命。

規劃與控制是行政管理上重要的一環，而管理的革新，才能帶動進步，亦永無止境。

（原載「研考報導」季刊第二十一期　民國八十一年十二月）

關於教科文經費佔總預算比率問題之平議

壹、憲法有關規定

我國於民國卅五年所制定之憲法第一六〇條規定：「教育、科學、文化之經費，在中央不得少於其預算總額百分之十五，在省不得少於其預算總額百分之二十五，在市、縣不得少於其預算總額百分之三十五，其依法設置之教育文化基金及產業，應予以保障」。

近數十年以來，雖在戡亂及歷經各種國家困難之境況，教科文經費仍無不向此一目標努力。迨至臺灣復興基地後，由於國家日趨安定，經濟益臻繁榮，教科文部門更爲政府及國民所重視，因此，每屆總預算編製與審查，民意機構無不強烈要求，況且憲法規定，教科文經費必須達到上項比率爲滿足。

今（八十六）年七月十八日第三屆國民大會第二次臨時會，通過了「中華民國憲法增修條文」第十條中增列之第八項全文如次：

「教育、科學、文化之經費，尤其國民教育之經費應優先編列，不受憲法第一六〇條規定之限制」。

此一修正條文，茲可從正反兩方面來解釋，從正面解釋來說，不受前項限制，其預算增加之幅度，可視需要向上調整；反之，打破不得少於百分之十五、二十五、三十五之限制，難免有向下調整之虞，使教、科、文預算失去一定比例之保障。

貳、文教界發動「九二七」之訴求

文教界對此反應尤為激烈，經過二個月的醞釀，終於發動了「九二七」搶救教科文預算「罷課程」活動和「歡喜來討債」大遊行，於九月二十七日在臺灣各地區重要都市，同步展開遊行罷課活動。計有六〇〇個社團組成的「七二七」連線，全臺灣超過二百萬人，進行不同形式「罷課程」活動，兩萬餘人走上街頭，抗議國民大會取消教科文預算下限的憲法保障。其主要訴求有三：㈠恢復憲法對教科文預算下限的保障；㈡以其他法案同時保障教科文經費；㈢立法委員除非要求政府保證近兩年的教科文預算不會短少，政府應另以特別預算補回積欠全民的「教育債」。

叁、政府首長之回應

鑒於民間教改團體對修憲後教科文預算的變動，表示強烈抗議，行政院蕭院長及有關部門，先後表示如次：

行政院蕭院長萬長在答復立法委員質詢時表示：

㈠希望主張溫和彈性的教改團體，能成為政府推動教育改革的助力，一起幫助政府做教改工作。

㈡行政院教改小組，爲了廣納建言，除增聘科技大學及臺灣大學教授爲成員，同爲教改貢獻心力。

㈢最主要的是教科文預算案，行政院保證有把握不會低於國家總預算的百分之十五，並對此承諾保證到底。

教育部長吳京、國科會主委劉兆玄、文建會主委林澄枝，在主持聯合記者招待會中，也一致強調會努力爭取教科文預算的成長。彼等深信在近期內一定會讓民衆看到滿意的結果。此外，彼亦同意在其他法令上尋求教科文預算的制度化與具體保障。

肆、經濟學者則持相反的意見

關於此一問題，若干經濟學者，爲文在媒體上發表意見，則持相反的看法，即教科文預算不宜在憲法上有下限的規定。其中態度最堅持的，當以著名經濟學者、現任監察院長王作榮先生。他向以持正不阿、敢言、且筆不留情、口不留情、筆鋒犀利、辭鋒銳利爲名。如以「也談教科文預算問題—預算固定比率，豈有此理」爲題，說明「臺灣教育發達，固定百分之三十五預算，浪費國家資源；教育經費，部分應由私人承擔」，在聯合報發表。其主要看法，摘要如次：

一、經濟學對國家預算意義的看法

世界任何國家，無論其如何富有，其能掌握的資源仍屬有限，而國家與人民的需求乃無止境。因此，只能按當時國家與人民的需要，按照輕重緩急來分配，此即爲預算的分配。對需要最急迫者，即優先分配預算；對於次要的則少分配預算，至於不急之務，則不分配預算。

依經濟學的基本法則，最理想的預算，即政府每一施政要項與預算的運用，所產生的邊際效益都相等，而產生最大的總體效益。否則，不是浪費國家資源，就是不足以達成施政目標。

二、當時憲法規定教科文預算下限的背景

1.當時中國大陸教育與科學極端落後，文盲幾達百分之九〇，欲使中國富強，必是從教育著手徹底改造人民品質不可，期能強制各級政府將施政主點放在教科文方面。

2.當時國民黨「某派」（指「CC」）控制了當時教育界，且成爲國民大會與立法院的主流，因此導致憲法通過此項條文。

筆者按王院長既已認爲第一項當時之背景，亟須將施政重點置於教科文方面，又在第二項指責當時國民黨某派，強力主導通過此一條文。僉認如在當時政府此一政策屬於正確的，則國民黨某派又爲執政黨中多數之代表；其所主張的政策似亦無可厚非之處。正如當前所謂之「主流」派強力通過憲法修正案，情形相若。

三、當前不應再規定預算下限之理由

1.臺灣教育已相當發達，博士、碩士、大專畢業生，比比皆是。至於科技發展，須由經濟部、國防部、國科會、中研院及各大學研究所，支出經費加以估計，如再固定下限，必然浪費國家資源。

2.臺灣目前經濟發展，社會福利必不斷增加；國防支出亦將在維持戰略平衡下保持一定水準；外交亦爲施政重點，公共設施嚴重落後。如維持教科文預算在國家限額以上，將來預算編製勢必困難。

3.西方國家，特別是美國，如經濟發展到一定水準，應該一部分教育經費由私人興學來承擔；至於科學研究經費，應由民營企業來負擔。且美國並無設置國立大學，著名學府均屬私立。（筆者按：美國係聯邦制，州立大學極爲普遍）

四、進一步建議加強改進事項

1.停止再辦國立大學及擴大已有大學規模。

2.強制國立大學及研究機構，不斷交出研究成績。

3.關閉部分成績不彰之實用研究機構，委托民間辦理。

4.成立小組，檢視全國中小學設施，統籌建設更新。

伍、對科教文經費應否於憲法規定下限之平議

一、依過去時代背景，政策應屬正確，並補充說明如次：

1.抗戰勝利後，仍未停止戰亂，軍費占國家預算絕大比率，如不保持教科文經費之固定比率，勢難獲得當前的成果。甚至在民國五十年代以前，國軍仍保持六十萬大軍，及高度戰略狀況。

2.大陸地區遼闊，各省貧富狀況不一，亦難免仍有各自爲政情形，予以固定限額，自對教科文有所助益。

3.我國在臺灣對國民義務教育之推行，從六年再延長至九年，投下大量預算，始有今日之成就。而對九年國民義務教育設備之改進，早經「檢視中小學設施，統籌設計更新」，並係長期不斷實施，奠定良好基礎。

4.王院長所論各點，似未述及文化方面，自民國六十年代以後，政府加強文化建設不遺餘力，其成果亦不容忽視，必賴鉅額經費之支持。

5.經濟建設必賴科技發展以提高其水準，近二十年來，政府策訂長中程科技發展方案，積極加強推動，已具相當成效。目前更將以科技發展，形成亞太發展中心，科學園區相繼成立，臺灣今後亦以「科技島」爲建設相標，其效果亦賴鉅額經費支援。

6.國立大學一面因應需要，相繼設立；一面配合發展，自然成長。如由專科升格爲學院，學院升格爲大學。或配合需要及發展，增加相關系所。既可配合國家發展需要，亦可使絕大多數有志青年，免有升學向隅之憾。在在均賴教科文預算支持，始有今日之成就。

綜上所述，過去憲法對教科文預算，規定其比率與下限，自有其時代背景及需要，且已對國家整體建設發揮相當之效果，應可肯定。

二、今後在經濟發展至相當成就狀況下，應可考慮在憲法上取消教科文預算固定比率之限制。

1.按照預算編製之原則，應基於當時國家建設整體之需要，依照國家總資源供應能力，對各部門施政視其輕重緩急，統籌分配預算，乃爲常理。不宜事先定出限額而有所成見。

2.國家經濟發展至相當階段，私人興學蓬勃發展，國民平均所得，達到已開發國家標準，民間企業大量投資從事科技研究與發展，文化事業亦由民間投資建設，國家經濟亦進入自由化、國際化、制度化，則教科文經費在國家預算中，可減輕大量負擔時，規定固定比例之限額，已失卻意義。

3.然而欲達成前述1.2.兩項之境界，仍尚須國人努力來配合，政府大力來推動，而非徒以修正憲法條文，即可付諸實施者。今日已進至民主憲政之時代，民意之趨向，乃不可忽視之事實。國民、尤其是教科文工作者，對國家情勢之發展與現代預算之基本觀念，如何加以宣導，更爲重要。

（原載八十六年十一月「會計與管理」旬刊一一九八期）

控制部份

管制考核工作的回顧與前瞻

壹、前　言

我從民國五十八年九月，奉派至行政院研考會籌劃建立管考制度，負責管考業務以來，前後服務十二年。這是一項創新的工作，也可說是從無到有的工作。很多次有人問我，管考制度是怎樣產生的？我答覆說，管制考核制度是根據先總統　蔣公「行政三聯制」的精神，綜合現代企業管理、國防管理和公共行政的原理與實務，不斷設計、實驗而制訂的，形成了一項完整的制度。

記得民國六十年就開始在革命實踐研究院，舉辦行政管理訓練班，在某一期的綜合研討會上，有一位口才流利、思慮敏銳的學員，提出來問：「管制考核的明確定義是什麼？」當時的會議主持人；首任主任委員陳雪屛先生，即指定由擔任此課的本入作答。我不加思索的答道：「管制考核」是「追蹤管制、考核評估」八個字的簡稱，是根據國家安全會議第二〇次會議通過的一項方案所規定，也是研究發展考核委員會成立的由來。現在將這八個字先個別加以解釋：

管是管理，亦即現代管理、科學管理。

制是制衡，制定一度量衡的管考標準。
追是追求，是以激勵的方法，鼓勵追求進步。
蹤是目標，工作目標、施政目標。
考是考查，考查一件工作的始末經過。
核是審核，審核一件工作的是非正誤。
評是評定，評定其優點和缺點。
估是估量，估量其具體績效。
綜合來說，追蹤管制就是運用科學方法，訂出工作標準並激勵公務人員達成目標的意思，考核評估就是對一件工作考查其經過，審核其正誤，評估其優缺點和具體績效的意思。
沒有想到這一臨機的界說，以後就成爲管制考核的固定定義。而這位發問的人，就是以後與我成爲莫逆之交的現任銓敍部常務次長趙其文先生。
有了以上的定義，我們致力於這一項工作的設計和推行，就有了一定的方向，這一項從無到有的制度，也就逐漸設計而形成。

貳、為工作態度建立共識

任何一項新的管理措施，常會遭致拒斥，不僅是行政機關，即是企業員工亦復如此，經濟部各國營事業都有這項經驗。何況推行一項行政業務的管制考核制度，受管制的人員多少會增加一點麻煩，受考核的人多少會有些暴露自己弱點的心理。基於在推行制度的背景上，既然有這些顧慮，我們自應建立一個基本的共識。

先總統　蔣公有幾句名言：「以服務的態度代替管制，以合作的態度代替干涉，以同情的態度代替指責。」正是我們工作態度應具備的基本共識。

有了以上的基本共識，對於制度的逐漸建立，有了更大的支持和信心。各機關公務員過去對於管制考核制度，認爲是專門找麻煩的、吹毛求疵的、嚴厲苛刻批評的等等看法，如今爲之一掃而空。有好多事例說明，循業務管考體系，有助於業務貫徹執行，並可協助解決若干問題。有些首長或主管，甚至將研考會並未列入管制考核的案件，主動請求由研考會來列管、考核，並邀請我們前去訪問視察，俾能協助解決問題。

叁、追蹤管制的三項法寶

要想建立追蹤管制制度，進而有效發揮業務控制系統的效能，當時設計時咸認有三項法寶：第一、健全的計畫是管制考核的基礎；第二、訂定執行進度以爲控制的依據；第三、實施實地查證協調解決困難問題。這三項法寶實施以來，固然有利於制度的建立，但始終還未能創新進步，做到更理想的地步。茲分別說明如下：

一、健全的計畫是管考的基礎

這項信念的正確性應無從置疑，然而自從管考制度建立以來，賴以追蹤管制的「作業計畫」，雖然歷經多次的修訂，仍然未能達到一個理想的境地。因爲列管的工作，有的是年度計畫，有的是中程計畫，有的是一種政策性的方案；也有具有數據的具體計畫，也有非數量性抽象性計畫；而計畫更因業務不同而分門別類。要想用一種簡單的作業計畫表格，來適應這麼多不同類型的計畫，自然不易達成要求。結果形成作業計畫聊備一格。管制人員要想深入瞭解計畫的內容，以便在控制過程中及早發現問題，恐怕難以達成。我想，除了作業計畫的簡單表格以外，所有相關的計畫文件，都有列入控制系統的必要。反之，作業計畫的內容，也應該是業務計畫內必須涵蓋的事項。這樣既可使作業計畫具有實用性，也可使業務人員製作作業計畫時，不必另起爐灶。

二、訂定執行進度，作為追蹤管制的主要工作

雖然訂定執行進度，來作追蹤管制的工具，已經是一件順理成章的事，然當摸索各種途徑來研究釐訂進度的方法時，卻是一段相當艱辛的歷程。這其中有兩個原因：一爲越是優秀的主管，越不願意別人來控制其業務；二爲不僅對塡報進度認爲是增加麻煩，更進而對運用百分比來使工作數量化的方法，本身就存著懷疑的態度。

記得在管考制度建立不久，運用以百分比釐訂進度的方法，連當時任職教育部職技司司長；科技專家的陳履安先生，卻持未必同意的態度，後來幾經解說，並利用行政院行政業務檢討會，編訂了一

本釐訂進度方法的小冊子，加以報告說明，才能與各部會司處長先生們設法溝通。直到以後再進一步完成釐訂進度方法的各種研究，才算是體制大備。

這是一項很重要的觀念，必須加以說明。我認爲如果受管制的計畫是一項具有數據的工程，或企業的生產，這一進度的釐訂，具有絕對的計量價值；反之，如果將一項比較抽象的業務，訂出進度，雖然沒有絕對的計量價值，然而卻有區分階段、步驟的意義。例如，一位首長主持一項會議，預定必須花三小時以內討論完畢，這位幹練的首長，必定會妥爲控制時間，完成會議任務。他可能將會議區分爲數個階段，每一階段完成一個議題，以每一階段所需時間訂爲百分比數，如進行至一個半小時，而討論的問題也完成了半數，就是百分之五〇了。如時間已過一半，討論問題祇及三分之一，這就顯著的落後了。會議本身並不是一項數量化的工作，可是將會議的內容和所需時間加以階段區分，使其轉換成爲量化的控制，這種數量化雖不具有絕對的計量價值，卻在應用上具有相對的量化價值。

最近十年來對這一方面的發展，我較爲隔閡。然而同時並舉整體計畫與年度計畫的進度，以及更精密的計算進度的方法，自應配合資訊科學的發展，更求創新進步。

三、運用實地查證，協助解決困難問題

耳聞不如親見，書面作業不如實地觀察，這是很自然的道理。因此實地查證乃成爲追蹤管制的重要法寶之一。當時我們對實地查證的工作非常重視，出去人最少兩人爲一組，出發前必須深切瞭解案情，對需要協調解決的問題，事前都商妥對策。到現場後態度要親切、客觀、公正，不僅讓人能接受，還

要讓人能敬服，反之，切忌遭人拒斥和畏懼。多年來不知協調解決多少問題，使管考單位與被查證單位間建立了深厚的友誼關係，使管考單位在行政機關和國營事業機構中建立了良好的形象。

對於解決困難問題的階層亦須加以考量，必須參與的人有相當的分量。例如多年前經濟部擬在桃園南坎興建北部鍊油廠，因涉及軍事戰略要地與國防部協調經年不能解決。乃乘隨首任主任委員陳雪屏先生赴國防部年終視察之便，向當時的國防部長黃杰將軍與參謀總長高魁元將軍面報此事，並建議邀集部長級會報協商解決。不數日黃部長即邀當時經濟部長孫運璿先生各率高級主管，在國防部舉行會報，兩位部長在地圖上以紅藍鉛筆協調建廠位置，立獲解決，旋作成書面協調記錄報院核定，終能順利執行。

肆、公文時效管制的目標與實踐

公文時效管制是追蹤管制中重要的一環，其目的在提高行政效率；而最重要的步驟，是從管制過程中，發現公文處理的瓶頸所在，進而運用工作分析與簡化的方法，建立一貫作業的工作程序。至於其執行最重要的觀念，應該坦誠記錄公文經過的程序，毫無掩過飾非的心理。因此，我們也強調一句口號：「確實重於迅速」。如果統計資料完全虛假不實，祇講求形式上的表面，則出文時效制度就徹底失敗了。

在此舉出遠近兩個例證來說明：

第一個例子是有關教育部的。記得前副總統李元簇先生出任教育部長，我前往致賀時，他曾問我：「你對教育部的行政效率有何意見？」我說：「從表面觀察貴部公文時效平均天數都在四、五天之間，如恕我直言，這些數字不盡確實，如果部長有決心的話，應先求統計數字確實，才能找出影響行政效率的原因，進而建立合理程序，眞正提高行政效率。」他說：「我一定有此決心，你們拭目以待好了。」果然到職不久，即手令嚴格要求厲行公文時效制度，初期教育部公文時效統計，竟然平均天數到了十五、六天，然而這才是眞正的數字。等到詳加檢討公文處理的瓶頸，逐漸加以改進，數年以後，行政效率眞正的提高了，我還曾經率領各部會和省市的代表前往參觀，對於這項改進的決心，無不衷心讚佩。

在未舉第二個例子之前，先敍述十年前一件事，某一機關向行政院研考會申請了一筆自行研究的經費，委託學術機構研究改進本機關公文時效案。經一年研究完成後，暴露本機關缺點頗多，經簽報機關首長，認爲影響機關形象，不宜送研考會結案。這種態度自然不易改進缺失，提高行政效率了。反之，我很敬佩行政院衛生署的作法。於民國七十八年，衛生署決定對該署公文時效處理，徹底加以檢討分析，提出研究報告。挑出各處室具有代表性的公文五〇〇件，邀請專家對處理流程與方法，予以逐項評估，坦誠指出優缺點，再綜合統計資料，研提改進意見，頗爲確實而具體，是改進公文時效一項具有代表性的事例。

伍、建立考核評估制度歷程中的心得

考核評估與追蹤管制形成管考制度的整個體系，前者必須面對事實，評估結果，不能有絲毫誤差，因此回憶當初建制的歷程甚爲艱辛。雖然已經摸索了一條路出來，顯然與終極的目標尚有一段距離。現在僅就指標與模式的建立、考核人員應有的態度以及行政機關年終考成的商榷三項問題，來分別說明：

一、考核評估指標與模式的建立

這是從事任何考核評估的基礎。坦率的說，在管考制度建立初期，我們試圖從多方面摸索，但並無多大的收穫。以後逐漸體會到一些原則：例如：

(一)不宜過簡，過簡則缺乏周延性；不宜過詳，過詳則增加複雜性。

(二)勿過分追求深奧的數字模型，以免不切實際；勿過份遷就實況，以免不易進步創新。

(三)不易以一種固定的模式，來適應所有業務。

(四)逐漸區分爲對事前計畫可行性的「評估」，事後執行結果的考核。

(五)以本人經驗與制度的發展，考核評估模式的建立，可分爲「經驗法」—依傳統經驗認爲概須具備那些指標？「要素分析法」——依各項涵蓋要素，例如從效率及效果方面分析，包含那些要素？「推理法」——從問題的來源、目的，達成目標等進而推論到分項目標應具備那些指標？

從上項的發展過程來看，後者較前者可說愈趨進步。如對列管計畫的考核評估、人員的考績等，都僅是依據「經驗法」設想幾個必要的指標而已。如黃俊英博士研究「對國營事業投資計畫」的事前評估模式，以及筆者「對行政機關行政管理效能考核評估研究」等，均可歸納在「要素分析法」的範圍。至於「推理法」，當以林基源博士所研究的「經濟部國營事業年度考核模式」為典型代表，事實上能夠付諸實用的研究，亦以此為首要；其餘很多研究，都尚未付諸實用。近年以來，提倡「公務生產力」問題，可能距離全面實用為時尚早。

二、實地考核人員的態度問題

前赴各單位去實地考核和現地查證人員的態度，雖然同須親切、客觀、公正，但依據經驗，兩者仍然有所區別。因為前者既要瞭解問題，又須加以評估，是非正誤，不能有一點含糊。後者，則以瞭解問題癥結，協調解決困難問題為主。因此實地考核人員，必須以敏銳的眼光，發現缺失或問題所在，掌握問題的關鍵，讓被考核的人心服口服。同時實地考核或現地查證的人，都不應持倨傲的態度，責備的口吻，使對方發生反感。更應避免接受招待，違反公務人員規定。記得過去我們曾自帶便當，也有代辦一碗排骨麵照付費用的辦法。

三、對院屬機關考成辦法執行方式的商榷

依據「行政院所屬機關考成辦法」規定，實際執行幾經變易。民國五十八年至六十年間，係區分為業務（事）、人事（人）、財務（財）、事務（物）等四類，至各部會實地考核，計算成績等第，密呈院長轉呈先總統蔣公核閱。

六十一年六月蔣前院長經國先生在一二七九次院會中指出：「㈠本院應就各機關施政計畫中最重要的事項，以及各機關組織職掌中有關重大政策性工作，加以重點管制與考核，務宜力求精簡。㈡各機關施政計畫及組織職掌內的一般性工作，應按分層負責逐級考核的原則，由各機關自行辦理管制考核。㈢本院應負責督導各機關，加強研究功能。」回憶經國先生這一指示，至為明智亦甚明確。亦即明示院屬各部會首長都是政務官，且各類業務不同，難以衡量成績高低。當時研考會遵照指示，即將院屬機關考成範圍、方式重加規定。概括以下各項：㈠各機關自辦業務檢查，將結果報院複核。㈡對於院列管案件分別辦理書面考評。㈢對於行政效率方面的檢查：1.年度公文處理時效，2.積案統計與處理。其中對由院列管案件的考評，其所訂指標，即採取「經驗法」，選擇「目標達成、執行進度、計畫策（修）訂及預算執行」等四個指標。雖依「經驗法」較為簡單，但特別規定了衡量績效五個層次的標準，堪稱簡明、公平、易行。

近數年來，研考會復不斷研究改進，修正年度考成辦法，訂定年終考成作業要點，將考成項目擴大到「政策執行、行政效率、預算執行、人事管理」四方面，窺其著眼，勢將恢復過去全面考成的舊觀。此項辦法顯與過去精神大有變易。為求獲得院屬各機關整體績效評估，自屬無可厚非。惟各部會主管業務不同，性質繁簡不一，要想加以評定績效，互相比較，頗屬不易。即以主要考成項目「政策執行」方面而言，如「院長提示事項」、「列管計畫執行等」，各機關列管項目多寡不一，且佔全部施政計畫項目比例甚微，能否即代表該機關整體業務，似亦值得研究。

陸、管制考核業務的展望

研究發展管制考核，已形成行政業務一項重要制度，研考組織已通過立法成爲正式組織。在政治革新、行政革新永無止境的狀況下，管考工作正方興未艾。茲就淺見，對未來應探討的方向，分述如次：

一、在行政資訊及辦公室自動化，由研考會主導推動下，是行政革新與提高效率的動力，自須加速推行。而追蹤管制所要瞭解的狀況，如執行進度等，無論在作業速度和正確性方面，恐非傳統方式可能適應。今後各研考機關間可構成聯線網路，每天、隨時都可獲得資訊。

二、釐訂進度的必要性，自己獲得肯定。釐訂進度的方法不僅需要不斷的研究改進，而且還要使公務人員普遍瞭解適應，能夠普遍加以應用。許許多多初期設計的方法，亦宜不斷研究改進。我們不在於推翻過去的，重新建立一套爲表現自我的成就；而宜在不變更本質上，來改進方法，用爲更新的工具。

三、對行政機關年度考成的方式、評估模式，均宜探討研究。考評目的在衡量機關整體績效，或維持過去各機關自辦業務檢查，只抽樣對列管計畫考評，或僅以行政管理著眼來考評績效，以上各項方式均值得探討研究。研考人員是考核評估的專家，亦宜協助各部門建立各種評估、評鑑、考核等的不同模式以供應用。

四、建立每季對施政計畫與預算的全面檢討分析制度，以補重點列管少數計畫的不足。同時可以建立年終考評的基礎，協助預算有效推行。

五、公文時效管制，多年來執行狀況，可能已達到一個「高原期」，不易再行突破。亦難以保證尚有少數機關避重就輕、逃避管制、統計不實的現象。推行工作簡化亦已多年，眞正依照「剔、合、排、簡」的方法，來改進機關公文處理程序，建立一貫作業工作線的並不多見。在在都應探討改進。

六、「以服務代替管制，以協調解決問題」的管考精神，的確在過去有過一段輝煌的時代。目前正面臨社會的轉型期，列管計畫所遭遇的困難，亦遠勝於往昔。即以十四項建設計畫而言，一直處於多數進度落後的狀況。如何發揮管考精神，來突破現狀，是當前一項重要課題。

（原載「研考雙月刊」一五七期，民國七十九年六月）

從計畫氣氛、組織氣氛論增進管考氣氛

壹、前　言

我國行政院建立行政業務管制考核制度，已經二十餘年，不僅是研考部門重要的主管業務之一，也的確在追蹤管制考核評估方面，發揮了宏大的功能，對重要施政計畫的貫徹執行，具有有目共睹的輝煌績效。

管制考核簡稱爲控制，是現代管理的一項重要功能。現代管理功能最普遍應用的，是將其區分爲計劃、組織、領導、協調和控制。管理學家對計劃、組織、領導、協調溝通方面的論文和著述，尤其是後三者俯拾即是。而對於控制方面的專門著述，卻屬較少。

我國研考部門推行管制考核，多年來從學理上的研究，以及實務的發展，已經形成了一項很具體的輪廓。部分從業人員更不斷加以發揚擴展，也逐漸有些論著出現。尤其爲實際推展業務，行政院研考會對有關法令規章、手冊，也大體具備。然而時代在進步，環境在推移，施政更應前瞻，所以待研究發展的問題，自亦有其廣闊的空間。

管制考核推行的良窳，固然具有甚多的因素和條件，然而形成良好的氣氛，是影響成敗的關鍵因素。在這多年來，若干推行成效是在已具備的良好氣氛中成長和茁壯的。吾人在行政或企業管理範疇，甚多學者研究論述過有關組織氣氛或計畫氣氛，卻少見有人論及控制氣氛或管制考核氣氛。爰試以此爲題，加以申論，希能歸納一些在此一方面的要點，以供參考。

貳、計畫氣氛與計畫本質

吾人從一些既有的論著中，先介紹同屬於管理功能的計畫氣氛與計畫本質，以便對管理功能在一種良好氣氛中的培養與發展，進而有利於管制考核氣氛的研究討論。

一、計畫氣氛

學者對建立計畫氣氛，提出下述要點：

㈠計畫不可信賴機運—健全的決策是計畫程序中的重要基礎。高級主管人員欲爲其下屬建立擬訂計畫的良好氣氛，必須在計畫過程中協助克服各種障礙，使其認清計畫並非靠機遇得之，乃是努力促成其目標。

㈡計畫必須自高階層開始—整體規劃的觀念即是全面性的，故計畫必自高階層開始，亦惟有自高階層開始，始能從高階層的大力支持之下，增進各級計畫人員的信心，亦藉以形成整體規劃的上下體系。

㈢計畫必須加以組織—計畫必須在一種良好的組織結構環境以下進行，包括主管的參與和適當的授權，以及縱橫之間均能權責清楚，計畫與執行避免脫節等。

㈣計畫必須肯定—計畫雖宜保持適當的彈性，以賦與下級執行時能適應環境而可在權責內適切調整。然關於計畫的目標、政策、必要的行動步驟、可以獲得的財力與其他資源，仍應予以適度的肯定。

㈤長中近程計畫必須密切結合—長中近程計畫，各有其範圍與特質。如就企業而言，例如：新產品的選擇與發展、市場流通與策略、主要設施、資源、組織與人員等。主管人員常忽視以上各項，而只重視短程方面。反之，長程規劃亦不能脫離近程而落於空洞。

㈥計畫必須明察且能接受各種變革—如果不經過各種改革，必無進步；任何一種改革，又必經過週密計畫；人們往往不喜改革，習於墨守成規。因此，計畫必須預測未來變化，使其由反對改革，而成樂於接受改革的環境、條件與心理。

二、計畫本質

計畫氣氛已如前述，如能善爲運用，自利推動業務，然而計畫氣氛與計畫的本質或一般原則，又各異其趣。管理學家所指計畫的本質，涵義較廣，幾乎涵蓋計畫的特性、功能與一般原則在內。茲列舉其主要計畫本質如次，以利比較。

㈠計畫的領先性—計畫具有先期性、前瞻性、機先性，且在管理功能上常居首位。

㈡計畫的抉擇性—計畫最早及最重要的乃是步驟抉擇，雖然有目標、政策等抉擇，而就具體行動言，又不外目標的大小、方向、方式等的抉擇。

㈢計畫自標的指向性—惟賴計畫始能增進其對目標的明確性，亦即對目標的具體化和執行有所貢獻。

㈣計畫思維的邏輯性—現代計畫不僅能運用各種管理科學的方法和工具，即在思維過程和方法上，亦能顯示其邏輯的方法和分析綜合的過程。

㈤計畫的整體性—整體規劃是現代計畫一種重要思想。整體規劃的層面有四：即1.層次；2.範圍；3.時間；4.持續性（或稱重複性）。

㈥計畫的普遍性—由於整體規劃的觀念，各階層皆須計畫；且不斷的計畫乃增進對目標、政策瞭解的重要手段；若付諸實施，更須普遍執行。

㈦計畫的效率性與效果性—良好的決策乃增進效果的基本路線；良好的計畫又必可促使計畫的時間、人力、經費、機具的有效使用。

㈧計畫的管理性與管制性—計畫本爲管理的首要功能。健全的計畫，乃管制考核的基礎。

叁、組織氣氛與組織環境

一、組織氣氛（organization climate）

由於組織在管理功能中重要性與具體性，因之討論組織氣氛方面的論述，遠比其他管理功能爲廣泛。誠然，無論企業或行政管理，均不能離開組織；若無組織可能亦無以談管理。故甚多論著均將企業或行政組織與管理相提並論。

參閱美國行政與管理大詞典（Dictionary of Administration and Managememt）對組織氣氛的解釋：

「綜合所有主管單位之間、主管單位與員工之間及員工與員工之間的溝通、領導與交流的方式、力量與頻率。諸如，個人或團體的行爲、士氣、合作、決策的形成、創新性、權威、爭執之解決，以及獨立或團體的計畫等。以上諸端，均由團體或組織中盛行的目標導向及管理形式而造成或影響。」

同時，亦設計有「組織氣氛問卷表」，此一問卷表上共有五十個問題，旨在鑑定或評估下列與組織氣氛有關的各種因素：

(一)結合規章和其他正式的拘束力；

(二)個人的責任及授權與獨立作業的感受；

(三)獎勵的適切施行；

(四)工作上的挑戰性與風險；

(五)有積極性的團體環境的溫暖與感受；

(六)感受到的主管的支持與協助；

(七)察覺到目標與標準的重要性；

(八)發生爭執時能協調解決；

(九)具有歸屬感的感受。

二、組織環境（organization environment）

組織氣氛與組織環境關係密切，亦有其因果關係。論者認爲，部分組織由於疏忽環境力（environment force）的重要性，因常導致失敗。行政與社會學家認爲組織亦屬於一種社會系統（social system），必然存在以下三種外在的環境：

(一)自然環境（physcial environment）：如地勢、氣候，特別是工作場所等；

(二)科技環境（technological environment）：如相關的知識、技術與設施等；

(三)文化環境（cultural environment）：如社會常規、價值與目標等。

管理學家對組織與管理，亦甚重視面臨的各項外在環境，必須適應環境，善加運用，始能適應生存和發展。並列舉關係較爲密切者如次：

(一)科技發展—特別是由機械化而自動化，以及電子計算機的運用，以建立資訊系統。

(二)政治環境與管理—政府與企業關係至爲密切，比較直接的如：政府的經濟職能、政策及措施等。

(三)社會環境—與企業關係較爲密切者，如社會福利、環境維護、消費者保護運動與社會責任等。

(四)國際環境—如國際化的趨勢、文化環境的差異與多國公司的形成等。

肆、管考氣氛與管考原則

管理革新各種措施，原易遭受人們的拒斥，甚至不能接受。在管理的五大功能中，控制（管考）較之其他四項功能，更易爲人們所拒斥。被控制者常認爲受到管考，是予人一種拘束感，因之無形中生產了敵意。乃尋求各種方式來逃避管考，致使實在狀況被矇蔽，茲分述之。

一、對管理革新易否接受的見解

管理學家曾就美國各大企業，實施管理革新情形加以調查，對是否容易被接受，歸納有以下見解：

㈠如某項措施已爲員工所瞭解時，易於接受。
㈡如革新措施不會威脅到任何安全時，易於接受。
㈢當受到改革影響者，即係訂定此類措施時，易於接受。
㈣如順其自然來推動，較強制執行時，易於接受。
㈤如循既有成功的軌跡繼續進行，易於接受。
㈥如在已進行的措施中，增列新項目，較尙在狀況不清時易於接受。
㈦在有計畫按部就班的進行下，較嘗試性的工作，易於接受。
㈧新進員工毫無成見者，反較舊有員工的故步自封，易於接受。
㈨已受到實惠者，較尙未受到實惠者，易於接受。

(十)曾受過訓練者，較未受訓者，易於接受。

二、管考氣氛

管制考核制度，建立多年，已具成效。由於多年來的努力，已逐漸克服前述各項管理革新措施所面臨的困難，在有形或無形中已形成良好氣氛。為繼續發揚傳統精神，並激勵來茲，特試行歸納管考氣氛要點如次，以供研究推行參考：

(一)以服務代替控制增進融洽的氣氛─「以服務代替控制」，是管考一貫的作風，惟有如此，才能使其易於接受控制，祛除拒斥的心理。據悉早年中山高速公路施工，管考績效甚高。惟某次負責管考工程司至工地考察，某工地主人聞悉，竟從後門走出，避而不見。

(二)以高度作業效率增進示範的氣氛─管考單位本身一切作業，必須具備高度效率，且嚴格要求，言而有信，始能帶動主辦機關及次級管考單位，形成良好風氣。

(三)以立即回報系統增進警覺的氣氛─在重大施政工作執行過程之中，瞬息萬變，必須隨時掌握進度執行狀況，才能適應狀況調整改進。所謂追蹤（follow up）必須鍥而不捨，隨時獲得截至今日（up.today）的最新狀況。如三月一次季報，已成明日黃花。

(四)以設身處地的溝通增進共鳴的氣氛─協助主辦單位解決困難，突破工作瓶頸，是管考系統一項重要的任務。惟必設身處地，瞭解實況，以超然的立場，來協助解決實際問題，才能增進共鳴的氣氛，獲得效果。否則，徒以責難態度，難以解決實際問題。

㈤以專業管理知識增進誘導的氣氛─管考人員多具備管理專業知識與經驗，與其他專業技術人員瞭解問題的層面不同，隨時隨地能更深入的從規劃、領導、組織、協調、控制等，來分析問題，誘導主辦單位提高效能，突破困難。

㈥以機會教育訓練增進更求精進的氣氛─無論行政機關或事業機構，無不講求對員工的教育訓練，管考部門定期舉行協調會報，隨時追蹤作業進度，並辦理調查考核，接觸機會甚多。必須事前有充分準備，使能富有教育意義，形成更求精進的氣氛。

㈦以必要管考設施增進矚目注意的氣氛─管考設施範圍甚廣，即以重要工作執行進度而言，如在主管辦公室有一張足以顯示的圖表，亦可提高警覺，隨時注意，增進員工矚目的氣氛。電腦日益進步，未來的控制，可能進步到如同執行控制的雷達網的迅捷與精密。

㈧以眞誠坦率態度增進確實的氣氛─各單位所提供的口頭及書面資料，均須眞誠坦率，才能從確實的資料中，謀求改進。如徒然重視表面形式，業務將永無改進。

㈨以主管重視管考以增進團隊認知的氣氛─管考工作必須得到主管的重視、支持與授權，才能獲致團隊共同認知其重要性。管考作業若干行動，均係代表上級機關前往執行，亦應具有適當的權威性。

三、管考原則

關於控制應具備的原則，管理及行政學家論述甚多，茲經學者綜合整理爲八項原則，願以溫故知新的心情，再加申述如次：

㈠確保目標原則—控制目的，即爲貫徹計畫目標，並須時時對照原訂計畫，達成品質、數量的雙重要求。

㈡效率原則—一切控制措施，均須符合以最合理的成本和最大效用，達成目標的條件，則控制效果愈高。

㈢責任與自動化原則—負責執行並達成目標，是主辦人員的責任，控制人員可輔導協助，但不宜越俎代庖。欲使其具有責任感，必須建立自動回報調整的控制系統（system with information feed-back control）。

㈣直接控制與間接控制原則—理論上應以直接控制爲原則；但在實際應用上，亦須併用間接控制原則，使能適應多種案例與狀況。

㈤彈性原則—控制的設計與執行，雖然必須肯定，然爲適應個案與狀況發展，亦須彈性調整，使計畫不論在成功或變更時，均能繼續控制。

㈥標準原則—有效的控制，必須依循一項客觀、公正的標準。

㈦關鍵因素原則—如不問鉅細，全部加以控制，勢不可能。因此選擇關鍵因素加以控制，勢有必要，且更可提高控制效能。

㈧行動原則—欲使控制具有意義，惟有在控制過程中，發現偏差，立即採取改正行動。如能發揮前瞻性回饋（feedforword）功能，則效果更佳。

伍、結　語

以上介紹計畫氣氛與本質、組織氣氛與環境，以及管考（控制）氣氛與原則，主要目的在從諸種管理功能中，誘導、探討管考氣氛的列舉、培養與增進。管理氣氛與其本質、環境、原則等，均密切不可分，或互爲因果關係，或可產生互動作用，爰一併提出討論。

我們常在進行某項措施時，希望蔚成良好風氣，或稱帶動某項運動，或稱激發團隊精神等，此即爲氣氛最好的說明。管考在管理功能中，是較易遭受排斥的一項功能。因此欲使對方減少拒斥，欣然接受，樂於合作，不是全依靠權力而能爲功的，培養與增進管考氣氛，或有更進一步發展的必要。

（原載「研考雙月刊」第十七卷二期，民國八十三年四月）

整體控制的構想與發展芻議

壹、前　言

行政院研究發展考核委員會創立追蹤管制考核評估制度以來，已閱二十年，其對重大計畫的管制、行政業務的革新，具有甚大的貢獻。尤其在十項、十二項、十四項重要建設方面，表現尤爲卓著。

追蹤管制考核評估，簡稱爲管制考核；管制考核業務中，表現得最具體、最實在、最有效的，又莫過於在列管案件的過程之中，鍥而不捨的每月追蹤其進度。在列管案件進度月報之中，可以對各項重要列管案件進度的表達，一覽無遺。不僅使主管機關，甚至社會大衆，對政府重要建設進行的狀況能一目瞭然。可見研考會的主管人員對此項工作所貢獻的心力和負擔的工作量都是相當重大的。

目前各機關對於厘訂進度、追蹤管制，已經行之有素，視爲習慣。可是回憶當初建立進度控制的方法與技術時，研考會主管人員卻花了不少說服力，以後在設計一整套厘訂進度的方法與模式時，也確實費了不少心力。因爲這一套制度可說是從無到有的，本來一件工作受別人來控制，被控制的主管已感有點心有未甘，如今又要將其量化成爲具體表達的進度，更容易被拒斥。總算現代化、科學化的潮流是擋不住的，研考人員的不斷的努力，終能奠定今天健全的管制考核制度的基礎，當時個人適恭逢其盛，也算與有榮焉。

這套進度控制的追蹤管制制度，經過研考會的創立，經建會、國科會的更進一步的發展，加之經過十項、十二項、十四項等重要建設的應用推廣，在這些主管單位中，又有很多優秀的專業與管理人才，取精用宏，舉一反三，更能將原始設計的進度控制方法，予以發揚光大，形成一項重要管理制度，值得予以讚揚。

貳、進度控制的成就與優點

管制考核運用進度控制的方法，是有相當成就的。它形成了管制考核制度中的一項具體表達的方法，在管制考核工作中，更占了相當的業務量。目前、甚至未來，在方法、技術、工具上可能會有部分改進，但是其基本原則與方式，仍將繼續被廣泛應用，是可以預測的。

進度控制方法應用在追蹤管制方面，確具以下優點：

一、培養公務人員計量觀念，養成科學管理的精神。

二、認識列管的計畫，大部分用計量的進度控制方式，具有絕對的計量價值；至於部分抽象的行政計畫，並非具有絕對的計畫價值，卻具有階段劃分的意義，對控制執行，仍有重要意義。

三、進度控制偏重於執行時效的要求，此點對控制執行方面，確有相當警惕和激勵作用。

四、進度控制雖偏重在時效方面，但在釐訂預定進度權數時，亦可兼採執行時間、預算分配、工作量等諸種因素，亦可收到部分整體效果。

五、在一般進度控制的報表，除須列出預定與執行的百分比外，亦須列出預算執行百分比，可供對照參考。

六、對於釐訂預定進度的各種方法與模式，諸如權數的釐訂與分配、工作階段的劃分，以及總體與年度預定進度的釐訂，截至目前止，仍爲廣泛採用的最佳方式。

七、在進度顯著落後時，可提供一項預警，促進管考人員注意，甚至前往實地查證，以發掘瓶頸所在，協調解決。

八、將各月份預定與執行進度，連結成一條曲線，可以相互比較曲線起落差距，以供改進的參考，亦可提供年度終了考評的依據。

九、對一項重要建設工程，內容包括若干部分，每一部分又包括很多工作分項，要瞭解其執行狀況，頗非易事，如以總體進度表達，則一目瞭然。

十、對部分非量化的計畫，可用進度控制方法，將其轉化爲量化，有助於推行管制考核制度。

叁、整體控制制度構想的緣起

民國七十九年冬，行政院經濟建設委員會，擬委託中華民國預算管理學會，從事「公共工程成本控制之研究」，初擬由筆者爲研究主持人。當初已進行初步規劃，後因其他原因改由中國預算管理學會與臺灣大學建築系合作研究，並以臺大建築系爲主。以後曾舉行多次會議，研商進行。

中國預算管理學會歐理事長德堅兄，認爲前項研究既已由臺大建築系負責，有感對「成本控制」方面之研究，會計管理學會對此項專業知識，人才濟濟。如能對「進度控制」、「成本控制」及「品質控制」三方面，同時加以研究，編成專書，則可能更有裨益。此期間亦數度邀集小組會商，並承中華民國建築師公會熱烈支持。協商由筆者、中國預算管理學會及建築師公會，分別撰寫「進度控制」、「成本控制」及「品質控制」各篇，由中國預算管理學會總其成。

六月間以上構想、分工、撰稿等，已趨成熟，再由筆者主持會議，邀請學者、專家及學會參加，中國建築師公會及中國預算管理學會，均發表甚多寶貴意見，最後由筆者歸納提出「整體控制制度構想」演講，承與會人士一致支持。

此項「整體控制制度構想」，原係對重大工程設計而言。然我國政府「行政業務管制考核制度」，爲時多年，且具成效，惟仍偏重於「進度控制」方面。目前十四項重要進度已接近完成，但國家建設六年計畫，正方興未艾，據悉原訂計畫包涵有七五五個分計畫，後經修訂爲六三二項。「整體控制」構想可否供作未來管考制度發展的參考，爰爲介紹，以供採擇。

肆、整體控制制度構想分述

整體控制制度構想示意如附圖

從示意圖上看，表面似甚複雜，但如依系統分析則亦甚單純。此一整體構想，主要由三個支柱（分系統）構成。即其一爲進度控制（Progress Control）；其二爲成本控制（Cost Control）；其三爲品質控制（Quality Control）。進度控制偏重於時效，亦即速度的要求。成本控制偏重於價值，亦即密度（或衡度）的要求。

品質控制偏重於品質，亦即精度的要求。

對一項工程計畫，如能從進度、成本、品質，亦即速度、密度、精度三方面要求，始能達成整體控制的構想，同時在效率和效果兩方面予以追蹤控制，將來所達成的整體目標，亦期望能符合效率與效果兩方面的要求。

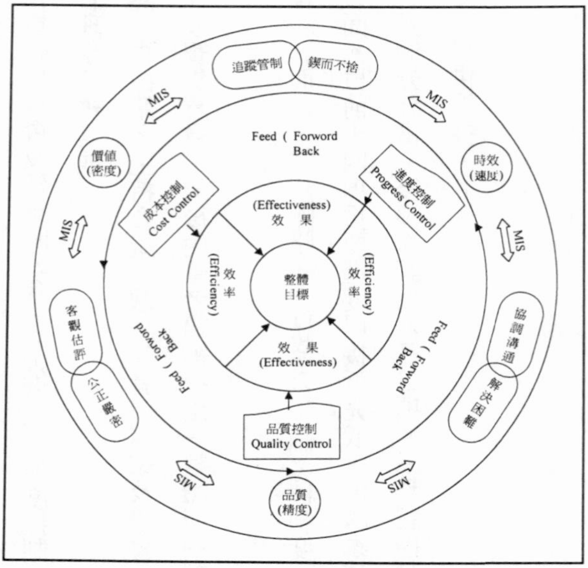

要想達成以上理想的整體目標，必須在執行、控制的過程中，不斷運用管理資訊系統（MIS），發揮管考制度的基本精神，自動的回饋，包括前瞻回饋（Geed Forward）和事後回饋（Feed Back）

的精神，運用追蹤管制，鍥而不捨；協調溝通、解決困難；客觀評估、公正嚴密的基本做法，必可發揮整體控制體系，達成兼具效率與效果的整體目標，進而建立更完整的管制考核制度。

伍、成本控制

關於進度控制的內容，行政院研考會已有深入的研究，先後厘訂有「如何訂定工作進度」、「列管工程計畫厘訂進度原則與方法之研究」、「十項重要建設之規劃與控制」，以及「管制考核制度綜述」等書，不再贅述。

過去列管計畫雖亦有預算執行狀況（以百分比表示），但對工程計畫成本部分尚缺乏一套控制方法，以致形成若干公共工程計畫的預算，或則形成浪費，或則屢次追加形成預算估測較低，對整體目標的達成而言，無形中影響其效率與效果。

成本的計算依據成本會計的理論，有專門的知識和經驗，而應用在公共工程方面，又必須具備工程專業的知識和經驗。至於如重要建設的公共工程，又有公路、鐵路、機場、港埠、水利、環境工程，以及各種工業建廠工程，一般住宅建設等的區分。將來如何建立各種應用的模式，以供試行採用，自須審慎研究。

對於公共工程自規劃至執行各階段，如預算估測階段、發包招標階段、工程執行階段、期中及期終階段，如何訂定標準，來加以評估、追蹤、管制、考核，使其能具體付諸實施，進而更將預算的金錢數字，轉化成爲績效表達的百分數，亦均爲可資研究的問題。

現在經建會已委託學者完成專案研究，中國預算管理學會亦編成專書，將來對於研究成果的運用，還賴研考會、經建會的實驗與推行，吾人願拭目以待。

陸、品質控制

品質控制不僅是企業管理一項專業知識，也是重要的必修課程，在各生產事業單位，均設有品管專業人員，對產品品質管制在較具規模的工廠中，要求都非常嚴格，已形成良好的制度。

至於對工程的品質控制，似乎並不若工廠那樣嚴密。各營造商與工程主管單位，也許有其各自的控制方法；尤其部分工程委由顧問工程公司監工，自必有其完整的控制方法。惟也許個別的控制方法，視爲業務的機密，不願意予以公開。

公共建設工程在施工中或完工後，品質不符標準，甚至發生意外事故者，不乏事例。

而管考單位對進度控制方面，雖已有相當成就，但係以時效與數量爲主，對於品質方面卻無法控制。

現中國建築公會與中國預算管理學會，均有意從事工程品質控制的研究，將來必可從理論到應用，提出一項可供推廣的制度，自亦樂觀其成。

工程品質控制的推行，淺見以爲應從規劃過程中要求的規格標準做起，從材料、機具的採購，以至於執行過程中的各階段。這是較進度控制和成本控制更艱鉅的一項工作，因爲不僅是時時要監督，更牽涉到監工驗收人員許多的人爲問題。尤其在前節所列舉的各類別不同的工程中，均有其個別特質，不是一項廣泛的原則，就可以適用到每一項工程計畫的。

柒、結論

整體控制制度，是由進度控制、成本控制和品質控制三個主要環節結合而成，如果這一構想經過進一步的研究、規劃、發展，形成一項健全的制度，愈認爲是具有相當可行性的，而且確能從效率和效果兩方面，達成整體目標。

雖然個人這一構想尙屬初步，然審度客觀情形，如經建會、民間學術與人民組織，已經開始向這一方向進行研究，遲早會向這方面進一步發展的，如果政府機關亦向整體控制方向，去加強研究發展，則未來勢將相輔相成，結合政策、原則、理論、方法、技術，形成可付諸實施的整體控制制度，使管制考核制度更精進發展。

回憶過去推行管考制度，對進度控制的理論與方式，建立了一套完整的制度，先後花了兩三年的時間，才能完成實施，再經過十項建設的廣泛應用，更證明其確具可行性與實用性。

將來對成本控制和品質控制的研究規劃，恐亦將需要二、三年的時間，才能推行裕如。雖然進度控制與前兩者迥然各異，但在方法上則有甚多可以採行之處。例如，從規劃到執行階段的劃分，權數的分配，由非數量的工作轉爲量化，採取個別或數項因素以爲計算的準據，以及計算公式的研訂等，均可供參考。

整體控制制度，不僅在追蹤管制過程，即在考核評估過程，亦屬重要。即如進度控制結果，在列管案件期終考評時，亦列爲一項重要考評指標（衡量事項）。將來成本控制與品質控制的結果，同樣不僅在追蹤管制過程，即在考核評估過程中，亦占有重要的地位。

進度控制過程中可能會表現出一些「假象」，例如：進度曲線一直超前最後提前完成，或進度一直落後最後嚴重落後，以上況狀可能預定進度過寬或過嚴。又如進度曲線起落不定，或則最後趕工，或則臨渴掘井等，導致不能正常進行。如能推行整體控制制度，或能彼此對照，早得補救。

無論推行進度控制或整體控制制度，資訊系統的建立，辦公室自動化的推行，均爲重要配合措施。而管制考核制度的推行，最重要的精神亦在自動調整、前瞻回饋。管考工作人員，亦須本著「以服務代替管制」的精神，以充分的協調溝通來達成整體目標。

（原載「研考雙月刊」第十五卷四期，民國八十年八月。復被選入「行政管理論文選集」第八輯，民國八十三年六月。）

從決策規劃到追蹤管制考核評估

壹、概說

行政院孫院長在就任院長後第一次院會中曾經強調，要把握行政三聯制的精神，從決策規劃到追蹤管制考核評估，建立起一個有體系的現代參謀作業思想。因此本人乃以「從決策規劃到追蹤管制考核評估」爲題，加以闡發。

「決策、規劃、追蹤、管制、考核、評估」，這六個名詞雖然具有聯貫性，但可以將其分成三個階段：

「決策、規劃」是屬於計畫方面；
「追蹤、管制」是屬於執行方面；
「考核、評估」是屬於考核方面；

「計畫、執行、考核」三者也就是先總統　蔣公所提示的「行政三聯制」的主要精神。談到這一點，我們不得不提一下現代的管理思潮。

有人將現代的管理思潮依學術的主流、劃分成四大學派：即為㈠管理過程學派，㈡行為科學派，㈢計量學派，㈣系統學派。一般人以為「計畫、執行、考核」的行政三聯制與管理過程學派的說法相彷彿。又如一般管理學家常引用法國管理大師費堯（H.Fayol）對管理過程劃分的方法—計畫、組織、領導、協調和控制。類似這種分類的方法雖然還有許多主張，但是都脫不出我們先總統　蔣公行政三聯制的範圍。

也有人說，管理過程學派是比較屬於傳統的管理。現代已經進入管理科學的時代，而管理過程學派所闡述的是較早期的管理方法。

事實則不然。雖然這是一種管理過程區分的方法，但是從行為科學的觀點來看，不論是計畫、執行、考核都講求如何應用行為科學的理論與方法，來激勵我們的工作人員達成目標。從系統和計量方面而言，現代的規劃控制以及考核評估一定要利用很多的現代管理科學，不論是系統分析或作業研究，甚至於其他有關的計量方法，都被廣泛的加以應用。例如，在我們國內所發展的大型計畫，像六年經濟建設計畫及過去所策定的四年的經濟計畫。在訂定計畫之前，都要先從事長期及短期的經濟預測。經濟預測則需要運用計量的方法，和許多的數據資料，選擇好幾百個有關因素，集合這些因素，建立深奧的數學模型。

另外，有一個有關計畫與預算較進步的制度叫PPBS（Planning Program Budget System）「企劃預算制度」。在我國防部和經濟部的部份事業單位已經在大力推行。企劃預算的基本精神，主要是從系統分析的觀點來分析長期的規劃而產生它長程和中程的計畫目標。所以計畫、執行、考核形式上雖然是一種管理過程的劃分，但在實質上乃爲各種管理理論，方法的綜合運用。至於現代整體規劃和綜合規劃的主要方法，均將運用系統分析和計量的方法來從事計畫作業。而控制與評估爲一種專門技術，已廣泛運用管理科學的知識，更不待言。

貳、如何將抽象的目標政策轉變成具體的計畫

假設在政府或政黨方面已經有了許多的政策、策略和目標，如果這些抽象的政策、策略和目標，從行政院原文照轉，經過省、縣市政府和鄉鎮公所、村里鄰，一直等因奉此轉到所謂的「仰止堂」爲止，則這些策略永遠還是些策略，政策永遠還是些政策，目標也永遠只是目標而已，仍然無法將抽象不具體的策略和目標變成具體的實施計畫而付諸實施。以上所述正是「從決策規劃到追蹤管制考核評估」的第一個階段，有關「決策規劃」方面的一項主要內容。

決策和規劃既然是屬於計畫階段，我們就首先討論計畫的問題。有關計畫的重要性，已不待贅言。韓國漢城大學教授權寧贊說：「計畫是廿世紀行政的主要特徵。」世界銀行經濟計畫的專家懷特史通（Waterston）曾說：「如果一個在開發中的國家沒有計畫，就好像這個國家沒有國旗，國歌一般，同樣象徵著她的主權。」由此可見計畫的重要性。

究竟計畫是什麼呢？計畫的定義本身是一種多元性的定義。例如政治方面、軍事方面、經濟方面

均有計畫，每一個政治學家、軍事學家、經濟學家對計畫均有其各自的定義。有人簡單地說：「計畫是一種抉擇。」也有人說：「計畫是一種準備的過程。」更有人說：「計者表也，畫者圖也，沒有表沒有圖就不成其計畫。」其實「表」就是現代的統計，「圖」是區域的地形圖，作戰的構想圖、工程的藍圖，甚至於我們現代所用的（PERT）計畫評核術的網狀圖也是一種重要的圖表式計畫。沒有數據，沒有工作的藍圖如何作成計畫？

綜合來說，計畫的意義是指一個團體，爲達成團體的目標，先期運用集體的智慧，以邏輯的思維程序，蒐集有關的資料，擬定各種可行的方案，撰擇最佳的方案，再根據此一方案擬定具體的計畫，規定權責劃分，執行方法和步驟，並有效運用各種資源的一種準備過程。

計畫在表達的方法上有很多不同的型態。有人以爲只有「計畫」和「方案」才是計畫，實則我們發現「目標」（如戰略目標計畫）「政策」（如臺灣地區能源政策）、「程序」（如計畫評核術網狀圖）、「預測」（如經濟方面的預測）、「判斷」（如軍事方面的各種判斷），又在公共行政方面的「研究」等都是計畫的型態。目前政府方面所訂的各項「措施」，也是一種計畫的型態。「預算」也是一種計畫。不過「計畫」是計畫的一種文字表達，「預算」則是計畫一種金錢和數字的表達。

那一種計畫要用那一種型態來表達，作爲一個負責計畫的人是需要加以考量的。行政院孫院長到任一年多來在院會中通過了約四十多個計畫、方案、政策和措施。我們由此可以瞭解，行政院必須將抽象的目標、策略變成實際可行的計畫，才能貫徹實施，因此才有許多的方案、計畫、措施等的頒佈。當然這些計畫、政策、措施、方案等都是適應計畫性質和需要，運用不同的型態來表達而已。

至於怎樣才能將目標、政策轉化爲具體實施計畫呢？依個人的研究，將目標、政策轉化爲具體的實施計畫，大抵上有三個步驟可循：

第一步：將一項或多項抽象的政策、目標，訂成一個政府高階層的計畫、方案或具體的目標、政策。類似院會通過的各項計畫方案。

第二步：將原則性的計畫、政策、政綱等再轉變成整體的或各部門的中、長程計畫。高階層的政策性計畫、方案，有時只指出廣泛性的政策或目標，仍然不太具體。所以必須將其轉變成中程、長程的計畫後，就顯得較爲具體了。

第三步：再將中、長期的計畫轉變成具體實施計畫或年度的計畫。在年度計畫裏，工作和預算方能密切地配合。

僅有廣泛的，抽象的目標、政策，還是無法直接與工作的執行連結起來的。縱然有了高階層的政策，雖然已經將目標、策略予以具體化了，但是可能仍舊無法付諸實施。所以若不能將高階層的政策轉變成中、長期的計畫，再轉化成爲近程的年度計畫，則得不到年度預算的支持，因爲民主國家的預算，每年必須透過立法程序，才能獲得通過。這樣，高階層的政策、目標，才能經過各部門，各階層不斷的計畫，貫注到基層。

叁、如何將計畫納入追蹤管制

什麼是追蹤管制呢？這四個字可以分別來解釋：

「管」是管理，是現代管理和科學的管理。

「制」是制衡，衡是廣義的衡，指度量衡而言，就是指訂定標準的意思。一般管理的書上談到如何「管制」（Control）通常是指對一項工作，事先訂定一個標準，將執行的結果和原訂的標準加以比較，如果發生了差異，就提出改正的建議和行動。所以訂定一個標準是很重要的。

「追」追是追求，是激勵競爭的意思。在管理的四大主流中，行爲學派的目標管理學說，就是主張用激勵代替鞭策，以促進工作人員對達成團體目標的共同意願。

「蹤」是蹤跡，即是目標，也是施政或工作目標。

將這四個字連在一起來說，「追蹤管制」就是用現代管理的方法，預先訂定一個工作標準，並鼓勵全體行政工作人員，達成團體目標的意思。

追蹤管制的目的是什麼呢？它的消極目的是指稽催進度，不延誤、不錯誤，能如期地完成工作。而積極的意義則指在執行過程中能促進提高工作的效能，發揮工作的潛力，預防問題的發生，如果發現問題，必須進而協調解決問題。假如只是要求塡塡表格，按期報告進度，仍是屬於消極性的。所以追蹤管制所要達到的，不僅是消極的目的，而且更要追求積極的目的。

追蹤管制的重要方法是訂定工作進度，然而又怎樣訂定進度呢？有些工作很容易列出預定的進度，如一些計畫是屬於實質性的工程，像十項重要建設，雖然計畫龐大複雜到要用電腦來處理，但這些計畫具有實質性而可以「量化」的，當然訂出進度毫無困難。

然而對一些抽象性的行政工作是否也可以訂定進度呢？我們認爲，一個很具有數據性，實質性的計畫訂出來的進度是具備了絕對的計量價值；然而一個抽象的行政工作，需要訂定一個進度時，雖不具備有絕對的計量價值，但是具有工作階段劃分的意義。例如，我們每一個單位的工作，不用現代管理的方法，做到那裡算那裡，聽其自然發展，這好比脫韁的野馬，自然無法加以控制。如果我們把工作區分成幾個階段，假定每一階段賦予適當的進度，則對規劃和執行方面的人員而言，就有了遵循的依據，站在負責控制立場的人來說也有了一個準繩。因此不論是抽象的行政工作或實質性的工程計畫，都有訂定進度的必要性。不過一般較抽象的行政工作所訂出的進度不像前述實質性工作，具有絕對的計畫價值，然而卻具有工作階段劃分的價值。

茲將訂定進度應依循的原則和步驟說明如次：

第一步：我們根據一個目標或使命，這一目標由上級交付時可能很籠統、很抽象。

第二步：必須將此一抽象的目標予以具體化，亦即變成了具體目標。例如在軍事上叫作戰構想，像作戰命令的第三段一樣。

第三步：將目標具體化以後再區分成若干分項目標或工作項目。

第四步：再將這些分項的工作加以歸併成若干類，將相同性質的工作併作一類。

第五步：再把每一項工作預定完成起迄時間計算一下，根據時間重新排定優先次序，並區分其責任的歸屬。

第六步：對必須以預算支援的工作，分別分配預算。

照以上的步驟編成以後，如果工作性質是一項實質性的工作，還可以計算分項工作的工作量。將時間因素，經費因素，和工作量因素加以綜合起來，就不難訂出進度的百分比。

即或是一項抽象的行政工作，它本身並不具備數量化；但預定工作完成的時間或經費的分配，是具體的數字。所以也等於將其數量化了。

由此可知，將非數量化的目標加以數量化亦非難事。茲舉例說明如下：假設有甲、乙、丙、丁、戊、己六個工作，甲工作要自一至四月份計四個月完成；乙工作要二至四月份計三個月完成；丙工作要四至六月份計三個月完成；丁工作要五至八月份計四個月完成；戊工作要八至十月份計三個月完成；己工作要十至十二月份計三個月完成。將每一個工作所需的月數加以統計，得出六項工作的總數，共計需要二〇個月完成。然後計算每一項工作佔總工作的百分比；再賦予每一項工作的權數，作爲計算預定進度百分比的基礎，就可以把非量化的工作數量化了。

再假設有一個一百萬元經費的計畫，分成六個項目執行，甲項十萬元，乙項十五萬元，丙項、丁項、戊項各二十萬元，己項十五萬元；即表示每一個分項工作預算佔總工作預算的百分數，甲項佔一〇％，乙項佔十五％，丙、丁、戊各佔二〇％，己項佔十五％。如此計算，在經費預算方面，也有了一個權數，作爲預定進度百分比的基礎，也可將非量化的工作予以數據化了。工作量化，或依時間，或依須算等因素，也可以將時間、預算、工作量等加以綜合計算，即可將每一工作在總工作中的權數計算出來，有了權數，我們即可訂出進度來了。

至於整體進度的安排，雖然較爲複雜，但也是用最簡單的算術就可以求出來的。如就以上甲、乙、丙、丁、戊、己六項工作來說，有時一個月只進行一項工作；有時一個月有數項工作同時進行。而每項工作也須賡續數個月才能完成。所以在整體進度的預定表上必須綜合加以計算。甲工作要四個月完成，因此我們可以假設每一個月要完成分項工作的百分之廿五。如果甲工作佔整體工作的權數是十五，分配到四個月中，則甲工作每個月佔整體進度三・七五。再根據實際執行的情形原預定四個月可完成的工作，假如要五個月才能完成，這顯然是進度落後。如果原定要四個月完成的工作卻在三個月內即完成了，這是進度超前。

以上介紹的方法主要是要把一個比較抽象的工作具體化。當然，我們再重複強調，較具體的實體工作如工程、生產等，訂出來的進度有絕對的計量價值，訂出進度自然不成問題。對於非計量的工作，我們訂出進度，則可以在工作進程中瞭解到工作完成到如何一個階段，雖非具有絕對的計量價值，仍是具有相當意義的。

目前行政院研考會，經建會及國科會等主要研考單位，對於各種不同性質的計畫、方案，幾乎有百分之八、九十的管考工作都是用這種方法來追蹤管制的。

除了以上介紹的百分比法外，訂定進度的方法還有很多。有一些工作內容非常複雜，牽涉的單位較多，要特別訂定出一種適切的方法來追蹤管制，如在院會通過的部份重要政策方案，乃根據其實際計畫內容及實際的需要訂定特定的追蹤方式。

茲再介紹圖解釐定進度的演進與運用。現代管理常把進度擬定的方法以圖形來管制。利用圖形來管制的方法，就其演進而言，大致上可以分爲三種：

最早的是甘氏（Henry L.Gantt）發明的條形圖（Gantts Bar Chart）。此種方法是每項工作所需的時間在圖上以條形標示出來。如某一工作項目需自一月至三月完成，即在圖形上劃出一條形顯示於一至三月時間標尺之間。再依預定和實際的差別分別以不同顏色來標示，兩線比較就很容易看出工作進度的情形，當然仍感比較籠統。

比條形圖更進一步的是里程碑（Milestone）法。此法是貝遜（Pehrson）根據甘氏條形圖的延伸，其方法乃是將一個計畫的每項工作（條形）再分割成許多可以控制的里程，俾便於追蹤檢查。例如某工作自一月至四月完成，在條形圖上只有一個線條，但里程碑法又將每一條形區分爲若干里程。如一月底應完成多少，二月份又應完成多少，如此類推。以上二法均甚簡單明瞭，國內許多重要工程仍然使用這些方法，主要這些方法看來一目瞭然，容易製作。

第三種也是較進步的方法，即二次大戰期間發展出來的計畫評核術（PERT）的網狀圖。我們認爲能將它引進到我國政府機關使用感到非常驕傲。在這多年中，有很多國外人士，如聯合國的公共行政專家以及美國、韓國、泰國等，學術界人士和行政主管，前來我國訪問，看到我們使用網狀圖技術於政府各階層，均表示無比的讚揚，認爲是我行政上的一大進步。我國自研考會建立管考制度以來，至少製過一千個以上的網狀圖用來推行管制業務。

許多人認爲網狀圖僅適用在工程方面，實際上很多重要的行政工作皆已用網狀圖予以控制。舉例說，第六屆總統、副總統選舉的整個行政工作，皆是用網狀圖加以規劃管制的。

吾人認爲網狀圖不但可以訂定進度，計算經費，分配人力，選擇方案，以及再計畫，而其間接的作用是可以培養行政工作人員知道本末先後，有一個組織、有步驟、相互配合，達成目標的系統觀念。

肆、如何考核評估

「考核評估」這四個字目前應用的非常廣泛，例如考核、考成、評估、評鑑、考評等，此點也可說明國內對於計畫和執行的結果非常重視。但我們認爲考核評估並不是一件簡單的事情，也不是任何一般人可以擔任的。考核評估的工作需要有許多方面的專家來配合，工程應有工程方面的專家，管理方面則需要有管理的專家來參與，如果涉及人事、財務則需要有人事、財務方面的專家來參與，惟有如此才能把「考核評估」工作做好。

今日的「考核評估」已不似過去那樣抽象籠統了。像過去的考評常常得到的結論是：「這事辦得如何，其中某項績效尙佳，不過如何，尙待改進。」這種不著邊際的考核方式已經是過時的了。當然，今天已經是一個計量的時代，我們不但應當求出它的具體效益，明確指出它的成就和缺失，更要找出它的問題癥結，再據此提出建設性的建議，作爲再計畫的依據。

考核評估的具體意義本來不易區分，有人主張考核和評估分開，考核是指事後的考核，評估是事前計畫的評估。計畫的評估亦稱可行性的評估，計畫執行完成後的考核稱爲考核，這也是一種區分的方法。如果將「考核評估」四個字分開來研究，也具有相當意義：

「考」是考查，考查一件事情的經過始末。

「核」是審核，審核一件事情的是非正誤。

「評」是評定，評定工作有何優點、缺點、有何改進的意見。

「估」是估定，估定出計畫的具體效益。

如將這四個字連起來說就是，對一件工作要考查經過，審核正誤而且評定它的優劣和具體效益的意思。

爲著便於介紹，茲就「計畫的評估」和「單位績效的考核」兩方面來加以介紹。

在計畫的評估方面，又可分爲事前的評估（計畫的評估）和事後的考核（執行成效考核）兩方面來說明。

在事前評估方面，也可說是計畫可行性的評估，已逐漸受到國內各方面的重視。行政院研考會曾經出版了一本「十項建設之規劃與控制」，其中所討論的各項建設，在規畫階段都是聘請國內外極具名望的顧問工程公司做過可行性評估後，再設計規劃出來的。經過評估以後，再經多次修訂，從整體計畫到年度計畫，自然非常週密而可行。

近數年來，行政院對各部門所提出的重要投資計畫，凡是投資額超過五億元以上或其業務性質必須列入審議範圍的，都必須送交經建會予以評估。經建會評估的要素除了衡量計畫的預期效益外，最重要的就是計畫的可行性。此項可行性著重在下列三個方面：第一，是技術的可行性；第二，是財務的可行性；第三，是營運管理的可行性。經濟部國營事業管理委員會對投資計畫的評估也非常重視。該會列舉了下列十二項要素作爲評估的基礎：㈠計畫目的；㈡配合發展；㈢市場預測；㈣工程技術；㈤起迄時間；㈥設置地點；㈦原料供應；㈧人力需求；㈨投資預算；㈩資金來源；⑾投資效益；⑿特殊因素。

除經濟部外，財政部、交通部都有很多國營事業單位，這些單位都有好多投資計畫。當這些計畫被提出來時，應該用什麼方法來評估這些計畫的優劣呢？研考會曾經委託黃俊英博士對投資計畫評估方法加以研究。他所提的評估方法，區分爲效果性評估與效率性評估兩個部分，再就這兩部分列舉二十五項因素，分別加以評估，如果一個投資計畫在效果性的評估方面不能一項一項地通過，則這計畫就不能成立。通過了效果性評估再進行效率性評估，並將各項要素建立的一個數學模型，計算所得評估的點數，以爲取捨的準據，這是一個很有價值的研究。

計畫的事後考核是檢查計畫完成後半年或一年的效益如何。黃博士的研究報告中也有一個詳盡的分析，他將其區分爲計算因素和衡量因素兩方面，前者包括效率考核與效果考核；後者包括技術考核與管理考核兩方面，並分別訂出廿五個評估的因素，用以考核計畫執行的成效，由小組來評定，決定計畫的得點多少而評定優劣，也很值得參考。總之，考核評估絕不是隨便草率從事而一蹴可成，它必須要根據考評的目標，從訂立標準一直到建立模式爲止，一步一步地來建立起來的。

此外，對於事後考核，在此也舉幾個實例來說明。行政院研考會對平時列管計畫到年度終了時的考評，前後曾訂有兩個方式：

第一種方式，是將考核計畫的標準訂出九個因素分成兩大類：一類是有形的因素，也稱計算因素；另一類是無形的因素，也稱衡量因素。前者如品質、數量、時間、成本等。後者如目標是否正確、計算是否適切、協調合作的程度，克難創新的情形，同時也考量政府的施政對於整個社會民心有什麼影響等。

也許有人會懷疑爲什麼在計量因素的考核之外，還要提出一些衡量的因素來呢？這理由很簡單。計量的方法是非常講求精確的，但計畫所依據的基本數字若不正確，則整個計畫即使是算到非常精密，仍然是不確實。舉例說，某單位年度訂定使一萬人就業的目標，如目標太低，則雖然是超目標達成也不一定就算成績優良。反之，如果目標訂的很高，已盡了最大的努力，還未能達到目標，這也不能說是績效一定很差。

第二種方式是僅選擇四個因素，即為：㈠達成目標；㈡計畫作為；㈢執行進度；㈣經費運用。根據四個因素，再將每項因素區分為五個等級—最佳、佳、可、差、最差。每一個等級都訂定了具體的標準，例如達到什麼程度才是「佳」，如何才是「可」等。如果一個重大建設，整個計畫雖已經完成，但先後延長了兩、三次拖了三、五年，在效率上自然要大打折扣。根據這種方式訂出績效考核的辦法，也很值得參考。

以上所述的，對於考核計畫因素的訂定是很重要的。管理必須具有很大的彈性，千萬不可以把許多的事情用一個模式來代替。每一個行政機關或事業機構都有它的特性和不同的職責，因此不可能施以相同的管理方法，預期獲得相同的成果。

對於單位績效的考核，自然也很重要。目前各行政機關和事業單位，都訂有各種績效考核的辦法。尤其在國營事業機構方面，每年都要認眞地辦理考成。行政院訂有「國營事業考成辦法」。經濟部、財政部、交通部等也訂定有詳細的實施細則。經濟部曾經邀請美國南加州大學林基源博士研究經濟部對其事業機構的考成，他所提出報告，頗富價值。他的研究結論主要精神，不是先訂出考核的項目如人事、管理、財務、營運等加以拼湊起來的。而是用系統和推理的程序先從國營事業的目標演繹出來的。

例如從民生主義經濟政策而有國營事業，國營事業的目的有三：㈠發達國家資本，㈡促進經濟建設，㈢便利人民生活。依據此一目的，產生國營事業的營運目標有六：㈠提高經營績效，㈡促進事業發展，㈢配合國家政策，㈣履行社會責任，㈤加強研究發展，㈥改善管理制度。繼再由此每一營運目標，產生了各項指標。如根據營運目標㈠提高經營績效，訂出六項指標，即1.資產報酬率，2.營業成長率，3.總盈餘及虧損，4.產銷量（值），5.成本控制，6.品質管制。其餘類推。總共定出二十三項指標，分別配以點數，製訂模式進行考評。我們認爲這種訂定單位績效考評方法，是比較合理的邏輯程序，值得參考。

總之，考核評估是現代管理的產物，也是需要身體力行的工作，並非只是些抽象的原理原則可以濟事。考評的工作也必須有各方面的專家參與其事，提供意見，才能集思廣益，達成事功。

至於事前的評估和事後的考核都是非常重要的。假若沒有適當的事前評估就冒然實施，其結果必然會遭到相當的失敗；如果沒有事後的考核，則工作雖已完成，對其具體效益既不易評定，也無法檢討改進以供爾後的計畫所取法。

（民國六十八年十二月二十八日在財政部動員月會演講詞，復於「研考月刊」四卷一期刊載，民國六十九年一月）

管制考核的做法和今後的發展

壹、前　言

我國行政業務管制考核制度的建立，已具有七年的歷史。不但在規劃初期甚至在推行過程中，都不斷吸收新的管理知識和經驗，隨時求其更進步、更有效，尤其是更求其能成爲適合我們當前行政上最需要、最可行的一種制度。

管制是管理程序上重要功能之一，也可說是行政或管理上不可或缺的一部分；由於現代社會組織型態的複雜性與日俱增，迫使管理者不得不對管制的各項功能，予以更大的注意。

我國舉國上下勵精圖治，爲推行各項建設不遺餘力；管考制度的推行對促進政府各項重要施政達成目標，亦具相當貢獻。它已能爲各部門主管所重視，並已逐漸減少對推行一項新制度所可能產生的拒斥作用。從促進行政管理的現代化來說，這是一種可喜的現象。

要討論「管制考核的做法和今後的發展」這一問題，必須先瞭解管制考核究竟有什麼功能？再進而介紹我們選擇那些比較有效的做法，以及今後的發展方向。或許有人讚揚管考制度已經建立了相當規模，執行起來近乎有制度可循了；然而，我們絕不自滿，由於管理學本身，也許還未達到一種「定型」的科學，所以，管制考核也不敢說它算是「定型」了；自然還需繼續不斷的研究探討，虛心誠意的接受各方面的意見，吸收新的知識和經驗，更求進步。

貳、管制考核的功能

筆者在拙著「現代管制考核制度」一書上，曾經提出現代管制考核制度的功能，不能以狹義的追蹤進度，檢查時效等例行作業爲滿足，更須發揮它的積極性的功能。列舉：

第一、促進企劃管理的合理化，以貫徹主要施政目標。

第二、促進行政管理的現代化，培養科學的辦事精神。

第三、加強業務處理的效率觀念，提高行政工作的時效。

第四、加強協調溝通的整體觀念，以解決實際工作的困難。

Jmes Don Edwards教授認爲：「誠然，管制實爲經驗中重要功能之一，但其重要性與決策（decision making）並無分軒輊。經常以實際的進度或成果與原訂計畫比較評估，俾使偏差與例外（deviations or exception）能被及時注意，此乃早期管理學家所持的理論。在對比上，管制的概念所應包含的已不止是計畫和進度報告，而應賦以更積極的功能；管制是機動的而非一成不變的，它應涵蓋早期計畫和決策的管制，及與達到計畫預期成果一切活動」。

就促進行政管理的現代化和加強業務處理的效率觀念來說，現代化的意義相當廣泛。魏鏞博士在其一篇演詞中闡述甚明。他認爲：

「所謂現代化的意義，就是對於四週環境的適應」；

「是對於環境挑戰的一種反應」；

「這個社會有幾個特徵：第一是高速度；第二是多變化；第三是多選擇。所謂現代化就是追求高速度，多變化，多選擇。因爲不高速度的話，人家跑得快，就跑到我們前面去了；我們不變化，人家變化，我們將來就不能應付新的局面；如果人家有許多選擇，我們沒有選擇，那我們面臨新的挑戰的時候就遭遇困難」。

管制考核制度雖僅是行政管理的一部分，但其程序自計畫、執行到考核，都具有促進行政人員適應現代化社會的功能。我們需要有新的計畫，是經過選擇的健全的計畫；我們需要高速度的行政效率來執行這些計畫；我們更需要有嚴密的評估標準來評估這些計畫，以量度它的效益和成果；再根據考核的經驗教訓，適應狀況的變化繼續策訂新的計畫。

就加強協調溝通的整體觀念，以解決實際的工作困難來說，閱及中央日報有一篇社論說：「很遺憾的，整體合作的精神，仍是我們最弱的一環，由幾個單位會同執行一件事，其結果往往不是力量的增加，而是相互間力量的抵消。年來蔣院長一再呼籲團隊精神之發揮，實在把握住問題的關鍵，所以如何從觀念上，作法上澈底改革，應爲今後行政上加強的重點。」

根據六十五年一至十二月份由院列管計畫進度落後原因統計，由於協調欠週，計畫修正，發包延誤，房屋及管線拆遷，土地徵收及建照申請等協調問題，約佔全部落後因素的百分之三十五。可見協調欠週是影響行政效率主要因素之一。而管考制度積極功能即在協調解決問題，根據研考會編印「推行管考制度發揮業務控制功能之事例」及其續篇，列舉四十六個實例，說明管考制度對加強協調溝通解決困難具有相當的功能。

叁、對管考制度做法的探討

茲爲說明現行管考制度的做法，特提出下列七項問題來加以檢討：

一、新觀念和新技術的問題

管考制度是在政治革新、行政革新下的產物，所以無論在倡導和設計方面，無不強調新觀念和新技術的重要性。其實所謂「新」就是指現代化來說；既然現代化的意義已在前面闡明，則可知新觀念、新技術，並不是標新立異，而是應用現代的管理知識和技術，來適應我們行政上的需要。說是新觀念、新技術，毋寧說是正確的觀念、進步的技術更適切；尤其新的觀念比新的技術更重要，因爲技術是屬於一種方法的、機械的，但觀念卻屬於更重要的心理的、行爲的、思想的範疇。如果不能建立一個正確的新觀念，則徒有新的技術，運用起來必易發生偏差。

譬如推行「公文時效管制制度」，部分單位爲了爭取績效，運用低標準來統計，這就是基於觀念的不正確。講現代化離不開高速度、高品位，而現代政府業務益趨繁複，欲提高效率，對新技術、新方法諸如電子計算機、系統分析等的應用，刻不容緩。今後我們還要倡導新觀念、新技術這一做法，而且應用新技術更須建立在新的正確的觀念基礎之上。

二、重點管制和整體配合問題

重點管制、戰略考核、關鍵因素考核，例外原則的應用等，都是現代控制的主要原則。有效的控制需要對於個別計畫的業績，就其關鍵因素加以評核之。控制重點愈能集中於例外事項，則其控制成果必然更具效率。

「行政業務管制考核實施方案」規定：「管考方式在幅度上，依據各項職責及實際需要，實施重點考核」。

蔣院長亦曾提示：「本院應就各機關施政計畫中最重要的事項以及各機關組織職掌中有關重大政策性工作，加以重點管制考核，務宜力求精簡」。

然而，重點的選擇是一件重要的但不易做得盡善盡美的事；現代化社會特徵之一——選擇性，也需要相當的智識素養和技術，各機關建議選擇列管的項目，雖經過審查，仍難免有避重就輕的現象；有些計畫涵蓋泛範過廣或過簡，均影響管考功能的發揮。

再說重點管制和整體配合不僅是沒有衝突，而且是一體的兩面。例如由若干同類型的計畫，可以發現共同性的問題，由各機關所選出列管的計畫，可以發現相互間的問題；由中央機關和省市所選定列管的計畫中。可以發現彼此間政策、計畫的配合和關係性。至於從計畫的考核上，可以分析出財務上的問題；從個案的考核上，可以發現整體的問題；從進度的追蹤上，可以發現行作業程序及機關間的協調問題。

因此，管考工作人員在重點管制與整體配合的做法上，不是說以辦一案、了一案，塡進度、做表報，即可滿足本身職責的；結果重點管制不能發揮在整體的功能上，則管制考核仍難發揮積極的效果。

三、系統理論的運用與自動化調整的問題

自動調整業務控制系統（System with Information Feedback Control）和控制系統的制導性（Cybernetic），以及管考制度對現代系統理論的運用，在拙著「現代管制考核制度」一書中，敍述甚詳，不再贅述。

管制具有自動調整的功能—管制爲一多元的概念（Multidimensional Conecpt），其功能可在人類的各階層或機器的各種活動中認定，而完整的管制系統正如自動調溫器，其中部分機械專司計算與分析溫度升降之責，同時將測得的結果通知另一單元，以維持加熱裝置的一定溫度，隨時自動調整，加以表達報導。

Alex W.Rathe 及 Dhan Irane兩位教授在其合著的一篇論文上，認爲：「追踪有兩種狀況：其一是樂於緊迫追踪的主管，常將所有的時間都花費在監視其僚屬方面，形成「緊迫釘人」（Breathehe down their necks）或「騎在背上」過份管制的情況；甚至將工作據爲己有，親自執行，因爲他以爲

部屬永遠不會將工作做好。其二是對下屬工作很少予以查核，甚至當工作正在進行之中亦然。雖然其部屬很需要主管指導，但主管不加聞問。此兩者均爲過猶不及。主管人員應能在感情及理智兩方面，求其心智平衡。在工作的安排上若能實施工作人員的「自我追踪」（Self-follow-up），則工作的進行自較容易」。

今後我們仍當加強系統理論的研究與應用，講求自動調整的精神，儘早發現問題癥結的所在，加以補救或改進。

四、管制考核的制度化和彈性適應問題

在倡導現代科學管理的過程中，科學化和制度化是兩個關連極爲密切的名詞。管制考核制度的建立，雖然應用了若干現代管理的理論，但是管制考核本身卻是一項行政上的實務。所以我們必須有一個健全的制度。這一制度建立以來，不斷的檢討改進，目前說在推行不僅沒有窒礙難行之處，而且逐漸爲各機關所樂於接受，甚至部分國外人士尚加以鼓勵和讚揚。其主要原因乃是管考核制度，尚能適應實際管理之需要。

不過基於管制理論的彈性原則：「欲期計畫在失敗或未能對具有先見之時，而控制仍能發揮效能起見，控制之設計必須具有彈性」。管制考核的最終目的，在促使工作人員達成計畫作業，於此過程中，如何運用管考原則釐訂標準和進度：復于執的過程中，能隨時發現偏差予以改正；最後評估績效衡量成果。以上這些過程中所採用的各種方法，均應保持適度的彈性，才能分門別類性質各異的行政

業務。

我們欣見部分部會、省市政府，以及十項重要經濟建設計畫不僅能充分運用管考制度，更能進一步規劃適合其本身需要的細說作業規定，這也就是認清適應四週環境需要的現代化的意義 Harold Koontze 及 Cyril O'Donnell兩氏曾請：「適當控制的第一要件，就是控制必須反映業務的性質與需要」。即是此意。

今後我們仍要強調這一做法，不僅需要貫徹管考制度，尤應鼓勵各機關在彈性運用的原則下，更進一步研究其各別業務管考方法和技術。

五、效率和效果問題，高速度和正確性問題

提高行政效率在推行行政革新過程之中，不僅是一句口號，且已付諸實際行動；由於管考制度的推行，對於行政效率的提高，確已有了相當的貢獻。控制理論中效率原則爲一重要的論據。 Harold koontze及Cyril O'Donnell兩氏認爲效率原則是指：「能將實際的或者潛在的，對於計畫的偏差，以最低的成本且無其他不可預見後果發生的情況加以偵出與究明者，此項控制的技術愈能符合上述條件，則其效率愈高」。

不過效率（Efficiency）與效果（The result of any course of action）意義迴異。前者源出物理學語，係指一物體所產生的功能與原投入的功能之比而言；後者則指一項行爲或行動所產生的結果。現代管理的演進，愈注重效果方面的追求。例如現代管理科學講求效用理論（Utility Theory），即

指對決策問題採取各種行動效用的研究，以討論各個因素相關的數字價值和上項價值的組合方式，而產生選擇各個行動的相對的效用價值。

目前管考制度在效率方面已相當注重，尤其對時間因素—進度，控制較為嚴格。如僅就效率來檢討，一個行政計畫所產生的效率，要視其計畫時所投入的金錢、物質、勞力等成本，抵銷執行時的耗費與其它意外影響對於目標的貢獻而定。除了時間因素以外，尚有很多其他因素，欲求對這些因素都有有效管制考核，又必賴健全的評估制度，因此，猶待努力之處尚多。

至於效果方面的考核，咸認管考制度中尚屬較弱的一環。效果考核最重要的部分是在健全計畫與決策方面，這固然牽涉因素很多，但促進企劃管理合理化既為管考重要功能之一，自然責無旁貸猶待努力以赴。

與效率和效果一體兩面的一個問題，就是高速度和正確性問題。自然高速度應建立在一個正確性的基礎的前提上，任何缺乏正確性基礎的前提，其所表現的高速度的行政效率，似均不值加以評價。所以今後管考的做法，是效率和效果，迅速性和正確性，均應排列在同一衡量的基礎上。

六、計量理論的應用和數值化的問題

由於管理科學的演進及電子計算機的發展，對大量管理資料的處理，便予以數據為基礎，作為管理決策的準據，已為時代所趨尚。管考制度在這方面最具體的表現，是在計畫進度的表達方面，建立了一套比較具體的表達方法。例如十項重要經濟建設的的追踪管制，無論在實際效用上或輿論報導上。都易於予人以一個清新簡明的概念。

也許有人批評計畫進度的數字，它的精確度還有問題，甚至對若干比較抽象的行政計畫近乎「數字魔術」。然而數據的運用，我們確不可忽視其價值；何況欲使管制考核對管理科學能加以更廣泛的應用和發展，對於計量工作更須加強研究和推行。

不過，管理並非純科學的，也含有藝術的成分在內；也不是純數學的。Harold Koontz 及 Cyeil O'Donnell 兩氏即認爲：「在大量生產的產品方面，依據現代動時研究（Time and motion study）的技術，來訂定其人時標準，已屬輕而易擧之事，依此標準以衡量工作成果亦無任何困難。但對某些特殊性工作，如欲衡量其績效，並非易事。Alex Rathe及Dhun Irane 兩氏在其合著的"Review and Control"論文上也說，「通常，問題不在建立數字上不容置疑的精確性，而要尋求在一個執行上有用的衡量標準。一項雖非天衣無縫的衡量標準對一個重要的計畫項目來說，其價值遠超過做無關緊要事所具的精確概念」。

因此管制考核對運用現代管理科學向計量方面發展，乃爲我們重要做法之一；但是有些地方雖然可能非爲絕對精確——一種純數字觀念，卻是一項重要的衡量標準。

七、「以服務代替管制」和管考人員應具備的態度問題

「以服務代替管制」是我們建立管考制度以來所積極提倡的一項做法，現已爲絕大多數管考人員所接受，也收到業務部門相對的良好印象。

Charles W.Patmore教授在其"The Controller as Consultant to His Management-The Fundamentals" 一篇論文中說明管制人員具有下列潛能：1.是具有潛力的內部意見來源；2.可產生對管理的顧問和諮詢作用；3.在高級行政人員中居于重要地位。不過他強調管制人員職責的運用，如屬過猶不及均非正確。管制人員必須以服務爲目的，因此必須：1.適應需要革新管理；2.主動貢獻，認識弱點提供意見；3.運用幕僚組織，以建議、忠告、誘導、督促等方式，協助做好管理工作；4.在服務技巧上是行政的催化劑，要洞察全局把握服務機會，勿導致本身孤立；5.不可侵犯他人的職權；6.應符合管理各項法則，不合邏輯、不成熟、不完整之意見，將不被重視。

今後我們更將倡導「以服務代替管制」這一做法，以上論述可供參考。

肆、管制考核制度今後的發展

基於前節對現行做法的探討，今後自應向以下方向去發展：

一、繼續培養新觀念、講求新技術。尤其應用新技術，應建立在一個正確的、現代化的觀念基礎上，才能發生實效。

二、繼續推行重點管制和分層負責的考核，尤須能藉管考制度促進整體的配合，才能擴大施政的效果。

三、加強對系統理論的研究和應用，講求自動調整，運用管理資訊，儘早發現問題的癥結所在，謀求補救和改進。

四、貫徹管考制度，保持適度彈性，針對業務性質，訂定最佳管制方法。

五、注重效率，更注重效果；注重速度，更注重正確性。管理控制應賦予更積極的功能。

六、重視計量觀念，注重正確管考標準的訂定；適應業務性質，視爲衡量標準。

七、繼續倡導以「服務代替管制」的觀念；因此，管考人員必須增進本身素養，樂於協助他人，發揮團隊精神。

（原載「研考通信」第一卷第一期，民國六十六年三月。）

現代考核評估的發展方向

壹、考核評估的一般原則

考核評估爲管制考核制度中重要的一環，由於其功能日益顯著，致逐漸爲各級行政機關所重視。如：對列管計畫的中期與期終的評估；各項重大建設投資計畫的可行性的評估；對某一專題調查或研究報告的評估；大學、專科等學校科系評鑑；以及年度終了對行政機關與事業機構的考核或考成等。雖然考核評估運用的這樣廣泛，但是嚴格的說，考核評估應具有相當技術性和深入性，不是泛泛的批評幾句不著邊際的話，或是寫幾條不關痛癢的評論就算是考核評估了。

根據學理和經驗，辦理考核評估必須依據下述原則：

一、在考評的態度方面

(一)客觀—以客觀的立場，評估優劣。

(二)公正—以公正的態度，評估得失。

(三)合理—以合理的方法，量度績效。

㈣嚴密—以嚴密的處理，愼重其事。

二、在考評的方法方面

㈠必須事先訂定考評標準

事先訂定考評標準，一面可爲計畫工作厘訂要求的水準，一面也可使考評更趨客觀。

㈡必須愼密研訂考評模式

建立一項客觀的考評模式，才可衡量計畫的可行性或執行的成效。

有些同類型的計畫可以應用同一模式來衡量；有些專案類型的計畫必須適應其個案特性研訂模式。

㈢必須妥爲安排考評程序

如係依照行政系統的考評，則應依層次區分自評、初評與複評；如係個案的評估，則應就擔任考評人員、與受評對象及考評方式，安排適切的進行程序，使考評工作能在有條不紊的次序下順利進行。

㈣負責考評單位與人員必須適切加以編組

擔任考評的人員，一面須具備專業的知識和評估的專長，一面又須與考評的對象能具有超然客觀的立場。就前者而言，對某一專案計畫的考評，應有數位不同專長人員參加，編成小組行之；就後者而言，應選擇與受考對象無利害關係的超然人士或上級督導人員爲之。

㈤實施考評的時間必須適時適切

考評時間實施過早，可能考評者與受考者雙方準備時間均感不足；考評時間實施過遲，既失時效亦減低考評的價值。

㈥考評方式必須事先妥爲協訂

考評的方式頗多，全依業務性質與管考對象而決定。如以實施方式言，可區分爲書面考評、實地考評；以考評的性質言，可區分爲事前對計畫的評估、事後對執行成果的考核；以計畫的程度言，可區分爲計量的考評、非計量的考評；以考評績效言，可區分爲核計成績等第的考評、不核計成績等第的考評；以考評公開的程度言，可區分爲公開的評審（面對面）、非公開的評審；以擔任考評的人員言，可區分爲委由學術界考評、與學者專家合作考評及行政機關自行考評；以受考評的對象言，可區分爲行政機關、國營事業機構的考評；以授權程度言，可區分爲直接考核、間接考核等。

貳、現代考核評估的方向

考核評估爲行政三聯制及現代管理的重要一環，因爲計畫及執行成果，必須經過嚴密的考核評估，才能發現其問題的癥結和利弊得失，進而獲得經驗教訓，從事再計畫。因此，現代行政對考核評估，莫不加以重視。雖然考核評估不僅屬於管理科學範疇，亦且涉及甚多專門知識，是尙在發展的一種技術，然而吾人從有關理論與實際經驗，亦不難窺見其發展的主要方向，茲分述如次：

一、計量考核與評估將更受重視

由於時代的進步，計量考核與評估已爲比較進步的方法。至於原則性的、抽象性的考評，其價值遠較計量爲低，計量考核與評估的優點，乃在有具體的數據提供衡量的尺度，無論對業績的進退，能量的消長，與同類計畫、單位的比較，可行度與有效度的測定等，均較具體明確。然而計量考核與評估亦必須有其先決的條件，例如：計畫目標的數量化，要求標準的明確性，以及考評能訂出適切的指標與模式等。同時發展計量考核與評估，吾人也不可能將非計量的考核與評估予以全部否定，在某些條件下後者當具有相當的適用性。

二、事前評估與事後考核將同被重視

事前評估，乃對計畫或研究可行性的評估，事後考核，乃對計畫執行成果的考核。國家建設包括政治、社會、經濟、文化、國防等各方面。經濟建設投資動輒數十百億；政治、社會、文化等計畫，影響全民福祉；如各項計畫能於事前加以評估，擇定最佳可行方案，則必可增加其效益。至於執行成果的事後考核，爲檢討計畫執行成效，亦爲不可或缺，故兩者將同被重視。

三、考核對象將兼顧主客觀因素

考評的對象，通常是指主持計畫的單位或執行計畫的單位，這雖然是不可或缺的對象。然而這種考評對象多少是站在主觀的立場，由於考評結果會影響其單位或個人的成績，自難免有掩過飾非的可能。所謂客觀的對象是指政府從事某項建設或推行某項政策身受其惠（或害）的人。例如廣建國民住宅，執行單位完全照計畫目標達成，但是分配到住用的人他們的反饋如何，也是一項很重要的因素，因此現代考核評估除運用正常的方法對主辦單位考評外，有時還要運用社會調查的方法，或蒐集包括輿論等各種資訊來做客觀的衡量基礎。

四、考核評估對管理循環與系統理論的運用

從政策、計畫至執行成果的評估，是全程不斷運用投入、產生與回饋的系統原理，使施政目標更明確、施政計畫更健全，執行的偏差減少到最低限度，以發揮現代管理對公共行政方面的貢獻。

五、建立各種考評模式以適應不同類型業務的需要

行政業務內容複雜，各具特性，如欲達成考評的目的，產生實質上的效果，非建立各種不同的考評模式，以適應業務的需要不爲功。關於如何產生考核評估的指標，以及建立模式等問題將於次節再加討論。

六、對於政策的評估日益需要

政府推行政務必須建立各項施政目標與政策，對於政策的研訂和執行，究竟有無偏差？應否適時加以調整修訂？均須加以評估，並以科學的方法來調查分析，測定其可行性、效率性和效果性，俾能繼續推行或調整修訂。現代「政策科學」爲正在發展中的一門科學，其主要意義是：「研究政府政策的結果，衡量一個國家政府的政策究竟發生了甚麼結果」。「是研究政府的政策和政策的環境相互發生影響的科學」。「是研究政策決定的過程、政策的結果和環境產生互動的整個過程的科學」。考核評估當然是政策科學的一環。

七、對政治社會等一般行政評估的方法需要日益迫切

由於政治社會等一般行政工作非常抽象，而其重要性則與日俱增，政府施政成果如何？極需加以瞭解，以為制定新的政策計畫的依據。經濟建設等實質性計畫其成果容易表達，有明確的數據為基礎，欲加評估，已非難事。今後必將配合有關社會科學的發展，向此方面加以努力。

叁、如何厘訂考核評估的指標

所謂考核評估的「指標」與「標準」、「要素」、「評估項目」等均甚為接近。須知欲達到具體的考評成果，必須建立考評的模式，而欲建立考評的模式，又必須訂定考評的指標；由若干指標才能組成適切的模式。

茲就如何厘訂考核評估的指標一般性的著眼事項，分述如次：

一、產生考核指標的方法

㈠直覺法

由直覺法產生考評指標的方法，雖可藉熟悉業務與考評技術人員厘訂，並有迅速產生的優點，但未經推理程序而產生，可能偏於主觀。

㈡經驗法

由經驗法產生考評指標的方法，雖可藉很多已知的考評前例，就便加以運用，節省人力與時間，但各種考評對象與業務性質不盡相同，每易導致因襲既有方法，有不能創新發展厘訂更佳方法的現象。

㈢推理法

由推理產生考評指標的方法，係根據團體目標與政策，進而分析每項業務的分項目標，再就分項目標達成所要的因素，取決所要指標的種類與範圍，是比較直覺法和經驗法更為理想的一種方法。

二、關於考評指標項數多寡的問題

根據行政院研究發展考核委員會一次學者專家的討論會，認為項數的多寡固應視考核的對象、性質而決定，但區分過細列舉的指標過多，則每感瑣細而失卻彈性；如區分過簡列舉的指標過少，則必感籠統而欠確實。總之，考評指標項數的多寡，以適度為宜。

三、考評指標的數量化問題

亦為厘訂考評指標的重要考慮條件。許多人都主張選擇全部能計量的指標，以便建立精確的模式。然而有些雖非純計量的目標，但是卻能對不正確的結果發生制衡作用。例如雖然超目標完成，然而原訂計畫目標卻屬偏低；又如「履行社會責任」、「計畫作業的健全與否」等都不一定是可以計量的，其他因素來認定。

四、考評指標應兼顧效率性與效果性

對於一項施政的成就的衡量，效果性與效率的指標同具重要性。前者可反映出決策、政策及目標的正確性和達成的程度；後者可反映出執行過程中所運用的方法與管理的合理與有效的程度。

五、考評指標應保持適度的平衡性

各項考評指標所顯示的重要性程度和涵蓋的範圍與份量，雖然可以權數表示之，然須注意保持適切的平衡爲原則。如某項指標份量過重或過輕，於執行考評時易於產生誤差。其補救方法可於訂定考評指標時，將份量較重者予以區分爲數個細項，而將份量較輕者予以歸併。

六、計畫的評估與執行成果的考核所選定指標的特質

此兩階段的評估與考核，雖同屬於考評範圍，然因其階段不同，在性質上自然互有差異。一般來說，對計畫階段的評估更著重於計畫的可行性，政策的關聯性，以及與有關政策、計畫彼此間的關係，尤其在時間上偏重對於未來的影響方面。至於事後執行成果的考核，則比較偏重於政策、目標貫徹的程度，執行的具體成效，在時間上偏重於現階段的成就，在關係上偏重本計畫的成果。

肆、對政治社會一般行政計畫的評估

對政治社會一般行政計畫的評估，需要性愈益迫切。然而由於比較抽象，作業自較困難，可以說還是在不斷發展中的一種評估方法。行政院研究發展考核委員會曾於民國六十九年委託高孔廉博士從事研究，完成研究報告，尚屬初期發展，猶待繼續研究，玆分就有關問題說明如次：

一、政治社會一般行政計畫評估的困難性

依高孔廉博士的研究，列舉困難性如次：

㈠目標欠具體，難以數量化。

㈡業務性質易受外在客觀環境變動的影響，其中尤以波及社會大衆的計畫，更不易追踪控制。

㈢各部門主管機構工作性質並不相同，難以建立通用模式，以評估所有計畫。

㈣工作內容含有質的因素較多，評估時易受主觀態度的影響。

㈤評估工作需要資源的投入，然而許多評估工作，並未單獨列支人員與經費預算，以致造成心有餘而力不足的現象。

㈥執行計畫的業務人員本身採取消極的態度，不願被人評估工作績效，甚而隱藏缺點。

㈦有時行政計畫牽涉政治因素而安撫不同利益集團，其評估工作更爲困難。

以上除㈣㈤㈥三項並不限於政治社會等一般行政計畫外，其餘各點頗富參考價值。此外，尚可補充以下各點：

㈠政治社會等一般行政計畫的成敗，並非即時可以判定有如立竿見影，甚至有時若干年後才能見到效果。

㈡此類計畫的成敗，有時非由主辦計畫單位的執行成果而判定，尚須依賴身受其利或身受其害的對象，反映出其成敗。例如建築一座橋，儘管品質甚佳，而每天行駛通過橋的人員和車輛，是否能充份發揮其交通流量而都稱便利？

㈢此類計畫的特徵不僅爲高氏第一項所舉不易數量化，而且每每是無形的，非實質的，如外交、文化、社會等許多問題，可能都是這一類型的。

二、高氏所研訂的評估標準及程序（如圖）：

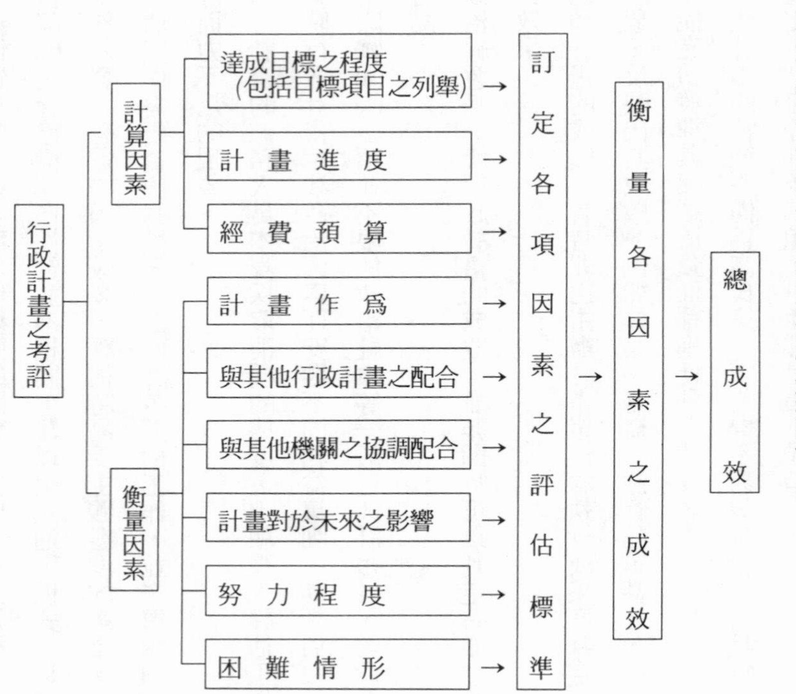

三、今後對政治社會等行政計畫考評應發展的方向

㈠在計畫執行的過程上，應區分為：

1.政策的評估─政策的評估雖然較為抽象，然對於制訂政策間及政策實施後，均有其必要性。經過評估後可使政策益為正確而可行；並能將執行情形反饋到新政策的制訂。

2.計畫的評估─可增進計畫的可行性。通常於計畫初步完成後以及詳細計畫測定後行之。初期的計畫評估，著重於方案的抉擇；後期計畫的評估，著重於計畫細部程序的安排，以及執行方法的考驗。

3.執行成果的考核─屬於事後的考核範圍，不多贅述。

㈡在行政計畫考評的模式上，應區分成若干類別，以適應不同性質的業務，以免用一個通用的模式來考評所有行政計畫的不切實際。茲依據行政計畫性質，區分為下列各類：

1.增進公共關係類─如外交部：「加強對非洲及中南美洲國家技術合作計畫」，僑務委員會：「僑社連繫與輔導計畫」等。

2.革新管理提高效率類─如財政部：「推動銀行各項業務革新計畫」；交通部：「改善交通秩序加強交通安全計畫」等。

3.增進社會福祉類─如內政部：「改善偏遠地區居民生活」；臺灣省政府：「烏腳病防治計畫」等。

4.改進社會風氣類—如法務部：「維護司法優良風氣計畫」；財政部：「改善稅務人員風紀，加強管理考核計畫」等。

5.推行民主政治類—如內政部：「辦理增額中央民意代表選舉」等。

6.策修訂法令、計畫類—如法務部：「研究修正民法計畫」；經建會：「策訂六年經濟建設計畫」等。

7.教育、文化、訓練—如教育部：「發展與改進國教五年計畫」；內政部：「推行職業訓練方案」；人事行政局：「辦理職業訓練及在職訓練」等。

8.人力發展類—如青輔會：「輔導策進青年就業計畫」；主計處：「勞動力調查計畫」等。

9.其他。

㈢本章第二節所述「現代考核評估的方向」，以及第三節所述「如何釐訂考核與評估的指標」，對今後政治社會行政計畫的評估亦均有其重視的價值。

（原載「研考月刊」第五卷二期，民國七十年二月。）

行政革新與管制考核

壹、行政革新與管制考核的關係

一個進步的國家政府，無不講求施政績效必須保持高度的行政效率和效果。尤其時代不斷的進步，國民對政府的期望愈來愈高，在政府機關業務愈趨繁複的今天，如果不能以優越的行政管理和良好的行政風氣來滿足國民的需要，自難獲得國人的支持和擁戴。

因此，不僅在開發中的國家，重視行政革新，而且將其列爲諸般施政的主要課題；即在先進國家，爲求保持政務的發展和進步，亦對政治、經濟、國防等多項管理，不斷提出改革的方案，並付諸實施。由此可知行政革新是永無止境的。隨著時代的發展，也永遠沒有完全滿足的一天。何況今日復興基地，在政治革新聲中，正推動若干突破性的促進民主化措施，經濟發展的突飛猛進，已被世人譽爲經濟的奇蹟；在經濟發展的過程中，許多嚴重的社會問題，均須吾人去努力克服。在以上諸種狀況下，可說百政待舉，而一切政務又以良好的行政管理爲基石，行政革新的重要性，更不待言。

管制考核本來就是行政革新的產物。在民國五十八年六月先總統　蔣公主持的國家安全會議會第二十次會議中，通過的「加強政治經濟工作效率計畫綱要」中，第一類工作即為「加強業務管制考核工作」，責成由行政院研究發展考核委員會負責規劃推動。其內容主要精神即在提示：建立業務管制考核體系，規定行政院為加強行政機關研究發展與管制考核，就一般行政、經濟行政與科學發展三方面，建立完整的管制考核體系，並以行政院研究發展考核委員會、國際經濟技術合作委員會（即目前的經濟建設委員會）、國家科學委員會為中心，由研考會綜合。並指定行政院研考會負責對一般行政重要計畫的追蹤考核，會同經合會、國科會審查年度施政計畫，並綜合三方面業務管制考核的結果，彙辦年度考成。行政院經合會員責對重要經濟計畫的管制考核。行政院國科會負責對重要科學發展計畫的管制考核。特別規定在行政院計畫與預算審查會議時，上述三會均參與審議工作，以發揮業務管制考核的功能。

再就行政院研究發展考核委員會成立的緣起而言，亦即依據「行政改革委員會」所提各項建議，以及「行政院對行政機關檢討改進措施總報告」中所建議：「為統籌推動研究發展工作，並加強各項施政的考核，擬在行政院設置研究發展考核委員會，掌理關於各機關組織權責與人、事、時、物、事之總合運用，對各級機關之實際業務、法令規章及各種計畫方案等，經常予以綜合及個別之檢討研究，分析其利弊得失，提出改進辦法，以供採擇實施，復而建立永遠之研究發展與考核制度」。

由以上說明，可見行政革新與管制考核實具有密切的關係。筆者亦以擔任行政院管制考核組首任主任，主持建立現代管制考核制度為榮。

貳、行政革新的沿革和存在的問題

四十年來我國推行行政革新，可說從未間斷，對於促進政治、經濟、國防等進步，貢獻甚大。由於行政革新是永無止境的，所以在進步中還要更進步的目標下，必然仍有很多的問題存在。

我國推行行政革新的經過和內容，極爲繁複，然大別言之，約可區爲三大階段。第一階段約在民國四十年代後期至五十年代。先總統　蔣公指示設立「行政改革委員會」，由王雲五先生主持，並親自講述「行政革新的要旨」。委員會研擬八十八項改革方案，核交行政院辦理。旋行政院組成「行政改革研究會」由陳雪屏先生召集，先後完成「行政院對行政機關檢討改進意見綱要」及「檢討改進措施總報告」，並據此以積極加強推動各項行政改革措施。

第二階段爲民國六十年代，此一時期蔣故總統　經國先生在行政院長任內，除繼續執行前一階段行政革新的各項措施外，特別以嚴肅、堅強的態度，要求推行十項行政革新與八項社會革新，以及加強爲民服務的觀念。在這一時期可說雷厲風行，政治風氣爲之一變。他特別對管制考核和爲民服務加以重視，例如曾指示：「各機關應注意到業務控制功能的重要性，亦即要讓機關首長對本機關的工作情況一目瞭然，可以隨時調節、督促、糾正，充分控制工作的進度和方向。這才是現代化的行政機關，現代化的行政管理」。

第三階段是從民國七十年代開始，經國先生以執政黨主席身份，提示要以黨的革新，帶動政治革新、行政革新。並提示六大政治革新議題。在今天我國經濟高度成長的狀況下，復提出政治革新的六大議題，且已部分付諸實行，這可說是一個偉大的劃時代的措施。在此政治大幅改革，經濟邁向自由化、國際化，社會面臨一個新的轉型期，而科技時代的巨輪已將我國推向一個新的資訊時代，從以上諸種變化及互動前提之下，如何完成經國先生的未竟遺志，來配合推行行政再革新，更面臨了一個艱鉅的課題。

關於行政革新存在的問題，可從兩方面來檢討：

從廣義方面說：我國的經濟發展迅速聞名於世，經濟發展本身即具有一種突破力，能以摧毀若干妨礙進展的障礙；亦即用經濟活動帶動行政革新，以造成有利經濟發展的環境；反之，亦有以自動進行行政革新，以造成有利於經濟發展的環境。雖兩者一爲主動，一爲被動，手段不同，但效果一致。今後經濟繼續發展，國際交往日益頻繁，若仍以陳舊的政令與僵化的行政方法，勢難應付高效率的、資訊時代的政治與經濟活動。自宜切實檢討過去行政經驗，重新建立一套新的行政體系，以現代化的行政導入現代化的國家。

從狹義方面說：政府推行行政革新多年，雖已有相當成就，惟仍有部分不能落實、不能持久、不能促使全面更上層樓。例如就公文處理時效言，平均速度已大有進步，日久仍難突破影響公文時效的各項瓶頸。又如基層機關爲民服務，無論在申請程序與處理時效上，均有甚大進步，然受輿論及民衆指責的事項，仍層出不窮。再進一步言，建立資訊系統，推行辦公廳自動化等根本工作，進度仍甚緩慢，對傳統行政作業方式的政策，形成重大的窒礙。

叁、管制考核廣義的功能

管制考核的理論與實務，論著頗多，在推行十數年的經驗裡，也發展出若干方法與技術，其功能自不容忽視，亦無庸贅言。其實管制考核不僅是管考人員所獨有，也不僅限於追蹤進度、查詢時效、辦理考成等狹義方面。由於它是一種管理的功能之一，也是全體公務人員均應具備的一種知識，就如計畫、領導、組織、協議等均是現代管理功能的一種，同樣具有重要性。因此，管制考核更具有以下各種廣義的功能：

第一、每一位公務員，尤其是單位主管，無不關心自己的業務，希望能夠及早完成，不致延擱。所以如果能夠運用追蹤管制的方法，以鍥而不捨的精神，必更能順利貫徹工作目標的要求。

第二、管制考核最高的效果，是用前瞻回饋（Feed-forward）方法，來代替事後回饋（Feeback）。亦即充分發揮預期控制的效果，以預防錯誤的發生，期能達到「無缺點計畫」的境界。這比管考人員來被動的追蹤管制，更屬理想。

第三、現在是一個資訊時代，而管制考核制度須賴健全的資訊系統，以處理有關各項問題。自動調整業務控制系統（System with Information Feeb-back Control）即是管制考核制度的基本理論，不僅管考人員，即一般公務員亦須善於建立資訊系統和運用資訊系統。將來希望能以管考的資訊系統帶動機關的整體資訊系統，以配合時代要求。

第四、廣泛運用考核評估的理論和方法，來檢討業務，評估計畫的可行性。各機關辦理檢討評估的事項甚多，例如教育工作要評鑑，環境保護要評估，事務工作要檢核，公務員保健要檢查，甚至許多文化傳播工作也要評價。以上雖然各有專業，但評估考核的理論技術則可以廣泛應用於各項業務上，這樣才能促進其更具有價值性。

第五、管制考核制度係現代科學管理的產物，其主要目的在努力提高行政效率和效果。更應廣義的應用此種科學管理的方法，來改進行政機關的管理，以達到行政革新的要求。

第六、運用業務控制系統來協調解決困難問題，是管制考核制度的一項基本功能，過去許多計畫執行發生困難，多賴業務控制系統協調解決，事例甚多。協調也是一項現代管理的主要功能，也有人譏諷國人常不善於協調。業務控制系統協調解決問題的事例，正可廣爲報導，作爲增進機關間增進協調的借鏡。

第七、計畫與控制，乃一體的兩面。「健全的計畫是管制考核的基礎」，爲研考部門的信條。其實加強計畫工作，除健全計畫作爲外，在廣義的方面，亦可對公務人員：訓練其思維程序以合理處理業務；養成敏感性、主動性、前瞻性的判斷習慣；使一切行動都是有計畫的，進而建立本機關健全的決策系統；更從計畫中培養團隊精神、整體觀念；再從週密的計畫中來增進效率和效果。如此，已臻於現代管理的最高境界。

肆、加強管制考核促進行政革新

在現行管考制度規範下的各項工作，自無須再加贅述。茲爲促進行政革新，突破管考業務再求發展，並使管考工作能與機關整體業務結合，特提供以下淺見，以供參擇：

第一、參考國家安全會議國家建設研究委員會「七十六年國家情勢研判」所提建議：「我國推動全面革新，已成爲舉國上下一致的願望。惟在此邁入已開發國家的前夕，尚須經過一段調適期。在此期間，各方觀念未必盡能一致，步調未必全能統一；致常因個別問題而導致脫序、失常的現象。又在推動全面革新的大目標下，諸多措施或須配合進行，或須先後推動，始能產生互動的效果。爲求達到上述功能，似應加設統籌規劃管制考核中心，負責綜合所有應興應革的事項，區分主辦機關，訂定進行步驟，持續進行追蹤管制與考核評估，以收綜合規劃督導管理的實效」。以目前政府組織言，自以研考部門最爲適宜。

第二、管制考核制度雖甚健全，然以業務重點考核爲主。對於機關行政管理，尚乏整體考核模式。至於事務管理的範圍又較狹隘，且所訂檢核一案，多未依照實施，倡議中的「公務生產力」評估制度，一時尚難具體實行。筆者曾研究行政機關行政管理評估方法，並列舉評估指標，不僅較具整體性，且能兼顧業務與行政的結合，同時注重行政效率和行政效果。茲將評估指標列表於後，如能由研考單位推動辦理，當對行政革新有相當的促進作用。

第三、管制考核制度建立之始，即以考核施政績效爲目的，目前管考制度既以重點業務考核爲主，對施政計畫整體績效，自較難週全。主計部門雖規定有施政計畫與預算執行績效季報，似亦發生作用不多。過去國軍仿照美軍建立一種檢討分析制度，每季由計畫與主（會）計單位，向機關首長提出施政計畫與預算執行檢討分析簡報。不僅對每季施政計畫與預算執行情形提出檢討分析，並對執行偏差事項，就機關組織、人力、管理等方面研提具體意見，以求改進，藉以增進行政效率和效果。如能推行此一制度，當可儘量減少計畫執行落後，預算消化不良等現象，從機關整體施政管理上以促進行政不斷革新。

第四、在現行良好的管制考核制度下，除追蹤管制部分，應速推動全面資訊化，進而促進辦公室自動化外，在考核評估方面，今後待努力的事項甚多。例如計畫的考核評估必將更受重視；事前的計畫評估可能更具重要性；考核的對象應兼顧主觀與客觀的因素，宜建立多種考評的模式以供給各種不同業務的應用；對於政策的評估後政策科學的觀點亟待更進一步發展，期能實際加以應用。

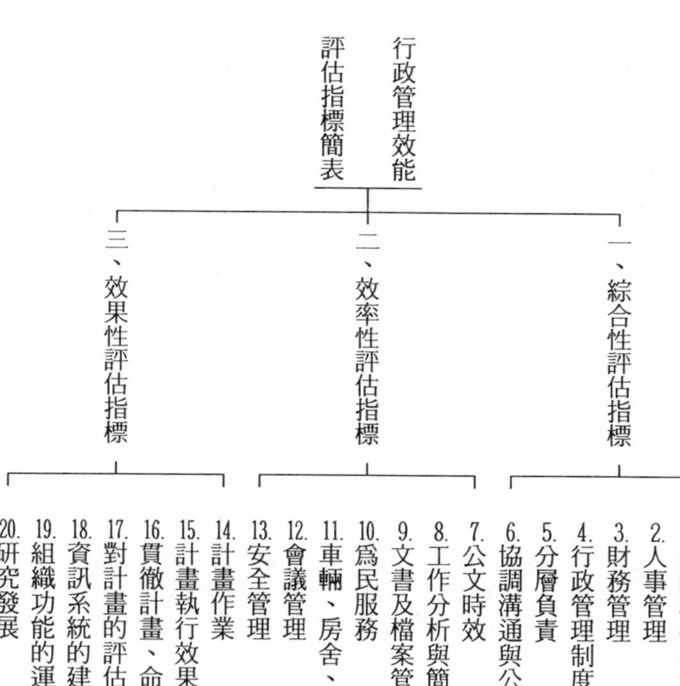

（原載「研考報導」第三期，民國七十四年四月）

行政及事務管理的考核評估

壹、前言

行政院於民國七十四年三月修正頒布「事務管理手冊」，是一項至為重要而又艱鉅的工作。自從七十二年四月修正頒布「事務管理規則」以後，先後歷經兩年的時間，大小會議兩百餘次，才完成這一繁鉅的工作。這一手冊主要的目的是統一各機關的事務管理，提高行政效率。而其範圍又包括文書、檔案、出納、財產、物品、車輛、辦公處所、宿舍、安全、集會、工友、員工福利等各項工作。如果行政機關將這類工作都做好了，行政效率都提高了，自然就奠定了行政革新的基礎。

筆者與事務管理手冊修訂工作，建立了非常密切的關係。先在行政院研考會服務時，不僅代表參加主辦機關綜合性的會議，且奉魏主任委員指派擔任物品、辦公處所、宿舍等項管理手冊修訂小組的召集人，主持修訂及審查的工作。繼奉調行政院工作，又奉派擔任文書、檔案兩項管理手冊修訂與審查的召集人。以後人事行政局於全部修正完成專案報院，由院秘書長召集小組多次會議複審時，筆者又以承辦單位主管總成其事。因此，對事務管理的全貌，有一深刻的概念。

「事務管理手冊」修正本已頒布兩年，究竟行政機關推行狀況如何？以及「事務管理規則」中的

第十四編「工作檢核」是否已嚴格執行？雖由於筆者已調離行政院，未盡詳悉，但於手冊修正完畢後，即同時產生了一個問題——由何機關負責綜合督導、考核？當時並無定論。經簽奉孫前院長核定，由院組成一協調督導小組，由院秘書長擔任召集人。按此一小組負責法規解釋，曾產生部分綜合協調的功能，但迄未產生更積極的督導功能。行政院改組不久，亦即予以撤銷。

由於事務管理範圍甚為廣泛，且多涉及未來問題，不易全面加以檢討。茲僅就事務管理涵蓋的範圍與其檢核——考核評估問題，略抒管見，以供參考。

貳、行政及事務管理的範圍

無論從行政學的理論上以及處理行政事務管理的實務上來說，事務管理的範圍，頗不易予以明確的界說。行政管理與業務部門主要工作，以及行政管理與事務管理之間，均不易區劃出一道明確的界限。

參照學者意見，行政管理的範圍，可以圖一說明。

依據「事務管理規則」及「事務管理手冊」所指定事務管理包括的範圍，如圖二所示。

筆者特別將其區分為涉及行政機關整體活動部分，與行政幕僚體系作業活動部分，或行政機關內主管事務部門作業活動部分。此兩大部分前者涉及行政機關整體活動，如以行政管理言，如行政行為、行政程序以及行政組織的內涵，不僅與機關整體業務活動密切關聯，且亦為各業務部門推動主要工作活動的動力。如就事務管理而言，則其中文書管理與集會管理兩部分，亦屬機關整體業務活動的主要部分。因處理公文與舉行會議，乃機關各業務部門的主要工作。以上均非單純行政幕僚與事務幕僚所能概括者。

圖一　行政管理的範圍

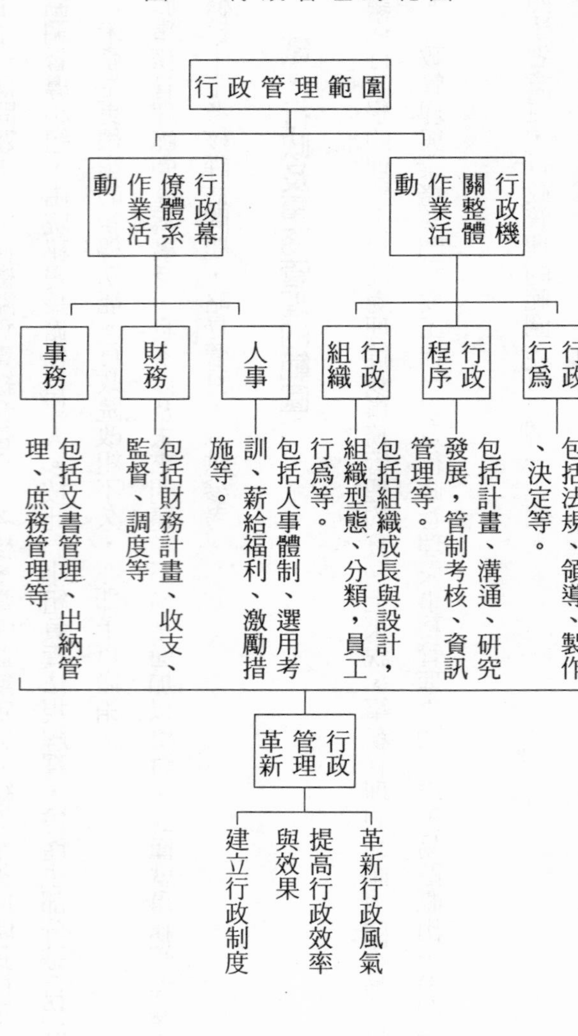

圖二　事務管理的範圍

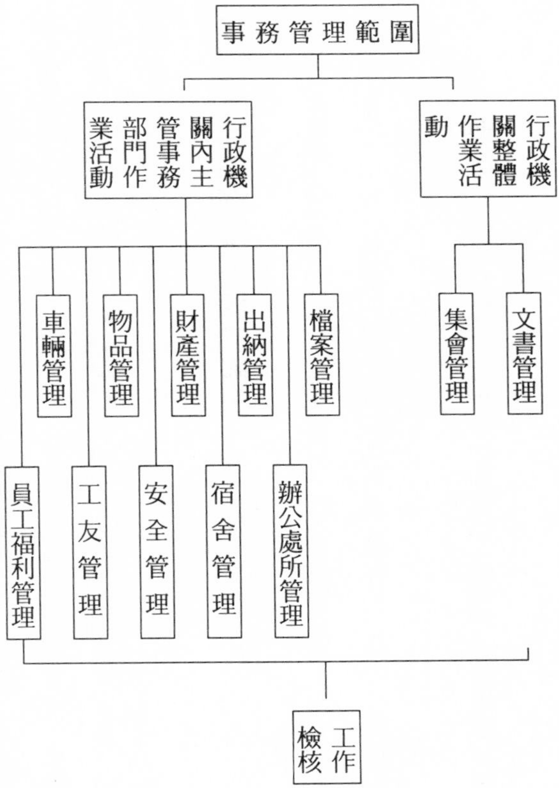

- 事務管理範圍
  - 行政機關內主管事務部門作業活動
    - 檔案管理
    - 出納管理
    - 財產管理
    - 物品管理
    - 車輛管理
    - 辦公處所管理
    - 宿舍管理
    - 安全管理
    - 工友管理
    - 員工福利管理
  - 行政機關整體作業活動
    - 文書管理
    - 集會管理
- 工作檢核

再就行政管理所包括的人事、財務及事務而言，則全屬行政幕僚體系所主管的範圍；而事務管理所包括的檔案、出納、財產、物品、車輛、辦公處所、宿舍、安全、員工福利等，亦全屬機關內事務主管部門業務範圍，自無疑義。

行政學者將行政機關內部幕僚單位，區分為目的單位和輔助單位兩類。目的單位當然是指主要業務單位；輔助單位即是指配合業務單位遂行業務的支援單位。主管事務的幕僚和總務、行政、秘書等，以及人事、主（會）計等主管行政工作的幕僚，都屬於輔助單位的性質。

廣義的行政管理不僅包含事務管理在內，甚至涉及管理功能的計畫、組織、領導、協調、控制等業務的運作行爲和程序，都包括在內。因此，事務管理與行政管理比較起來就較爲狹義了。如果吾人僅注重事務管理而不注重整體的行政管理，就容易形成爲事務而事務，而不是爲整體目標的達成而努力。換句話說，加強事務管理的重要性固已不待言，然而若祇注重事務管理，充其量亦僅能對機關行政效率的提高。祇有重視整體行政管理，才能同時兼顧行政效果（effectiviness）和效率（efficiency）整體的績效，亦即團體全體意願要達成的共同目標。

叁、行政管理效能評估指標的擬議

基於前節說明，行政管理較事務管理更具有整體性，且能兼顧效果和效率兩方面，建立行政管理效能評估指標自具有必要性。尤其在目前對行政機關各種績效評估方法，多有偏頗的狀況下，更值得加以重視。

筆者在另一研究中研提行政管理效能評估指標，並對每一指標的著眼事項和評估方法分別加以列舉，茲摘要介紹如表一：

表一　行政管理效能評估指標表

區分	評估指標	著眼事項
一、綜合性評估指標	(一)團隊精神和士氣	1.工作人員流動率。 2.工作人員自我成就感。 3.紀律案件與控訴行爲。 4.員工勤惰情形。 5.激勵措施。 6.自強、文康等活動。 7.榮譽團結座談會實施情形。
	(二)人事管理	1.任免程序及人評會功能。 2.人事調動頻率。 3.內升與外補。 4.人員素質。 5.職務兼代情形。 6.獎懲運用。
	(三)財務管理	1.預算編製。 2.年度預算運用餘絀情形。 3.會計與出納。 4.內部稽核。
	(四)行政管理制度化	1.建立業務處理手冊。 2.建立各項業務處理的標準作業程序。 3.對各項行政法規的建立和遵行。 4.行政業務處理標準化。 5.管理革新的推動。
	(五)分層負責	1.各層次決行所佔比例分析。 2.正副主管（管）、幕僚長（主任秘書）等細部劃分情形。 3.年度分層負責改進情形。 4.抽查若干公文檢討決策層次是否適當。 5.人事、財務、庶務分層負責情形。
	(六)協調溝通與公共關係	1.新聞發佈與政令報導。 2.各種協調聯繫會報。 3.上下層次間的協調溝通。 4.本行單位間的協調溝通。 5.一般公關業務。
二、效率性評估指標	(七)公文時效	1.年度公文時效平均速度。 2.近三年來公文時效曲線分布。 3.公文時效統計的正確性。 4.適期案件稽催狀況（含會稿）。 5.積壓公文層次分析與檢討改進。
	(八)工作分析與簡化	1.一般執行狀況和具體成效。 2.工作人員接受工作分析與簡化的的訓練成效。 3.改進辦公機具情形。 4.辦公室配置與工作環境。
	(九)文書及檔案管理	1.文書處理作業程序。 2.人員素質、在職訓練與工作分配。 3.繕印公文的時效和品質。 4.檔案管理制度的建立。

三、效率性評估

項目	指標
	5. 歸檔、調卷實際作業效率。 6. 縮影設備及運用情形。
(十)為民服務	1. 人民申請案件程序與效率。 2. 服務態度是否和善。 3. 場所與設施是否便民。 4. 人民陳情案件處理。 5. 訴願案件處理。
(十一)車輛、房舍、財物管理	1. 車輛管理。 2. 財產、物品管理。 3. 房舍管理。
(十二)會議管理	1. 會議次數與使用時間。 2. 分層負責主持會議。 3. 會場管理。 4. 紀錄品質與效率。 5. 會議決議執行成效。
(十三)安全管理	1. 機密文書處理程序。 2. 辦公處所安全。 3. 能源管理。 4. 防制災害措施。
(十四)計畫作業	1. 計畫作業的編組。 2. 計畫各項作業的制度化。 3. 前瞻性的預測、研判、展望等。 4. 長中程計畫作業。 5. 年度施政計畫作業。
(十五)計畫執行效果檢查	1. 重要計畫執行成果的檢查。 2. 年度施政計畫執行成果檢查。

指標

項目	指標
	3. 輿論反映。 4. 對上年度執行成果的改善和運用
(十六)貫徹計畫、函、令規定的程度	1. 上級函令規定事項貫徹程度的抽查。 2. 下達函令規定事項貫徹程度的抽查。 3. 會議、會報首長指示的貫徹程度。
(十七)對計畫的評估和考核	1. 對準備推行的措施或策定的計畫方案有無可行性評估。 2. 本單位管制考核制度的建立與推行（特別是自行列管部分）。
(十八)資訊系統的建立和運用	1. 業務發展對資訊系統的運用。 2. 行政管理對資訊系統的運用。 3. 資訊網路的構成。 4. 管理與維護。
(十九)組織功能的運用和發揮	1. 組織與業務能否配合。 2. 臨時或任務編組情形。 3. 工作量與人力配置。 4. 與有關機關間的權責劃分。
(二十)研究發展	1. 研究發展風氣與具體成果。 2. 研究發展方向是否正確。 3. 獎勵措施。 4. 研究發展經費運用。

從以上行政管理效能評估指標表上，可以看出具有以下各項特點：

一、以較廣義的行政管理爲範圍，事務管理有關項目，僅爲其中的一部分。

二、將行政管理與機關整體業務相結合，而非對某一項年度業務計畫的考評。

三、以行政管理良窳的角度來看機關整體績效，而非一般的所謂業務檢查。

四、兼顧效果和效率，亦即兼顧目的和手段，較具整體性。

五、力求將行政管理與機關主要業務活動相結合，將事務管理與整體管理相結合，不致純爲事務而事務，導致形式化、表面化的不實績效。

肆、事務管理檢核要項的檢討和運用

一、事務管理檢核要項的檢討

事務管理規則中特別將工作檢核列爲第十四編專編敘述來予以詳細規定，可見對工作檢核甚爲重視。這次修訂工作雖亦由筆者在服務研考會期間主持小組負責其事，但由於修正時均由各部門主管單位提供意見，事後檢討仍未盡符理想。茲分述如次：

1. 如將此項檢核要項即視爲各類事務管理的評估指標，似乎又感到不夠。

2. 雖列有甚多檢核要項，但並無如何執行考核評估的方法。

3. 各檢核要項稍嫌瑣細，項目間未顯示重要性，亦未列出各分項的權重，甚至彼此亦有相近或重複涵蓋者。

4.因事務管理範圍較狹，未盡能與機關整體業務相結合。例如集會管理中各項檢核要項均能做好，是否這一會議就能開好了，以及達到會議的目的，還是大成問題。所以難免形成爲事務而事務的結果。

5.雖然明訂了檢核要項，並由行政院正式頒行，然而究有幾個機關能依照這項規定實施，可能大成問題。至於上級機關依照此一規定對所屬下級機關實施考核的，可能也是鳳毛麟角。

二、檢核要項中的關鍵項目

其次，檢核要項內容雖然包括很多，但其中重點項目、關鍵項目不過數項，如能知其輕重則可擬定優先次序。茲依據檢核要項規定範圍，並依個人淺見將關鍵項目指出，以供應用時參考。參閱附表二：

三、工作檢核要項的運用

雖然事務管理的工作檢核較整體行政管理爲狹義，然而純就加強事務工作提高效率而言，以上所列要項仍可參考加以運用，以符合政府頒訂事務管理手冊的本意，爰提供參考意見如次：

1.就各個別事務部門需要，依據檢核要項再分項釐訂更細密的規定，如「表冊齊全」、「符合標準」，究應具備那幾種表冊？符合那些標準？用爲推行「無缺點計畫」個別部門的檢查標準。

2.如做爲對事務單位績效考核的準據，除依前項釐訂更細密的規定外，尙須配賦每一分項適切的權數，再將每一分項「優、佳、次佳、較差、差」分爲五個等級，設定其達到某一一等級的標

表二 事務管理各項檢核要項與關鍵項目分析表

區分	檢核要項	關鍵項目
壹、文書處理	一、各項文書處理手續，是否迅速確實。 二、文書單位應備之簿冊,是否齊全。 三、收發文程序，是否合乎規定。 四、文書處理分層負責之執行，是否有效。＊ 五、文書革新與工作簡化，是否切實執行。＊ 六、公文時效管制制度，是否徹底實施。＊ 七、文書稽催，是否徹底執行。 八、文書保密，是否嚴格執行。 九、文書單位，是否使用高效事務機具。 十、文具用紙，是否合乎標準。 十一、必要之文書用具，是否齊備。	四、五、六項應爲關鍵項目。其他部分項目均可涵蓋在內。
貳、檔案管理	一、有無訂定分類表，是否適切。 二、點收、整理、編號、登記、入檔、檢檔等手續，是否迅速確實。＊ 三、保管年限及檔案之存廢，已否明定。＊ 四、是否如期辦理銷燬。 五、檔案庫房設置，是否安全。 六、有無收檔、調檔、歸檔及銷燬等統計資料。 七、檔案之保密，是否嚴格執行。 八、管理設備，是否符合標準。 九、縮影設備使用，是否良好。＊ 十、檔案保管及整理，是否良好。＊	二、三、九、十各項應爲關鍵項目，其他部分項目均可涵蓋在內
參、出納管理	一、出納手續，是否符合規定。＊ 二、庫存現金數目，是否與會計紀錄符合，有無私自墊借情事。 三、傳票送達後，辦理收付款項，是否迅速。 四、保管之票據，有價證券，是否與帳面相符。＊ 五、各種簿表，是否齊全。＊ 六、收付款項，是否隨時登帳。 七、暫收款、收據貼印花及保管時間，是否遵照規定辦理。	一、四、五項爲關鍵項目，其他部分項目均可涵蓋在內。
肆、財產管理	一、財產管理，是否按時登記；實際保管及使用之財產，是否與主（會）計單位之帳目相符。＊ 二、財產增減表，是否依時造送。 三、財產之購置及營造，是否按照規定手續辦理，產權證件是否齊全完整。＊	一、三、六、八各項目爲關鍵項目，其他部分項目均可涵蓋在內

	四、財產責任簽認手續，是否辦理齊全。 五、出租或租用之財產是否訂立契約，出借或借用之財產是否有借據。 六、財產之盤點，是否依期舉行，盤盈或盤虧之財產，有無查明情由依照規定辦理。＊ 七、廢舊不用之財產，是否及時處置或利用。 八、財產之保養狀況，是否依期檢查，損壞之財產是否及時整修或報廢。＊ 九、財產之變賣，是否按照規定手續辦理。 十、財產應付之稅捐，是否按期繳納。	。
伍、物品管理	一、各類非消耗性物品之使用期限，有無詳細規定。 二、採購物品，是否根據實際需要，手續是否簡化完整。＊ 三、物品驗收，是否依照規定手續辦理。 四、庫存物品，是否帳物相符。 五、庫存物品是否分類，放置是否齊全。＊ 六、物品之核發，是否按照領用標準	二、五、六項爲關鍵項目，其餘部分項目均可涵蓋在內。

	及程序，切實執行。＊ 七、物品登記，是否確實。 八、物品是否有適當儲藏處所。 九、廢品是否依規定辦理。	
陸、車輛管理	一、各項登記表卡，是否完備。 二、車輛調派，是否建立制度，切實執行。＊ 三、油料管理，是否嚴密，里程紀錄，有無稽核。＊ 四、車輛檢查，是否按時辦理，有無檢查紀錄或報告。 五、車輛保養，是否按照規定切實實施，保養必要之工具，是否完全。＊ 六、車輛修理，是否嚴格控制，並按規定辦理。 七、駕駛人是否依時填報各項規定表報。	二、三、五項爲關鍵項目，其餘部分項目均可涵蓋在內。
柒、宿舍管理	一、宿舍之借用，有無訂定標準，並按照標準公平辦理。＊ 二、宿舍設備，是否有一定標準，並按照標準實施。＊ 三、宿舍檢修，是否按照程序執行，能否達成嚴格審核，控制預算任務。＊	一、二、三項爲關鍵項目，其餘部分項目均可涵蓋在內。

項目	考核內容	備註
	四、臨時及緊急保養工程，是否按照規定辦理。 五、有關宿舍事務之各種表冊，是否依照規定格式詳細記載，按期填報。	
捌、辦公廳舍管理	一、辦公處所之分配，是否適當。＊ 二、辦公室內佈置是否符合工作簡化要領。＊ 三、辦公室器具及私人物品放置，是否適當。 四、辦公室之光線空氣與溫度，是否適宜。 五、辦公室之必要設備，是否完全。 六、辦公室之秩序，是否保持肅靜。 七、辦公室之保密，是否嚴格執行。 八、辦公室之門窗、玻璃、板墊、桌椅、橱櫃及地面等，是否經常保持清潔。 九、固定標語牌及指路牌有無倒斜或破損情形。 十、庭院、隙地、通路、走廊、草坪等處，是否整潔。 十一、水電設備，是否妥善，有無損壞情形。 十二、廚房、飯廳、盥洗間等處所，是否清潔衛生。＊ 十三、水溝是否暢通，垃圾是否隨時清理。 十四、環境衛生有無專人負責，效果是否良好。 十五、辦公處所能源節約措施，是否有效。＊	一、二、十、十二、十五項爲關鍵項目，其餘部分項目均可涵蓋在內。
玖、安全管理	一、警衛機關或防護團之組織，是否健全，能否於緊急時迅速集合。 二、各種安全防護工作，是否依照規定實施。＊ 三、消防救護器材及防火、防盜設備，是否敷用，有無已失時效或不堪使用。＊ 四、消防及救護訓練與演習，是否定期實施。 五、夜勤值班，是否依照規定辦理。 六、門禁是否嚴密，公私物件攜帶出入有無管理。 七、與當地有關安全防護機構，如警察機關及衛生單位等，有無經常保持聯繫。＊	二、三、七項爲關鍵項目，其餘各項均可涵蓋在內。
拾、	一、各項集會，事前有無詳細之規劃，事務管理單位與各有關單位是	一、二、十一、十

集會管理	否密切配合。 二、會場之佈置，是否符合規定。＊ 三、集會場所之燈光、空氣調節及擴音設備，有無故障。 四、集會通知，繕印有無錯誤，有無酌留送達期間。 五、會議資料之繕印，是否清晰，有無錯誤。 六、對於會議保密事項，是否依照規定辦理。 七、交通工具之管理，是否發生擁塞及缺乏情形。 八、會議室用具，有無損壞或短少。 九、各項消耗性之物品，管理是否嚴密，有無浪費。 十、集會嚴密，有無浪費。 十一、會議記錄於會後是否及時整理並按規定處理存檔。＊ 十二、各種會議有無統計及評估資料。＊	二爲關鍵項目，其餘部分項非均可涵蓋在內。
拾壹、工友管理	一、工友工作，是否分配適當。＊ 二、工友人數，是否符合規定。 三、僱用工友，是否有一定標準，手續是否完備。＊ 四、工友保證,是否如期對保及換保。 五、工友工作時間之規定，是否適當，上下班是否準時。＊ 六、工友訓練,是否認眞並切合需要。 七、工友服務態度，是否良好。 八、工友請假，是否嚴格管理。 九、對於解僱工友，一切應辦手續，是否及時辦理。 十、工友考核,是否按照規定辦理。＊	一、三、五、七項爲關鍵項目，其餘部分項目均可涵蓋在內。
拾貳、員工福利管理	一、業務計畫,是否適應員工需要。＊ 二、執行進度，是否符合業務計畫。 三、現有設施,是否配合業務上需要。 四、工作人員有無違規失職情形。＊ 五、營運績效，是否良好。 六、收支帳目，是否清楚。＊ 七、現金保管，是否依照規定辦理。 八、福利金之使用,是否符合規定。＊	一、四、六、八項爲關鍵項目，其餘部分項目均可涵蓋在內。

準程度，始能建立一項模式，作爲考核的具體依據。

3.事務管理的良窳，不僅影響整體行政管理，亦且間接影響整個機關業務活動。惟雖具有此等重要性，而事務管理手冊又有工作檢核的規定，而上級機關對所屬次級機關事務工作，都甚少有績效考核的實施。爲配合行政革新的推行，似宜加強此一工作。

4.由於在行政院下並無一綜合推動事務管理工作的主管單位，甚至在十二項分類事務工作中，亦尚有若干類別如出納、物品、辦公處所、宿舍，甚至文書、檔案、集會等，主管督導的機關亦不明確。對統籌考核的工作亦推動不易。因此，事務管理手冊中工作檢核一編亦形同虛設。未識此次修正行政院組織法小組是否考慮及此。

伍、結論

事務管理範圍甚廣，又係機關整體行政管理的一部分，爰就範圍的區分、整體行政管理評估指標的建議、以及對工作檢核運用方面，提供淺見如上。時代不斷進步，我國亦將邁入已開發的現代化國家之林，尤其各項行政作爲亦將進入一個新的資訊時代。屆時可能整個行政管理、事務管理的程序、工具、設備等均將改觀。吾人自不能滿足於目前狀況，如何以前瞻性的眼光，來規劃、設計未來行政管理、事務管理的新面貌，將是吾人一項重要的且具挑戰性的課題。

（原載「研考月刊」第一三四期，民國七十七年四月）

從重要建設管考經驗對國建六年計畫的展望

壹、前 言

近二十年來，可說是國家建設的重要里程碑，從民國六十年代開始推行十項重要建設、十二項重要建設；待進入七十年代，除繼續執行十二項建設外，又推動十四項重要建設。八十年代復推動國家建設六年計畫，規模宏遠，以公元二〇〇〇年進入已開發的國家，指日可期。

在這一連串重要建設計畫推動之下，由於舉國一心，努力建設，尤其是各主辦單位，集中優秀人才、配合技術與管理，使能逐步完成，導致經濟迅速發展，政治、社會同步改革，贏得國際間的重視。

在此重要過程之中，由於經濟發展迅速，加速社會的轉型，民主憲政推行方興未艾，形成重要建設推行益感困難，從十項建設的順利推行，十二項建設的勉力完成，至十四項建設，則困難重重。在此一狀況之下，我各級負責管制考核人員，都肩負了一項控制推動的責任，他們雖居於幕後做無名英雄，都為此付出無限的心力與血汗。

過去十項及十二項建設，不過十數項計畫，十四項建設亦不過三十項計畫；據估計國家建設六年計畫中的實質建設計畫，都包括七七五個計畫之多，將來發展的分支、衍生的計畫，尚不知幾多。不僅在主管計畫部門，即在管制考核部門，亦稱是一項沈重的負擔，自然也是一項重大的考驗和挑戰。

貳、十四項建設執行情形檢討

十四項建設自民國七十三年宣布相繼開始執行以來，一直處於不順利的狀態。例如依以下時期分析：

截至民國七十七年四月，除核能四廠尚未定案外，正在執行中的二十九項計畫中，有十九項計畫進度落後，預算執行達到百分之七十以上者，僅有十二項。

截至民國七十九年一月已勉力完成了中鋼擴建計畫案六項外，在執行中的二十三項計畫，則有十七項進度落後；預算執行未達百分之七十者仍有五項。

截至民國八十年一月，除已有十項勉力完成，二項階段性完成尚待納入後續計畫繼續辦理外，在執行中的十七項計畫仍有十一項落後；預算執行未達百分之七十者仍有二項。其中進度落後較爲嚴重者如北部區域第二高速公路進度落後達百分之十九．九四，牡丹水庫計畫進度落後達百分之九．六九。

就以上進度落後狀況而言，較之十項與十二項建設執行情形，似不如理想。然在客觀環境變遷之下，仍能勉力執行完成十二項，且四個國家公園建設計畫及東北角海岸風景特定區計畫均已接近完成。對於負責執行的機關和層層負責追蹤管制的管考人員，他們盡職負責的精神，也屬難能可貴了。

如從一般原因檢討，可能發現若干形成進度落後的因素，遠較過去六十年代執行十項、十二項建設時，更爲廣泛與複雜。吾人爲求工作的進步，自亦不能忌疾諱醫。茲從客觀與主觀因素分析如次：

㈠**在客觀因素方面**

1.臺灣土地狹小，工程所需土地，取得日益困難。

2.由於社會轉型，在開放性的社會中，倡導民主自由，人民自力救濟風氣盛行。

3.由於推行民主憲政，重要建設計畫的決策系統更趨複雜，不易劍及履及。

4.時代變遷迅速，部分整建法規，確已不符事實需要。

5.發包制度程序複雜，加以社會風氣不良，導致一再流標。

6.採購設備費時，稽延時日。

7.環境保護意識高漲，要求標準更較嚴格。

8.其他氣象及自然災害因素與影響。

㈡**在主觀因素方面**

1.決策系統欠健全，加以機關間、層次間權責影響，進行緩慢。

2.無論在可行性評估、計畫週延性及事前的準備工作方面，都未先期規劃或欠週延。

3.行政程序複雜，部分計畫工程申請費時，尤其涉及多個機關爲然。

4.分層負責不夠，又未盡全力勇於負責，影響時效。

5.單位間互相配合及支援，尙欠密切。

6.機關間權責劃分不清，相互推諉。

7.人力與人才不足。

8.有時以某種觀點宣布早日開始營建，導致技術上未盡配合，反而增加後續的困難。

此外，參閱中央日報刊載分析臺北都會區大衆捷運系統計畫進度落後的原因，經整理分類如次：

(一)屬於規劃設計方面：

1.爲使臺北都會區大衆捷運系統路線，具有向東延伸至汐止、基隆的可能性，又需配合台鐵南港站、高速鐵路共同規劃，致部分高架段的設計工作皆予緩辦。

2.細部設計時，需協調車站出入口、逆風口等用地問題與管線的遷移。

3.爲考量板橋地區整體開發與運輸工具的整合，不得不變更捷運系統板橋站附近路線，使能與新板橋站銜接。

(二)屬於人力及招標方面：

1.管線拆遷時遇有老舊或管線不明，不僅查詢費時，且同時須考量供水、供電、電信、瓦斯等的供應，故每月祇能暫停一次，影響工進。

2.因過去審計部對賠償條款有意見，暫停招標，延誤時程。

3.因勞力不足，承包商招標意願低落，或較底價爲高，導致數度流標，影響工進。

4.木柵線上部結構工程因勞力不足，離職率高，生產程序不當，致預鑄樑產能不足，致進度落後甚多。

㈢**行政程序、土地及技術方面：**

1.都市計畫變更，需經各級政府都市計畫主管機關及兩級或三級都委會審查，程序冗長，時間無法掌握，導致延緩預定時程，且影響土地取得。

2.捷運路線所經之處，多為人口稠密的高價位土地，受法令限制補償標準與市價懸殊，動輒抗爭，阻撓施工。

3.隧道施工遇有廢坑道及地盤滑動等非人為因素，或受自然災害影響工程進度。

以上各項經驗與教訓，甚為珍貴，均可作為推動重大建設工程的參考。

叁、從重要建設定案開工與決策及行政程序分析

政府宣布推動重大公工建設，一面含有實質推動國家建設促進國家進步之義，一面也含樹立國家形象的政策性意義，自屬重大政策措施，其重要性自不待言。因此在原則上應於宣布後能及早執行。回顧過去十項及十二項建設，除極少數因政策因素外，多能於宣布後一年內施工。而十四項重要建設自七十三年九月宣布後，多項計畫均未能及早施工。茲將開始執行情形分析如下表：

開始執行時間	項數	備考
(一)已在73年12月以前開始執行者	9	當年
(二)在74年12月前執行者	9	一年後
(三)在74年12月前執行者	6	二年後
(四)在74年12月前執行者	4	三年後
(五)在74年12月前執行者	1	三年後
(六)迄今尚未執行者	1	六年後
合計	30	

就以上情形觀之，固然有甚多因素影響，然對政府貫徹重要決策的時效性，亦不無發生影響。

茲根據有關方面資料，對十四項建設中牡丹水庫計畫的研究、規劃、決策程序，依其重要階段時間列表如次：

時間	主辦機關	主要行動	所需月日
73、7、10	行政院	指示台省府規劃報院	
73、11、26	台省府	委員會通過規劃可行性報院	4個月16天
74、1、7	行政院	交經建會審核	1個月10天

74、1、17	經建會	提會討論將審議結果報院	12天
74、3、8	行政院	函台省府經濟部照前審議辦理	1個月19天
74、8、30	經濟部水資會	召開會議成立規劃小組由台電負責	5個月22天
74、10、1	電力公司	首次召集小組會議開始規劃	1個月
75、10、29	電力公司工作小組	完成規劃函送省府初核	13個月
76、6、24	台省府經動會	經三度開會檢討結果分送經建會及電力公司	8個月
76、9、23	經建會	聽取簡報決定原則分請省府及台電辦理	3個月
77、2、3	電力公司	完成第一期開發計畫函省府核辦	4個月10天
77、3、9	台省府經動會	向經建會委員會報告本計畫	1個月5天
77、6、28	台省府	報院核定由經建會審查	3個月10天
77、9、10	經建會	將審查結論報院	2個月10天
77、9、23	行政院	核定實施	10天

總計以上歷經四年三個月始核定決策、初步規劃，可行性研究、定案交付執行。從以前行政程序、主辦單位間權責，以及類似此類計畫作業方式，均可值深入研究，作爲殷鑑。

肆、追踪管制過程中應正視進度控制的各種現象

無論在進度控制的一般理論或執行實例方面，所獲得的原則與經驗，對進度控制執行過程中，若干必須注意的現象，已形成主管單位必備的常識。爲求對進度控制益臻確實，控制結果的判定能公正客觀，以及對工程的繼續執行能有所幫助，此類特應注意事項，均屬至爲重要。一位有經驗的管理者，常能於瞭解進度控制結果後，作正確的判斷與明快的處理；否則，將被進度控制的表面結果所眩惑，而陷工程進行於不利。以下各點特應注意的現象，不僅對十四項重要建設計畫，即一般工程計畫的進度控制，亦均同等適用。茲分別列舉如次：

一、進度控制在曲線表達上，應力求正常均衡：

將每一個月的預定和執行進度，在條形圖上所達成的百分數連接起來，一年十二個月即形成兩條曲線，如果預定進度曲線和執行進度曲線比較，雖然可能略有差距，但相差不大，則屬正常。如執行進度忽高忽低或大量落後，大量超前，均屬不正常，應檢討原因，建議改進。

二、執行進度曲線一直落後：

如執行進度曲線一直落後達三個月以上，甚至達半年以上，仍不能改善時，主管單位及管考單位，即

應詳細檢討進度落後原因，或瓶頸所在，建議改善。

三、**執行進度曲線差距過大：**

如執行進度曲線差距過大，年度計畫進度落後達30％以上，整體計畫進度落後達20％以上時，則落後情形已顯得嚴重，應立即檢討原因，建議改進。如計畫原訂標準已不適切，且連續落後，久久不能趕上進度時，應視必要檢討修訂計畫，惟須報請上級主管機關核准。

四、**執行進度曲線顯著超前時：**

執行進度顯著超前，且連續不變，此一狀況，固爲執行成效良好的現象，然如差距甚大，亦宜檢討原訂計畫與預定進度，是否標準要求較低，導致執行易於進行，甚致使人力、物力未盡充分發揮。此點於評估計畫執行成效時，宜特加注意，以求考核的公允。

五、**整體與年度計畫進度關係：**

長中程工程計畫，宜以整體計畫與年度計畫併列進度。整體計畫原訂的進度與年度計畫原訂的進度，差異甚大。如整體計畫爲六年，其整體的百分數分配到六年七十二個月中，爲數甚微。如以年度十二個月厘訂進度，每月分配的百分比，則爲數較大。如在進度曲線上以百分數小數點以下數字表示，亦不易表達。

六、**財務有效運用應與進度控制一併表達：**

通常對預算執行的百分數（預定預算數與實際使用預算之比），應與進度控制百分數同時併列。

預算執行是否有效與進度控制有直接的關係。在工程執行中浪費預算固屬不當；然如不能消化預算，亦必影響執行進度。且預算執行超支過多，固屬規劃欠當；然若有大量積餘，計畫亦非妥善。

七、分項工程進度與總進度關係密切：

任何一項工程，必包含若干分項工程（或工作項目），在原則上言，各分項工程的進度，應能保時齊頭併進的均衡發展。往往因爲某一分項工程（或工作）的過份超前與落後，影響到整體進度。如發生此一狀況，必須檢討原因，謀求改善的方法；或設法加以調整，以求整體的配合。

八、分段進度影響整體進度：

工程進度控制的方法，區分階段爲首要工作，如區分爲規劃階段、準備階段、執行階段、驗收階段等。規劃與準備階段，雖較執行階段爲抽象，然卻屬重要。如規劃階段、準備階段，未能如期完成，不僅影響整體工程進度，甚至影響爾後的執行。在十四項建設中，不乏由於規劃、準備工作未善，而影響爾後工程執行的實例。

九、進度報告須力求迅速確實：

進度報告必須形成系統，律定週期，不僅要求迅速，更須要求確實。如爲表面績效而報告不實數字，隱藏缺點與問題癥結所在，均屬不當。

現已進入資訊時代，逐漸推行辦公室自動化。進度報告用傳統的公文傳遞，已難切合需要。不僅主辦工程單位本身，在所有報告系統上有關單位，均應建立資訊系統網路，使能隨時瞭解正確、迅速的進度狀況。

伍、對國家建設六年計畫管考的展望

國家六年計畫初步估計，包括有七七五項計畫，種類繁多，內容複雜，將來的可行性評估與交付管制考核，其繁複性遠比十二項、十四項建設更爲難鉅。在現有健全的管考制度之下，自應加強改進，以馭繁於簡的原則，來有效推動。展望來茲，略申管見於次：

一、加強「規劃階段」進度的控制：

「規劃階段」雖較爲抽象，且較難予以數量化。然爲免蹈過去覆轍，必須規定每一計畫應先厘訂計畫階段的作業預定時程表，亦可稱爲「計畫的計劃」，依此時程厘訂進度，予以追蹤管制，以免陷於行政程序的稽延，浪廢時日。

二、鼓勵運用作業研究（OR）方式進行規劃：

組成專案小組，集中相關單位人員，共同作業，以統一權責，分層負責，節省時日。免蹈過去牡丹水庫覆轍，中央與地方各相關機關蹀轉往還，竟費時四年零三個月之久。現代作業研究方式與軍事作戰計畫專案小組方式，事前集中人員以整體觀念與同時計畫精神從事計畫作爲，似可資取法。

三、確實統計計畫項數與分配年度：

除已在七十九度執行的持續性計畫，其餘每一計畫預定在何年度開始執行？何度年執行完成？那些計畫可在六年內開始於六年內完成？那些計畫可在六年內開始但須延伸至六年後完成？那些計畫根本無法在六年內開始執行？根據以上計畫涵蓋時間製成圖表，俾能一目瞭然在那一年度有多少計畫在執行？那些年度是尖峰年度？有利管考單位的控制。

四、加速建立管制考核行政資訊網路：

加速建立行政資訊系統，早日實現辦公室自動化，乃行政院既定政策，然進行仍感緩慢，自宜加速進行。爲有利進度追蹤控制，促使全部表報系統與查詢進入資訊時代，管考資訊系統，尤應及早建立。

五、建立進度控制軟體應用程式以便應用：

多年來對於進度釐訂的各種方法，研考部門不僅已研究建立，且被絕大多數同仁所認同。爲使廣爲應用及查核正確，免再用人工計算，實有建立各項軟體程式的必要，以供迅確使用。

六、併用整體計畫與年度計畫進度以資對照：

整體計畫度固可以看出全般性，惟表達在百分比數字上則較微小；年度計畫進度則反是。如能兩者併用則可截長補短。如整體計畫落後百分之一不加計算，如以整體進度觀之，表面似屬較微，然以資源計算，亦不在少數。

七、主辦單位與施工單位進度控制方法力求一致：

主辦單位亦即負責執行與規劃的單位，均係依研考系統規定，有統一釐訂進度的方法。承包施工單位則不盡然。如事事前妥爲協調力求一致，則應用查對均較方便。

八、預定進度的厘訂必須寬嚴適度：

預定進度過寬，不僅浪費時日，且難產生激勵作用；反之，則經常陷於落後的狀態，影響士氣。故宜依管理「超越理論」原則，即在正常能力可達成的條件下，略具挑戰性，以促進效率的提高。

九、實地重於書面，協調重於苛責：

無論資訊如何發達，書面如何詳盡，百聞終不如一見，故實地至現場查證，至有必要。協調解決問題，能建立管考系統的權威性。遇有困難，管理者宜尊重技術專家意見；而技術層面亦可能在發現管理的缺失後，而突破技術的瓶頸。經常諮詢或邀請學者專家，討論視察，徵求意見，以集思廣益。

（原載「研考報導」第十七期，民國八十年九月）

附記：

作者服務於國家安全會議國家建設研究委員會時，曾於民國七十七年七月，研提「對十四項重要建設之中期評估報告與建議」，全文約五萬字。乃針對問題癥結，詳加統計分析，痛陳行政時弊，提出具體建議。經過專案小組數度審查，獲得熱烈支持並通過。然於簽請首長核定簽報總統及送請行政院及主管機關參照改進時，奉首長批示：「基於政治因素，不宜提出，留供繼續研究之參考。並致送研究費伍萬元」。

按當時適值內閣風雨飄搖，惟恐此一文件爲新聞界取去公諸報端，暴露若干行政上缺失，使政府遭受批評，影響政治之穩定。首長老成謀國，顧慮誠屬週全。然此一評估報告，原係實事求是，直言無隱，當時未即提供主管機關改進，亦屬遺憾之事。

評估報告原稿，仍留存國家安全會議檔案。

後推行國家建設六年計畫，執行初期情形亦不理想，爰就十四項重要建設評估經驗，撰述此文，提供參考。

從預算與管理促進國建六年計畫的落實執行

壹

國建六年計畫的重要性，已不待言。此一計畫不僅在計畫目標上，已明確指出提高國民所得，厚植產業潛力，均衡區域發展，以及提升生活品質；在基本理念上，又具有前瞻性、整體性、國際性。更就國家計畫系統上，其地位更代替了綜合開發計畫、區域計畫，以及四年經建計畫。參考有關資料，國建六年計畫內容雖然龐大複雜，然而依據各部門的估列，概略統計共有七七五項計畫，六年共需經費約為八二、〇〇〇億元。

按計畫性質及分由研考會、經建會、國科會的列管區分為：㈠一般行政類二六六件，二八〇八二七〇〇萬元；㈡經濟建設四四一件，五九二、二三八、五〇〇萬元；㈢科學發展六八件，二三、四一二、八〇〇萬元。

按中央與省市區分：㈠中央政府計畫四四六件，五六四、三二四、五〇〇萬元；㈡臺灣省二二八件，一九二、八八四、八〇〇萬元；㈢臺北市五九件，五五、八三一萬元；㈣高雄市四二件，一〇、七八三、〇〇〇萬元。

按公務機關與事業機構區分：㈠公務機關五五五件，六〇九、四二一、六〇〇萬；㈡事業機構二二〇件，二二四、四一二、四〇〇萬元。

按持續性與新興計畫區分：㈠持續性計畫四〇六件，四九四、二〇六、〇〇〇萬元；㈡新興計畫又分爲：1.甲級二九八件，二六六、〇六一、〇〇〇萬元；2.乙級七一件，六三、五六六、六〇〇萬元。

按計畫金額大小區分：㈠一、〇〇〇億以上—七件，三五三、三八五、〇〇〇萬元；㈡五〇〇—一、〇〇〇億元一八件，一一九、一二二、〇〇〇萬元；㈢一〇〇—五〇〇億一〇二件，二三六、九六八、〇〇〇萬元；㈣一〇〇億元以下六三八件，一一四、三五九、〇〇〇萬元。

按計畫功能性質區分：其中較大者數類：㈠運輸通信—公路建設四二件，一〇五、〇〇七、三〇〇萬元；㈡都市及住宅建設四四件，九三、一二一、八〇〇萬元；㈢運輸通信—捷運系統四件，八〇、三三二、〇〇〇萬元；㈣社會福利三九件，七九、四七六、〇〇〇萬元；㈤文教建設九三件，七九、〇六九、三〇〇萬元。

貳

從以上數字來看，似乎國建六年計畫所有七七五項計畫已甚具體，其實這除了部分已付執行之外，其餘概爲按照國建六年計畫的一種綱要性計畫爲構想，而假設出來的。吾人可以斷言此七七五個計畫，於實際執行時，可能會有增加或減少。也可能全部都在六年內開始執行，但不可能全部在六年內全部完成；也可能有部分計畫，在六年以內尚在規劃階段未及付諸執行。這些尚屬未知數的部分，如何使其落實變爲已知數，就是主管預算和管理者的責任。

吾人試查閱中華民國八十二年度中央政府總預算案的總說明，指出「在未來一年中，政府採繼續建設我國爲一個現代民主國家，並以下列六大重點，作爲努力之目標。」其中第二項目標即爲「繼續推動國家建設六年計畫，在重建經濟社會秩序，謀求全面平衡發展之總目標下，厚植產業潛力，均衡區域建設，提高國民所得，提升生活品質。」由此可見國建六年計畫的重要性。

又在總預算案總說明一之三項，亦指出應予優先編列之計畫項目計有六大原則，其中第㈠項即指出「屬於國家建設六年計畫，須優先實施者」。

八十二年度總預算歲出分配概爲：

一般政務支出一一・四％；

國防支出二四％；

教育科學文化支出一五・二％；經濟發展支出一七・六％；

社會安全支出一一％；

退休撫卹支出八・四％；

債務支出九・五％；

補助支出三・一％；

其他支出一・四％。

以上各大類中如國防、教育科學文化、經濟發展、社會安全等雖均與國建六年計畫具有密切的關係，然在總說明中，都無法看出國建六年計畫，在八十二年度總預算中，究佔多少比例？及若干金額？在總預算及年度施政計畫各部門、單位計畫預算中，如非明確註記係國建六年計畫項目，可能亦難以獲知。

叁

再從行政院經建會、研考會、國科會三個機關列管計畫而言，截至八十一年六月，可見國建六年計畫執行的第一年，已納入管制的爲數尚不太多。

以行政院經建會列管重要經建計畫內容分析：

全部列管重要經建計畫四七項，認係均屬國建六年計畫範圍，其中依經建會分類方法區分爲：農林漁牧一項；水利防洪八項；運輸通信一九項；都市住宅二項；觀光遊憩三項；文教一項；能源開發六項；工業二項；環境保護二項；醫療保健二項；地方建設二項。

照行政院研考會列管案件進度季報資料分析：

研考會綜合列管計一四二案。其中又可區分爲：

一般行政七五案（係由研考會直接列管）；

經濟建設四九案（係由經建會列管彙送研考會）；

科學發展一八案（係由國科會列管彙送研考會）。

從以上經建會列管的重要經濟建設計畫四七項，以及研考會列管項目一四二案中，經濟建設計畫四九項（實際即與前者列管內容相同）分析，與經建會統計國建六年計畫中經濟建設四四一項相比（約佔十一％），顯見尚未落實執行的案件甚多。

如以行政院研考會列管的一般行政計畫七五項，與國建六年計畫中所列二六六項相比（約佔二六％），亦可顯見尚未落實執行的案件，亦復不少。且據連絡查詢告知，經建計畫全部均屬國建六年計畫範圍；後者尚未肯定一般行政七五項計畫中，究有多少屬於國建六年計畫範圍。

至於國科會所管科學發展部分，如從研考會綜合列管資料中所列一八項而言，如與國建六年計畫六八項相比（約佔二四％），亦差距甚大。至於國科會自行列管部分，因手頭未有資料，未敢臆斷。

如從另一種區分方法比較：國建六年計畫七七五之中，屬於既有計畫持續執行的有四〇六項，新興計畫有三〇六項。前項列管總數一四二項比較，即在既有計畫持續執行的四〇六項中，亦僅三四％，似可說明落實執行的，仍有一段差距。

雖然在八十二年度總預算說明中，無法看出國建六年計畫在總預算中所佔比例若干？具體金額多少？然而吾人從國建六年計畫總需求經費八二、〇〇〇億元，假設分配在六年之中，每年概需分配一

三、〇〇〇億元，即屬除去民間投資等部分，以如此龐大經費，亦亟須講求如何落實執行及有效運用。

肆

國建六年計畫爲邁向國家現代化，所描繪出未來國家建設的藍圖，不僅已具有一個清晰的輪廓，更引起國際性的矚目，而如何能在這六年中落實執行，僅從預算與管理的立場，提供淺見如次：

第一、在政府總預算、部門預算、單位預算中，均應分析國建六年計畫在年度預算中所佔比例與金額。並在每一科、子目備考欄，註明屬於國建六年計畫項目。

第二、在行政院年度施政計畫中，除已在年度施政方針內，提示爲施政重點外，在各部會施政計畫中，對持續執行的長中程計畫，亦應註明爲持續執行計畫的第幾年。其中凡屬於國建六年計畫者，均應於備考欄加以註明。省市政府比照辦理。

第三、依據前兩項，規劃與控制部門，可以按圖索驥，得知國建六年計畫項目，已列入年度施政計畫，並已獲得年度預算若干。惟雖已列入上項文件，不一定已付諸執行，可能尚在規劃階段，然當可說明此一計畫已經落實具體。控制部門可依其性質列入管制；規劃部門可視其狀況輔導其迅速完成規劃。

第四、預算及管理部門，亟應核對已列預算與施政計畫中的國建六年計畫有多少項？尚未列入者有多少項？假定已列入者有四〇〇，則尚未列入者可能爲三七五項。對已列入者雖已較爲落實具體，但對已開始執行及尚在規劃中的項目，均應予以追蹤管制；尤其是後者，應力求督促儘早付諸實施，以免長期停頓於規劃階段。十四項建設的核能四廠與牡丹水庫，可爲殷鑒。

第五、對尚未列入年度預算及施政計畫的項目，可能尚係一項構想、概念，尚未形成具體的政策與目標，此類項目應爲計畫，預算及控制單位應重視的關鍵問題。目前國建六年計畫，六年將過其二，須知時間稍瞬即逝，不能聽其自由發展，否則勢難望其完成。

第六、另依據前面區分，國建六年計畫屬於持續性計畫者四〇六項，屬於新興計畫者三九六項。在八十一年六月以前列管者，經逐一核對，絕大部分均屬前者。故後者屬於新興計畫部分，更須加強追蹤。卓越的計畫、預算、控制主管，應其有前瞻、領先的觀念，才能產生更大效能。否則，勢將形成馬後砲，管理的意義亦將降低。

第七、將已具體落實的計畫，以及尚未落實的計畫，排定在一項六年時程的里程碑（Milestone Chart）表上，先概定其執行年期。亦可採六年時間再加延長，以免有些計畫須在六年以上完成。此表對於尚未落實執行的計畫，雖概定一涵蓋時間然並非一成不變，仍可適時調整。但此表既可爲主管機關瞭解各年度計畫與預算的概略分配；亦可激勵各主辦單位，在促進國家現代化的團隊競賽之中，作爲爭取榮譽的指標；更進一步使各部門齊頭並進的施政目標中，亦可作爲整體規劃中的均衡發展的象徵。

（原載「會計與管理」旬刊第一〇〇九期，民國八十一年一月）

增進施政計畫及預算執行績效

壹、前　言

時序如流，頃又接近八十六年度屆滿之際。各政府機關與事業機構於預算編製之時，無不努力爭取能獲得較高之成長額度；然每屆年終往往又難能有效執行，如數消化，以至事後考核、審計單位，甚至立法、監察機關，常提出嚴厲之評責。政府主管機關對此現象，已加重視，爰加申述，并提供建言。

貳、有關法規之規定

預算法第五十條：「各機關應按其法定預算，并依中央主計機關之規定，編造歲入歲出分配預算。前項分配預算，應依實施計畫按月或按期分配，均於預算實施前爲之」。

預算法第五十五條：「各機關執行歲出分配預算，應按月分期實施計畫之完成進度與經費支用之實際狀況逐級考核之，其下月或下期之經費不得提前支用，遇有賸餘時，除依第六十三條核定列爲準備者外，得轉入下月或下月繼續支用，但以同年度爲限」。

審計法第六十二條：「各主管機關應將逐次考核各機關按月或分期實施計畫之完成進度、收入與經費之實際收支狀況，隨時通知審計機關」。

審計法第六十八條：「審計機關審核政府總決算，應注意下列事項：一、歲入歲出是否與預算相符，如不相符，其不符之原因。二、歲入歲出是否平衡，如不平衡，其不平衡之原因」。……

審計法第六十九條：「審計機關考核各機關之績效，如認爲有未盡職責或效能過低者，除通知其上級機關外，並應報告監察院，其由於制度規畫缺失或設施不良者，應提出建議改善意見於各機關」。

以上雖有法規規定，然部分機關計畫與預算執行績效仍然未彰，甚至立法機關對於新年度預算之審查，藉此作爲嚴厲指責之因素。

叁、近年政院對於加強計畫與預算執行考核之措施

行政院主管機關爲研考會及主計處。前者，雖對施政計畫訂有管制考核辦法，然以重點管制考核爲主，故所選項目不及全部施政計畫百分之一，且多以執行進度爲主。後者，雖對預算執行訂有詳細考核辦法與各種報表，雖然提出大量報表，似難產生實際之考核效果。加以中央政府預算執行條例草案，一時又不易完成立法程序，仍以暫行條例方式令發施行，茲將有關措施及法規分述如次：

中央政府政府預算執行暫行條例第十三條：「各單位預算機關之資本支出計畫及各附屬單位預算機關之固定資產投資計畫，其全年度計畫執行進度未達80％者，或全年度前九個月之計畫執行進度未

達60%者，除不可抗拒之特殊因素外，使機關首長及相關首長應予議處」。

基於前條，主管機關特再訂出如何執行前項條文之處理原則，其要點爲：

一、適用範圍：包括中央政府各單位預算機關之資本支出計畫及附屬機關之固定投資計畫。

二、計畫實際進度未達到80%之計算。

㈠計畫實際執行進度—爲「工作計畫執行進度」與「預算執行進度」兩者之平均數。

1.工作計畫執行進度，係指實際已執行進度。

2.預算執行執行度，包括實際已支付數及原預算所列計畫已簽訂合約已在執行中之應付未付之款項或債務，占年度可支用預算總額之比率。

㈡計算全年度或前三季累積方法均同此原則。

三、對於各種不可抗拒因素予以界定。

行政院於八十四年八月訂頒「中央政府各機關計畫執行進度考核獎懲要點」，復於85.10再度修正，並已實施兩個年度，使年度計畫與預算之執行，有更具體、綜合性之實施方法，足徵政府對此一問題之重視與認眞。其要點如次：

㈠考核對象：各機關計畫執行首長及主管人員。

㈡計畫執行進度之擬訂與計算，原則見前。

㈢考核程序：

1.各機關於年度決算編竣後，應對計畫執行結果及實際進度，詳加檢討，於一個月內報主管機關審核；主管機關於一個月後加注審查意見，送行政院審核小組。

2.行政院審核小組由秘書處、法規會、主計處、人事局、經建會、國科會、研考會、公工會等機關組成。就各主管機關所送資料，按全年執行進度未達80%者，或前三季累計未達60%者，依權責加以審核。

3.研究會負責綜合，擬定審查意見，陳報院長核定後，依權責予以獎懲。

四、獎懲標準

(一)全年度計畫實際執行進度達95%，並於前三季累計達80%以上，績效卓著者，得請頒獎、記大功、記功或嘉獎等獎勵。

(二)全年度之計畫實際進度未達80者，或前三季累積未達60%者，應檢討其責任分別議處，其標準如次表：

全年度	前三季累積	議處標準
75%—80%	55%—60%	申誡
65%—75%	55%—60%	記過乙次
55%—65%	55%—60%	記過二次
55%以下	55%—60%	記大過一次

肆、檢討與建議

近兩年來行政院所訂有關加強計畫與預算執行考核辦法，並已付諸實施，且對前兩年度執行不力之單位，已予以懲罰之措施，均值得肯定。爲更求落實精進，特提出以下各項淺見，以供參擇：

一、前項考核進度辦法，雖已頗週詳，然充其量仍僅能表達工作進展與預算消化之百分比，對於工作執行之品質，尙難獲得考核之數據。如對品質不能保證良好。雖工作完成之進度與預算消化已符標準，仍難據以代表全部工作之成果。

二、此項辦法中，雖已採取全年度與前三季累積之雙重執行進度，作爲考核之準擇。其主旨，在避免於年度中前期工作進展與預算執行並不理想，爲爭取成績，不得不在年度屆終前加速趕工，儘量消化預算之弊。然似仍不易對全年度各月份執行狀況，作嚴密之考核。

三、從前考核辦法要點觀之，自仍屬於一種事後的考核。如依時間推算，待決算編竣，再分層考核，其結果之公布，可能已在次一年度第三季以後，對於先期考核預防難以彰顯，雖具有嚇阻作用，但效果不大。

基上檢討，爰提淺見如次：

一、爲避免僅追求執行進度與消化預算，而忽視工作品質，主管機關應繼續研究，如何加強工作品質的控制與考核。中國預算管理學會與建築師公會聯合編之「工程進度，品質與成本之控制」一書，可供參考。

二、為使工作計畫與預算之實際執行進度正確，並能在全年度平衡發展，應於考核時注意以下各種因素：

㈠應檢討全年度各月預定與執行進度所達成之曲線者，是否正常？否則，其原因何在？對整體成績之評價。

㈡其預定計畫與預算進度，是否過於寬鬆？或過嚴？計畫修訂之頻度。

三、為促使產生先期考核、預防錯誤發生之作用，并避免每屆年底以前，主辦單位即設法運用各種方法，消化大量預算。過去美軍採用之施政計畫檢討對分析制度，以後一度在國軍推行，成效至為良好。其主要方法，即各機關對施政計畫與預算執行情形，每季做一檢討分析報告，上報告在主管機關首長主持之業務會報時由各所屬單位提出，通常在次一季第一個月第二週舉行。檢討分析中除應詳細列出工作計畫與預算實際執行進度若干外，并對超前、落後之原因詳加檢討分析，以及導致執行結果不能滿意之原因，在當前人力、物力、財力、組織、權責等等中，問題癥結出於何處？進而提出積極改進方案。能收預期控制及早改進之目的，更增進考核之時效。

際茲八十六年度將屆終了，各機關忙於檢討工作計畫進度與預算運用成效時，特就有關問題，提供淺見，尚請參擇。

（八十六年六月「會計與管理」旬刊一一八四期）

配合行政革新增進施政計畫績效

——試以中央人事行政機構年度施政計畫為例

值此民國八十四年度行將結束，八十五年度即將來臨之際，各機關正計畫下年度亟待開展的重要施政；至於上年度的施政績效如何，可能缺乏全面的考核與評估，充其量也僅注意到預算執行的成效和重點列管的少數計畫項目而已。行政革新應該是普遍的、深入的，檢討過去以改進未來，更有其持續性。

我國政府各公務機關，都訂有「施政計畫」，實際就是「年度工作計畫」，它是一種綱目性、涵蓋面廣、與預算保持平衡性，年年策訂的計畫。因所有長、中程計畫，都必須透過施政計畫獲得預算，如策訂週延，亦即該機關平時施政活動的有效指導與管理。

人事部門主管，多長於行政管理；尤其現任行政院人事行政局陳局長、省人事處吳處長，都是目標管理、公務生產力等方面的專家，對施政計畫的管制執行與績效考核，自必卓具成效。

茲試就增進施政績效方面，略抒淺見。並以人事行政局八十四年度施政計畫為例，加以說明。

(A)計畫名稱			(B)性質			(C)績效考核						
類	項	目	經常性	年度性	持續性	計畫良窳	目標達成	執行進度	預算運用	合計	權重	總評
壹、一般行政	一、行政管理	(一)行政事務管理	✓									
	二、研考業務	(二)施政計畫作業及重要施政管制考核	✓									
		(三)重要案件列管及公文查詢		✓								
		(四)規畫人事行政之研究發展及獎勵			✓							
		(五)舉辦學術座談會		✓								
		(六)蒐集人事興革意見			✓							
		(七)加強業務聯繫	✓									
貳、人事綜合規劃管理	一、研擬建議增修訂人事政策及法規	(八)人事政策之研擬及法規之修訂			✓							
		(九)研究編譯各國人事法制			✓							
		(十)處理訴願案件	✓									
		(十一)推動行政革新			✓							
	二、強化人事機構及人事人員管理	(十二)健全人事機構組織			✓							
		(十三)加強人事人員升遷培育制度			✓							
		(十四)提升人事人員服務功能	✓									
		(十五)辦理人事人員訓練進修		✓								
		(十六)辦理人事人員出國考察			✓							
		(十七)辦理人事機構年度績效考核		✓								

類別	項目	工作項目	(1)	(2)	(3)	(4)	(5)	(6)	(7)	(8)	(9)	(10)
	三、規劃職務管理	(十八)舉辦人事主管會報	v									
		(十九)辦理公務職務管理		v								
		(二十)研修職務管理法規			v							
	(四)加強工友管理	(二)推動事務勞力替代措施		v								
		(三)改進工友管理	v									
叁、編制員額與任免	一、審議機關編制員額與人力計畫	(二十三)審議編制（預算）員額		v								
		(二十四)辦理公務人力計畫			v							
	二、辦理機關人員任免	(二十五)貫徹依法用人	v									
		(二十六)處理無效人力		v								
	三、辦理考試及格人員分發	(二十七)研提考試用人計畫			v							
		(二十八)分發考試及格人員		v								
肆、考試與訓練進修	一、辦理考核及獎懲	(二十九)嚴密公務人員考核		v								
		(三十)覈實辦理獎懲		v								
		(三十一)核頒文職人員獎章		v								
		(三十二)推動建立「參與」暨「建議」制度			v							
	二、辦理訓練進修及研究考察	(三十三)研修公務人員訓練進修法規			v							
		(三十四)規劃辦理新進人員基礎訓練		v								
		(三十五)強化公務人員在職訓練		v								
		(三十六)加強國內進修業務		v								
		(三十七)賡續辦理出國進修研究考察			v							
		(三十八)辦理友好國家公務員交換訪問		v								
		(三十九)辦理行政院主管人員座談會		v								
	三、籌設公務人力發展中心	(四十)籌設公務人力發展中心			v							

	展中心											
伍、給與制度規劃	一、改善公教人員待遇	(四一)合理調整待遇標準			∨							
		(四二)核辦公教人員待遇案件		∨								
		(四三)簡併公務人員專業加給			∨							
	二、加強公教人員福利	(四四)辦理公教員工生活津貼	∨									
		(四五)辦理公教生活必需品供應業務	∨									
		(四六)加強規劃中央公教人員文康活動			∨							
		(四七)舉辦正副首長休假旅遊	∨									
		(四八)辦理公務人員休假旅遊	∨									
		(四九)辦理正副首長及司處長體檢	∨									
		(五十)配合研修公務人員保險法之相關法規			∨							
	三、規劃眷舍房地處理及公務人員輔購（建）住宅	(五一)加強辦理公有眷舍房地處理			∨							
		(五二)規劃辦理公教人員輔購住宅			∨							
	四、辦理退休退職與資遣	(五三)管制屆退人員並從嚴審核延長服務案件		∨								
		(五四)加強退休人員照護			∨							
		(五五)辦理政務官退職酬勞金案件		∨								
		(五六)審核資遣案件	∨									
陸、人事行政資訊系統	一、建立人事行政資訊系統	(五七)充實公務人員人事資料			∨							
		(五八)建立人事電腦化資訊系統計畫			∨							
	二、定期統計分析編	(五九)統計分析人事資料			∨							

	印人事資料	(六十)編印院屬各機關職員錄及主管以上人員簡歷冊通訊錄		✓									
柒、住宅輔購（建）及福利互助	辦理中央公教人員住宅輔購（建）及福利互助	(六一)輔助中央公教人員購建住宅			✓								
		(六二)辦理中央公教人員福利互助	✓										
		(六三)辦理中央公教人員急難貸款	✓										
		(六四)辦理中央機關員工各項活動		✓									
捌、一般建築及設備	交通及運輸設備	(六五)汰換交通及運輸設備		✓									

從右表可以看出，在縱座標上區分爲(A)、(B)、(C)三欄。(A)欄係施政計畫原列部分，包括類、綱、目三欄，依院頒年度施政計畫作業辦法規定，尚有計畫目標、實施要領、預算等項，均予省略。又依規定施政計畫的「目」即爲一個計畫的單元，故列至「目」爲止。不過筆者「將目」予以編號，如自一至六十五目，可以明確看出此一施政計畫包含有六十五項計畫。

在縱座標的(B)欄，是建議對計畫性質加以區分，如經過區分後，屬於經常性計畫十二項，佔十八・四％；屬於年度性計畫二十七項，佔四十一・六％，屬於持續性計畫二十六項，佔四十％，合計六十五項。可以顯出年度性計畫與持續性計畫，尤其後者比例愈大，則計畫愈具前瞻性、持續性、整體性；否則反是。

在縱座標(C)欄，是建議對施政計畫執行績效的簡易考核方法。茲就一般傳統的方法選擇四個考評的指標，即爲計畫策訂的良窳、目標達成的程度、進度是否符合以及預算運用情形。在每一個考評的指標下，再區分爲五個點的層次等級，每一個層次等級再訂出要求的標準，據以考評所得點數，而後將此四個指標考評的總和予以統計，獲得分項績分。以上指標均係假設，自可依需要研訂。

在以上六十五項計畫之中，其重要性與工作質量，並不完全相等，甚至相差甚爲懸殊。爲求適切起見，可以研訂每一計畫項目的「權重」再將考評所得點數乘以權重，以求公平合理。如爲配合一般百分比計分法，亦可將之化成百分數，以利應用。

其實施政計畫的績效，不僅在年終予以考評，至少在每季終了均應檢討，對於各部門所訂施政項目，和預定目標、進度、經費加以比較，力求發現問題加以改進。以免每屆年度終了以前，爲了消化預算，而加速推動執行，影響執行的品質與成效。

爲求每季都能加以檢討，又須在施政計畫上，預先訂好執行進度和經費使用進度。此點在韓國政府年度施政計畫中，即有較週密的設計，可以參考。

每季和年終的考評結果，不全是爲打分數、比成績，最重要的是能評估執行的優缺點，找出具體改進的意見，以爲爾後改進的依據，才能眞正達到增進施政績效的目的。

人事業務爲行政管理重要的環節，也是推動行政革新的主要動力。對於施政計畫的績效考評，可作爲行政機關增進施政績效的典型。

（原載「人事管理雜誌」三十二卷六期，民國八十四年六月。）

公共設施安全管制作業之研究

一、前言

公共設施是否能安全、迅捷、舒適，以滿足社會大衆的需要，可以象徵著一個國家現代化和進步的程度。各種公共設施如交通、電力、自來水等，已爲現代國民生活所必需；更廣義的推及各種遊樂、休憩場所，甚至高樓大廈、場礦設施等，均與現代國民生活、工作、休閒活動等密切而不可分離。吾人應如何講求各種措施，以確保其安全性，力求避免災害的發生，實爲現代社會安全制度重要的一環。

近年以來，接連發生了數件公共設施安全的意外事件，例如外雙溪溺斃郊遊學生、竹北火車意外事件、臺北市永琦及今日公司高樓大火、煤礦的災變等，生命、財產損失不貲，更引發了舉國上下的關切與痛心。「前事不忘，後事之師」，古有明訓。政府各主管部門，均能於事變發生後痛加檢討，力求亡羊補牢，以冀避免類似事件的再度發生。

公共設施安全管制，涉及甚多技術問題，純技術方面的問題自然是各類專業人員或專家的責任，吾人自應充分尊重其意見。然而安全管制也涉及了「管理」的問題，在現代許多管理知識中，也建立了許多有關「管制」的理論、原則和方法。筆者並非技術方面的專家，爰就管理控制方面之理論與經驗略申愚見，藉供參考。

貳、公共設施安全管制作業的基本原則

茲試就公共設施安全管制的特性，參考一般控制理論，構想以下七項基本原則，分述爲次：

一、預期控制原則：

公共設施安全管制的最高理想，是預防意外的發生，亦即防患於未然，消弭意外於無形。這和現代管理控制的最高原則預期控制的理論完全符合。尤其是近代管理學家將Feedback（事後回饋）更進一步而改稱之爲Feedforward（前瞻回饋），更能發人深省。要想達到各階層的管理人員都能具備預期控制的條件，必須對工作具有熟練的技巧，敏銳的判斷力和機敏的警覺性，深悉容易發生錯誤各項因素，當機立斷排除可能發生的困難和危險。尤應養成自我考核，自動調整的習慣；須知等待別人考核糾正，往往已造成了不可原諒的錯誤。

二、自動調整原則：

管理控制最簡單的原理，就是系統上的「投入→作業→發現偏差→回饋→改正→再作業→產出」的理論，吾人常稱其爲「制導性」（Cybernetic），亦即「自動調整」之意。吾人又常稱企業各項活動視作資訊回饋的控制系統（Systems with information feedback control），亦可稱之爲「自動調

整資訊回報控制系統」。

公共設施安全管制，關係社會、國民生命財產甚鉅，必須建立一項迅捷反應傳遞的預防、警報、報告、處置等自動調整的系統。這一系統應具有事前糾正例外因素；事中立即消滅危害安全因素；事後迅捷傳遞、通報的功能，務使意外事件不致發生。即或無可避免，亦可降低傷害到最小限度。當然，現代電腦化作業爲不可或缺的設備。

三、權責劃分原則

明確的權責劃分，不僅是安全管制的重要原則，更是一般企業管理與行政管理的基本條件。權力與責任必須力求對稱，以免形成有責無權或有權而不負責的現象。現代管理講求分權制度，以提高工作效率；但應切實依照職務、專業知識、而課予適切的權責。

每一階層的管理人員，應做到對上不越權，對下不侵權，亦即該負的責任當仁不讓，不該負的責任不可越俎代庖。分層負責的精神，是由平時的訓練和習慣養成，一個團體能否恪守分層負責的精神，涉及此一團體的「管理紀律」。管理紀律比較嚴肅的單位，意外事件發生必少；反之，比較鬆弛的單位，意外事件發生必多。

四、敬業原則

「星星之火，可以燎原」，「見微知者」，這些先賢的名言，可作爲講求安全管制的重要警惕。而「差之毫厘，失之千里」，又可說明安全管制不能有私毫的差錯。如果說「大而化之，漫不經心」，可以說是肇致意外事變的根源。從以上各種比喻言，都可說明「敬業」原則的重要性。

涉及安全的工作人員，不僅要以敬業的態度來從事自己的工作，甚至要把自己工作當做自己的生命一樣重視，一絲一毫不能苟且，不能差錯。須知如果發生差錯，將會影響到很多人的生命財產安全，後果不堪設想。

五、專業原則：

各項公共設施或涉及社會安全問題之廠、礦、交通等，無不涉及專門知識、技術，必須專業人員來辦理，吾人應有：「知之爲知之，不知爲不知，不可強不知以爲知」的心理。

公共設施單位工作人員應加以區分，何者必須專業人員擔任？何者不須專業人員擔任？何者可以在職訓練培養？何者不能由在職訓練培養？必須專業人員擔任者，不能加以通融，以免造成非專業人員操作而發生不可原諒之錯誤。

六、無缺點原則

無缺點計畫（Zero Defeets Program）是美國馬丁公司於一九六二年承製陸軍潘興飛彈時，爲趕時完成發動一項提高品質的運動，卒能產生良好效果，爾後普遍推行於美國三軍及工業界。我國軍事方面，尤其在後勤方面亦曾普遍推行，產生良好效果。

無缺點計畫的主要涵義是：在精神上打破「人非聖賢，孰能無過」的觀念；在作業上講求計畫完整，注重工作方法，以事前檢查代替事後檢討，主動負責，消除錯誤重做；在計畫作爲上講求預防缺點作業和消除缺點作業。

基於公共設施安全的觀念言，不能發生任何缺點，社會國民亦不容許發生任何缺點，正是無缺點計畫的主要精神。

七、環境配合原則

現代公共設施安全管制範圍逐漸擴大，不僅要在設施本身加強各項管制的措施，還要擴及到影響力所及的四週環境；並且力求四週環境能完全配合公共設施來加強安全管制。

對於環境的配合可分兩方面來說：其一是四週環境可能發生對公共設施安全的影響，例如視界是否良好？有無危害安全的因素？附近地區能否配合採取一致的安全管制措施等。其二是本設施一旦發生意外事件遭受影響的區域，是否均在完全管制範圍之內，例如核能電廠劃有一定的安全區；水庫一旦放水，影響所及的地區等。

叁、應建立健全的自動化調整與報告系統

所謂系統（System），乃是將具有相互關係的標的或元素、概念、活動，組成為一個邏輯的或功能性的單位，以執行某種任務，達成預定目標。所以系統是整體的，系統中所有的個體是具有共同的目標，共同的功能，以及相互作用的關係。在前節中所述「預期控制原則」、「自動調整原則」都是建立在一個健全系統的基礎上。茲就維護公共設施安全為著眼，必須建立警報系統、預防系統、災

害報告系統和資訊系統方面；易言之，即在整體的安全系統上能具備迅捷可靠的警報、預防和災害報告的功能。茲分述如次：

一、警報系統

警報系統又可分爲預警系統和警報系統：前者係指在作業管制當中，對某項正在作業運轉過程中之工作，有不正常的現象發生，或可能有發生意外事件之顧慮時，即有預警的訊號提示等警告。前者可完全經由電腦管制的機械調整或輔以人工調整，使其迅速恢復正常運轉。後者即指一旦發生意外已無法糾正時，立即由自動化的警報系統，傳遞至有關部門。

所謂自動化，乃指不需經過人工操作，即能自動發放警報而言。例如火車行至某一平交道之適當距離，即自動示警並放下欄柵。警報的方式可區分爲音響、訊號、燈光、廣播、自動阻絕等各種方式。

警報系統一面須能迅捷確實傳達，一面必須廣及可能遭受危害的區域，使區域內的人都能聽到、看到、感覺到，才能使可能遭受危害的人迅採安全措施，俾災害減少至最小限度。

重大災害之發生，往往在瞬息變化之間，即或發生警報，亦屬迫在燃眉，何況在毫無警報之下，自會造成重大傷亡。例如外雙溪溺斃郊遊學生，即係陽明水庫在開放水閘的毫無預警之下而發生的。

二、預防系統

一切安全措施的最高原則，莫不講求防患於未然，亦即最好不讓意外事件發生；即或可能行將發生，則又貴乎能自動防止、消除、調整，糾正。

現代機械工業與電子工業極爲發達，在結構系統與作業管制上無不講求自動調整與控制，以求在運作過程中能確實控制其品質、產量、速度等。即屬可能發生錯誤，甚至已經發生錯誤，仍可賴自動調整系統以安全自動方法，採取緊急調整及防護措施，以求確保安全。

例如大規模的技術密集的工業生產，都設有全部電腦化的控制中心，操作人員隨時注意各種儀表的報導，從燈光、音響或儀器的指示，觀察其運作是否正常。一遇不正常的現象，即由機械自動調整或由人力輔助調整，以恢復其正常運轉。

吾人不可忽視電力開關中的一根小小保險絲，卻具有預防意外的甚大作用。如果一旦電力逾越負荷，即將保險絲燒斷，使電路中斷而不致危害安全。

有些現代化的油庫，爲防止火災，不僅設有預警系統，更具備自動化的消防系統。一旦發生火警，即能自動警報，自動噴出滅火劑以撲滅火災。誠然，如果油庫發生火災不能即時撲滅，後果實屬堪虞。

三、災害報告系統

一個健全的災害報告系統，是建築在平時操作的報告系統之上，後者是否已經建立制度，是否健全？對前者影響極大。

平時報告系統乃依層次逐級報告，一直到達適當的階層。可以運用電話、電報、訊號、口頭、書面等各種報告方式。其報告的目的，是使各相關階層能瞭解作業實況。須使此項報告成爲制度，成爲習慣，要養成每日報告、每週報告、每月報告的習慣，才不致發生疏虞。尤須注意有特別狀況固然要報告，沒有特別狀況時也要報告，這樣才能養成習慣。如果沒有特殊狀況就不報告，即容易養成日久玩生的心理，連絡愈生疏，系統也就逐漸失去效力。例如作戰中的軍隊，其對上、下、左、右，均須建立情報交換系統，每天十八時必須作例行情報報告，即屬沒有特別情況，也要報告「敵情無變化」。

災害可能發生或已經發生，其報告系統與平時大異其趣。此時一面依層次報告，一面得不依層次迅速捷傳達至具有重要性的、決定性的較高層次，以及最迫切需要支援的單位；甚至運用大眾傳播工具向民眾報告。此時，必須運用最迅捷最可靠的通訊方法傳遞消息。

忠實的、翔實的作業紀錄，是報告系統中最基本的資料；簡明的、扼要的報導內容，是報告系統中最理想的表達方式；良好的、現代化的通訊設備，是報告系統中最必要的工具。以上各項條件，實屬不可或缺。

四、資訊系統

管理資訊系統（ＭＩＳ），亦稱管理情報系統。有人說：「管理者的成就，端視其所能掌握的情報系統而定。」由於電子計算機的發展，能將大量的資料，作經濟而迅速的處理，變成主要人員所需要的有用的資訊。

管理資訊系統的功用，是因人、因事、因應工作性質而異。在設計完整健全之體系下，可及時提供所有需要參考之任何資訊，用以處理面臨所要解決的問題。例如偵察員可及時獲得破案的線索；指揮官可及時獲得攻擊敵軍的情報；銷售部門可隨時獲得是否應接受訂單的資訊；管理人員可適時獲得資源異動的資料。而這些資訊的獲得，僅需按幾個電鈕，便可及時提供。

資訊系統應與前述警報系統、預防系統、災害報告系統，密切結合爲一體，使獲得的資訊，能夠即時處理，即時發放警報，即時採取預防措施，即時提出災害報告。這樣，才是一個有效的系統，才是一個有效的管理。

肆、應建立各種健全的作業程序

程序和系統是一體的兩面，系統是從整體的運行來看，程序是從各個作業間的連接與配合來看。系統中可能包括若干程序。將若干程序連貫起來，又形成整體的系統。而程序本身的建立，即係運用有系統的方法指示吾人如何從事計畫、執行與管制、考核。

柯茲（Harold Koontz）和奧唐諾（Cyril O'Donnell）曾經指出：「程序設計和控制的有效與否，端視吾人是否將其視爲整個的系統而定。」又說：「一般言之，程序常涉及機構中許多部門，很少有一種程序不與兩個以上部門發生關聯的。因此，吾人設計程序時，須將有關各部門視作一個系統，始可作有效的控制。」因此，明確的權責劃分，又爲建立健全程序重要條件之一。

就各項重要公共設施而言，其運作無不涉及效率、品質、安全等因素；而促進管理現代化之目的，又爲達成以上要素的主要手段。因此，建立各種科學化的作業程序，並配以明確的權責劃分，則必能有計畫的、有組織的、有指導的、在週密的協調與嚴密的控制下，充分發揮現代管理功能，以從事各項工作的正常作業。

茲再區分爲平時操作程序、特殊狀況下應變程序以及災害發生後的處理程序，分別說明於後：

一、平時作業程序

建立一項平時作業程序，至爲重要。因爲程序即爲一項行動的指導和計畫，同時程序可將未來行動作最適當的安排，使各項行動的先後次序，以及彼此間的配合關係，能夠有所依循恰到好處。

往往有些人認爲平時各項作業已經成爲習慣，已經成爲一種自然的、傳統的「瞭解」，而不須再予以程序化。這是一種違背管理原則的錯誤想法，吾人必須將此種習慣上的「瞭解」，變爲正式的程序，更須將之書面化，並呈報上級備案。否則，如果僅是一種「瞭解」，則將來一旦發生意外事件，必易導致責任歸屬不清，追究無所依據的現象。

平時作業程序也可說是一種正常的作業程序，通常厘訂此項作業程序應注意下述各點：

- 程序的本身應具備整體性。
- 部門作業程序應符合整體作業程序。
- 程序亦稱爲「流程」故須能行動化。
- 權責的明確，是作業程序的要件。
- 時序的排列，是促進程序行動化的重要方法。
- 對各個環節容易脫節之處，是執行程序督導的重點。

・程序使用過久，亦易產生惰性，故須適時修訂。

二、特殊情況下的應變程序

如與前節比較，平時作業可謂正常的作業程序；特殊狀況下的應變程序，亦可謂非正常的作業程序。本文旨在討論公共設施安全管制問題，故對於特殊狀況下的應變程序尤感重要。

所謂特殊狀況不外係指下列情況而言：

・非屬每日經常性、例行性之操作或活動。

・此一作業有涉及安全顧慮（或較大）之虞時。

・此一作業有涉及保密顧慮（或較大）之虞時。

・必須經過較高層次人員核准始可操作時。

・判斷作業所發生之問題或後果，非基層操作人員所能負責解決者。

・各項公共設施主管機構，應就本身業務特性及主客觀狀況，假想可能發生各種特殊狀況，擬訂應變程序；並經常演練；務期在特殊狀況下能依既定程序應付意外事變。

正常程序與應變程序有以下顯著不同之處：

・在授權的程度上，前者講求一般分層負責原則；後者在規定的範圍內可予以更大的授權；而在規定範圍以外卻不可越權。

・在指揮與報告的系統上，前者逐層逐級依序辦理；後者得減少不必要的層次，直接指揮或報告。

・在核准與獨斷方面，前者在規定的權限範圍外必須先行報請核准再行處理；後者在可能允許的範圍內獨斷處理，事後再行報備。

・在行政與法律責任的方面，由於前者涉及此一方面問題較少，在程序規定上容或稍加簡略；而後者由于運用的彈性較大，更須加以注意，以加重其責任感。

三、災害發生後的處理程序。

災害發生後的處理程序，亦可涵蓋在「前項特殊狀況下應變程序」之內，成爲後者的一部分。不過忌疾諱醫，人同此心，猶如指揮戰場的將軍，不願預先做好退卻計畫一樣，免了先有不祥之兆。其實這種心理，大悖安全管制的原則，吾人對各種假想狀況，都應有備用計畫，以免臨時周章，使災害更形擴大。

災害處理程序不外包括下列各個部分：

・迅捷的報告與警報措施。
・與有關單位的連絡支援措施。
・完善的救難措施。
・能即時撲滅災害的防護措施。
・對災害的詳確紀錄措施。
・新聞報導措施。

・其他有關災害的善後措施。

關於特殊狀況下的應變程序和災害發生後的處理程序，不僅應於平時妥爲訂定，尤須時加演習訓練，使能適時應用。大型企業、軍事設施雖多注意及此，而一般設施多未加重視。例如目前都市高樓大廈的安全，可能很少對其本身安全應變經常加以演練的。

伍、應有的檢查與管制作業

以上各項應建立的系統、程序，無論擬訂的如何完善，而其效果端視採取實際行動的狀況而定。檢查與管制作業，即爲促進系統，程序行動化的主要手段。

檢查與管制實爲一體的兩面，因爲管制的目的在於糾正執行的差異；而發現差異則須利用各種檢查方法；並善於辨別的運用各項資訊。檢查、管制、考核等名辭，本不易加以明確的區分，吾人未運用考核一辭，在避免一般人士以爲考核必須係事後行之。前面述及現代管理學家將「回饋」（feedback）一詞，改稱爲（Feed forward）；即係以「前瞻性回饋」代替「事後回饋」之意。因此，檢查與管制積極性之目的，在預防錯誤之發生；如待錯誤發生時始予糾正，則爲時已晚。

茲區分爲平時作業檢查與管制、維護作業檢查與管制、以及特殊狀況下之作業檢查與管制，分別說明之。

一、平時作業檢查與管制

平時之各項作業，爲保持「無缺點」之原則，應於系統或程序設計上即將檢查、管制配合其中。而此種檢查、管制，尤應以自我檢查與管制爲主要。爲求避免缺點之發生，預期控制方法乃爲重要手段。否則，俟上一層次發現缺點，再行指示更正時，爲時實已較晚。惟分層負責之檢查與控制實屬重要，每一層次均不能放棄其應負之職責。

平時作業的檢查與管制，雖可能增加手續上之麻煩，然一俟成爲習慣，當可應付裕如。且在現代精密機械與電腦化作業之下，在設計上即可發揮自動校正之作用，不需增加人力上之負責。

此種檢查與管制之目的，主在能於平時養成良好之習慣，發現執行上的差異，並予以調整改正。此種差異在導因方面，可能由於人爲的、機械的；主觀的、客觀的等因素。在結果方面，可分爲數量上的差異和素質上的差異，如以其嚴重性而言：可分爲普通的和比較嚴重的；如以其調整改正的責任言：可分爲作業人員本身可以調整的和非作業人員本身能力可以調整的。

二、維護作業檢查與控制

任何設施或機械，必賴保養維護爲保持其正常有效使用之重要手段。就維護週期言，如每日、每週、每月之經常保養；每季、每半年、每年之特別維護或稱爲定期大修。其需要性與週期之劃分，厥視設施性質而言。

維護作業可能影響設施之正常運轉，維護處理不當，亦可能影響及於安全問題，故對維護作業必須加以檢查與控制，以確保其正常之進行。

此一階段之檢查與控制應著眼以下各點：

・應維護而未予維護。

・不應維護而予以維護（特別禁止越級維護）。

・時間上是否確按規定週期？

・程序上是否確按規定權責？

・技術上是否確能符合條件？

・對于影響正常運轉之補救措施是否適切？

・對于影響安全之顧慮是否均能妥爲防範。

以上各項應由操作人自身、直屬主管。上級督導單位負責檢查與控制；而負責維護人員，則應保持完整之維護紀錄。

三、特殊狀況下之作業檢查與管制

特殊狀況下的作業，可從前述警報系統、災害報告系統，以及特殊狀況下的應變程序、災害發生後的處理程序等瞭解其梗概。然而特殊狀況下的作業，雖然係在有別於平時作業下行之，然亦須以臨危不亂之態度，應付特殊發生之各種事件，始能執簡馭繁，以定治亂。欲達成此一要求，檢查與管制尤不可缺。

此種狀況之檢查與管制應著眼於以下事項：

．應付特殊狀況各項準備工作之檢查管制。

．相關環境或地區之檢查管制。

．重要設施樞紐之管制。

．器材、物質之管制。

．災害控制。

．通信網之管制。

．水電等能源之管制。

總之，能期各種特殊狀況之作業，迅速恢復平時正常作業之狀態爲要旨。

陸、結論

以上僅就對管理控制理論與實務一得之愚，提供對公共設施安全方面主要原則、系統、程序、檢查管制等一般性原則，以供參考。吾人於建立上項系統、程序、檢查、管制時，在設計時可能較感麻煩；且於執行時，更可能初感不便。然而一旦成爲習慣，必可行之裕如。且爲減少生命、財產之損失，即屬增加一點工作，亦屬値得。爰提蒭見，藉供採擇。

（原載「研考月刊」第五卷七期，民國七十年七月。）

對八一二水災省思

——從歷年水利防洪計畫與預算檢討

今年入夏以來，颱風接連來襲，尤以道格颱風所帶來的豪雨，加上氣流與海象，竟形成中南部僅次於「八七」水災的「八一二」重大災害。據臺灣省政府初步估計，修復與救濟災害地區，需款約三〇〇億以上，不能不說是我國在經濟建設大力發展的過程中，一項重大的損失。

回憶近廿年來，我國重要經濟建設中，對水利與防洪不僅列為重點項目，且亦以龐大預算配合進行。除各主管業務的經常例行經費外，特別在歷次重要建設中行為重點項目。茲就記憶分述如次：

壹、十二重要建設計畫中

(一)加速改善重要農田排水系統，係持續過去「加速農村建設方案」以宜、彰、雲、嘉、高屏等地區為主，計畫期間六七年—七〇年，經費一三·八七億元。

(二)修建臺灣西岸海堤工程及全島重要河堤工程，計畫期間六七年—七〇年，經費二二·五億元。

貳、十四項重要建設計畫中

一、防洪排水重要計畫

㈠臺北地區防洪續計畫，計畫期間，74年—78年，經費四三・七六億元。

㈡繼續河堤海堤計畫，計畫期間，74年—80年，經費一四六・八九億元。

㈢繼續區域排水計畫，計畫期間，74年—80年，經費五八億元。

㈣東部及蘭陽地區治山防洪計畫，74年—86年，經費七九・二四億元。

二、水資源開發主要計畫

㈠鯉魚潭水庫計畫，計畫期間，74年—80年，經費七五億。

㈡南化水庫計畫，計畫期間，75年—81年，經費九九・五七億元。

㈢四重溪水庫計畫，計畫期間，76年—80年，經費二四・七三億元。

叁、國家建設六年計畫中

在原訂「國家建設六年計畫」中，第一冊第三篇，「開發與維護水資源」中，列有四項發展重點：㈠水資源開發；㈡公共給水；㈢農田水利；㈣集水區水土保持。

「國家建設六年計畫」全部計畫共七七五項，其中有關水資源部分即佔有六一項之多，預估資金

四、四四四億元，計畫執行期間爲81—86年度。詳細計畫不再逐一列舉，惟在86年度仍未執行完成的計畫，其持續執行所需的經費，並未計算在內。

民國八十二年七月，行政院經建會爲持續執行「國建六年計畫」，並配合政府資源能力與社會需要，對此一計畫提出期中檢討報告，並經行政院核定實施。其中有關「水利防洪」部分，原列六一個計畫，檢討修訂爲五五項。其中又區分爲尚未核定計畫五項，已核定計畫五十項。在已核定計畫中，已完成三項，未完成計畫四七項中又區分爲：甲級第一類二八項，第二類一六項；乙級三項。並將原列六一項預算四、四四四億元，修訂爲五五項，四、二五四．九二億元。修訂幅度不大，惟在86年度後持續執行的經費，仍未包括在內。

以上各項水利防洪計畫，動用大量經費，持續長期經營，尚未包括都市排水、污水下水道基層建設等計畫在內，政府雖已盡全力，然部分地區若遇颱風豪雨，仍難經得住考驗。究其原因，似不外下述各項因素。

肆、缺失檢討

(一)整體規劃仍嫌不足。臺灣地形與氣象特殊，自不宜零星計畫，個別提出，湊成整體。而應由整體規劃到區域規劃，再產生個別計畫。預算的編製與分配，亦切忌平頭分配，零星點綴。

(二)品質未盡切實控制，維護管理未善盡責任。由迭次風災、水災後顯示，工程品質經不起考驗。

而工程竣工後的管理維護，多未善盡責任，致若干堤防、橋樑、道路等，效用大為降低。

㈢環境與生態保護，仍嫌不夠，國民認知亦感不足。如任意丟棄垃圾、違法挖取河沙、私行抽取地下水源、任意破壞水土保持等，形成若干嚴重後果。

㈣預算管理、成本控制，仍未盡理想。如事前估算每欠精實，事後部分計畫一再追加預算；而執行時每每進度落後，原訂預算又難以消化，成本效益，亦少詳確評估。

前事不忘，後事之師。臺灣地區經常遭受颱風侵襲，此次「八一二」水災，帶給國家建設與國民個人重大災害，政府極為重視。在八月廿日行政院工程督導會報中，行政院連院長特別指示，南部水災咎在執行不力，同時並指示，防洪及排水工程整治，關係人民財產安全，政府必須全力配合辦理，並重視考核，貫徹實施。環保署應速解決垃圾影響河川排水問題。

臺灣省政府及工程督導會報在報告中則指出，造成此次水災主因為：⑴天災，落雨量超出區域排水設計容量；⑵地形，淹水地區標高低於海水漲潮及颱風影響；⑶區域排水工程未達設計標準；⑷河流及排水設施未盡有效管理。

為應急解決此一問題，工程督導會報，已核定撥款二〇六億餘二，在三年內完成岡山地區區域排水改善工程，為使工程順利進行，並將排除一切民意代表關說及施壓，以利土地獲得與執行。

除以上應急、局部改善計畫外，政府主管機關，允宜會同有關單位，對近年以來所執行的各項水利、防洪計畫，以及相關的都市發展、基層建設、環保等計畫，迅速加以整體的評估，檢討得失，尋求對策，導正決策與方向，再釐訂或調整整體性、長期性、持續性、全面性的目標與計畫，以增進實效。荷蘭與海爭生存，終能建設爲現代化國家，我國亦非不可能。

（原載「會計與管理」旬刊第一〇八五期，民國八十三年九月）

經國先生與管制考核制度

——紀念經國先生逝世十週年

壹、前言

民國五十八年行政院爲加強行政革新，提高行政效率，成立研究發展考核委員會。因我在國防部服務時，研究行政三聯制頗具成果，曾獲頒績學獎章，且在規劃部門服務甚久，擬邀我擔任管制考核組主任。當時因我在軍中均擔任主隊職，且爲資深少將，冀望能更上層樓，不願調至行政機關服務。惟由於數度懇邀，我乃信口回答，究竟繼續在軍中抑轉到行政機關服務，擬請示老長官當時行政院副院長經國先生核示。不意翌晨在辦公室即接獲陸軍總司令于豪章上將電話，告知經國先生已通知國防部黃部長杰轉達，令我不待職務交接，即日到行政院報到。軍中工作暫時兼任，一個月後才完全交接。從此我開始了二十年的文官工作，也因經國先生決定，又創建一片新的天地。

回想當年經國先生決定我擔任此職，可能有下述幾個因素：一、運用我的專長和正直不阿的個性；二、選擇一位軍中來的人與文官各部會全無瓜葛，比較立場客觀，沒有本位主義；三、由一位將軍來擔任此一職務，便於主持和協調各部會間協調和管制考核的工作。以後我在研考會服務十二年之久，從建立各項制度到執行管考工作，一直到現在其基本制度的精神，並無多大變革。可說其中一點一滴，均是依循經國先生的指示精神與原則辦理，於今能夠發揚光大，亦可告慰經國先生在天之靈。茲略舉數事，以資佐證。

貳、調查糧價

六十年代初期，經國先生接任行政院長，當時國民最重要的主食大米，竟然價格高漲，且形成黑市，部分糧商屯積居奇，而臺灣省糧食局所報告的米價數字，完全與市價不符，甚至相差達百分之八十或一倍者。經國先生洞察民情，乃囑研考會即刻派員至全省各縣市作一實地調查。經遴選青年幹部十人，由當時科長陳庚金（後任人事行政局長）主辦，分赴各縣市米商查訪市售價格與取樣，綜合結果黑市價格與糧食局表報數字完全不符，且品質亦不等齊，所謂蓬來米中均滲有在來米在。旋即撰具調查報告，據實陳情，並提出有關建議，簽陳經國先生察閱。未意彼於閱及此一報告後，即通知前赴調查的全體人員，即刻由我率領至院長辦公室親自召見垂詢。過去行政院長所召見者多為部會首長，很少及於基層的承辦人員，被召見人員均以為是最大榮寵。由研考會主任委員楊家麟先生及余率領的十位現地考察人員，到達院長辦公室時，見到已先有一人在座，此即當時政務委員、現任總統李登輝先生。我事先規定每人只能做三分鐘報告，分別報告以後，我則做整體結論。經國先生笑容可掬，在每位報告後均詳詢實地狀況，並加慰勉。最後並徵詢李登輝先生意見，再對全體人員實地調查的結果表示辛勞與慰勉之意。據悉，以後建立「糧食平準基金」即由李登輝先生所建議，甚至經國先生以後特予契重，付以重任，與他對這項建議，具有深切關係。參與的青年幹部，無不對經國先生的親切、深入問題、注重實際的精神加以折服。

叁、調查色情

民國六十三年，奉經國先生面示：「臺北市色情問題極爲嚴重，研考會可派員實地作一調查所需經費可以實報實銷，且此次派往各實地調查的人員，不受十項革新規定的限制，免予處分」。此一調查工作頗爲不易，因研考會青年幹部多係純潔無瑕，從未去過色情場所。乃精心設計，透過各種管道，調查訪問。瞭解實況以後，眞是大開眼界，無論酒家、色情的浴室、按摩、理髮、應召站等各種色情場合，均調查訪問。如派出所之側可能即有應召站，而通衢大道、高樓大廈之中，可能春色無邊。一通電話即可召來春宮電影等等，不勝枚舉。調查完畢後即撰擬翔實報告，並提出建議。當時院長交由政務委員郭澄先生審查，彼將報告攜回家中詳細閱讀數遍後，對都市色情如此嚴重，實感痛心疾首，不禁老淚縱橫，其夫人詢以何以激動如此，彼則說此事不便對你說明。事後在院召集會議，提出各項建議，以後奉經國先生指示嚴厲推行的各項社會革新措施均由此而發起。對於經國先生能注意社會實質問題，並能運用青年公務人員，令其能磨鍊各種場合，很少爲外人所知。

肆、經濟建設

經國先生倡導十項重要經濟建設，可說是奠定臺灣經濟建設的最重要的措施。在當時我國經濟基礎非常薄弱，人力、物力、財力等資源不裕的情況之下推動這樣龐大的建設，必定困難重重，甚至財經部門亦無信心，但經國先生下定決心，非做不可。事後證明他確具高瞻遠矚的眼光，如果沒有十項建設，也就不能延續產生十二項、十四項建設，以至於今天這樣的經濟高度成長。可是計畫確定後，追蹤管制考核評估的責任就加重到研考會的身上了。老實說，管考制度建立後，當時還未曾經驗過如十項建設計畫這種大型案件，可說正好給我們一個學習、研究、磨鍊、發展，而且只許成功、不許失敗的機會。當時研考會管考部門全力以赴，運用各位政務委員分別擔任督導，每月召開協調會報；不時實地查證瞭解問題，發現困難協助解決；輔導培訓各主辦機關，從事整體與年度規劃；調製計畫評核術網狀圖，研訂工程進度厘訂方法；每月累報工程進度，對重大落後案件，督促加強執行，並追究原因等等措施，難以罄書。總之，十項建設的次第完成，也使管考制度在一邊執行、一邊研究改進中得以更臻健全。當時各計畫執行單位，對研考會管考處人員嚴正的工作態度，雖然感到敬畏，然而由於倡導「以服務代替管制」的精神，協助主辦單位解決了很多甚為困難的問題，反而變成關係最良好的工作夥伴。等到十項建設完成後，我們編印了一本「十項建設的規劃與控制」鉅著，詳細記錄各項建設規劃和控制的過程，作為以後十二項、十四項建設的借鏡。據說，以後十二項建設執行時，遭遇很多困難，執行很不理想，在經建會開會時，有人提出質詢：「何以，十項建設時，條件比現在更困難，而研考會卻能有效控制，推動完成呢」？也有人說，「這是強人政治下的產物」。其實，這完全是從現代行政管理制度設計方面，加以認眞推行而獲得的成果。所以如果沒有經國先生推行十項建設的話，也許管考制度的發展，不會這樣的迅速有效推行呢！

伍、經國先生的風格

經國先生對管制考核制度亦提出很多的金玉良言，茲摘述如次：「應全力清理積案，澈底清查處理，凡已失時效者可即銷案；凡須立即處理者，就立即處理；對於下級單位請求，和民衆的申請案，尤其要儘快答覆」。

「絕對不要爲了考核而考核，爲了報告而報告，應該一就是一，二就是二，不對就是不對，做了就做了，沒有做就是沒有做」。

「本院應就各機關施政計畫中最重要的事項，以及各機關組織職掌中有關重大政策性的工作，加以重點管制與考核，務宜力求精簡」。

「各機關應注意到業務控制功能的重要性，亦即是要讓機關首長對本機關的工作情況一目了然，可以隨時調節、督促、糾正，充分控制工作的進度和方向，就如鐵路的中央控制系統或發電廠的控制室，把握全局指揮自如，這樣才是現代化的行政機關，現代化的行政管理」。

「金門完成艱鉅工程，其所以能順利完成，最主要的原因，是事前經過精密的調查與測量之後，訂定了一個非常詳盡、細密的進度表，對於任何一項工作和小的環節，都明白的規定由誰去做？如何做？什麼時候做？什麼時候完成？其實際進度幾乎百分之百的和預定進度符合，這種工作方式足爲各級行政機關作爲範例」。

緬懷當年經國先生主持行政院，重視行政效率，講求實務，行政風氣與社會風氣爲之丕變，敬仰懷念之心，無時或已，深望國人能反省惕勵，毋負經國先生的期望。

（原載八十七年三月「會計與管理」旬刊，第一二〇九頁）

組織與行政部分

對行政機關間權責劃分之研究與建議

壹、前　言

行政機關的權責劃分，可分爲兩方面：在縱的方面，屬於上下關係的權責劃分，亦即是分層負責、逐級授權；在橫的方面，屬於左右平行單位的權責劃分，亦即是明確分工合作，使權有所屬，責有攸歸。政府多年來推行行政革新，加強組織功能，都將分層負責和逐級授權列爲推行的重點，並訂定「行政機關分層負責實施準則」、「實施要項」，各機關亦訂定各種分層負責實施辦法或明細表，對於促進行政效能，確有若干改進。惟對於平行機關間權貴的明確劃分，過去都未如前者的重視。

由於時代進步迅速，社會結構變易，政府職能日益加重，行政機關不斷擴增，致使行政機關間在權責與職掌上，時有重疊或劃分不清現象。例如在行政院所屬各部會，部分業務政出多門，在職掌上各有法規可循，在執行時則每生爭議。此次行政院檢討修訂組織法，已列爲改進的重點。在中央與地方政府言，部分業務形成重複督導；或待中央決定緩不濟急，或由中央逕行越級督導，形成組織功能失常的現象。在基層單位言，每於處理緊急事件時，各業務相關單位互推責任，貽誤事機，影響行政效率與效果。凡此種種，不僅對政府的公權力、公信力形成了嚴重的考驗，進而亦影響政府的形象。自宜加以探討研究，俾能從治本與治標兩方面，來力求改進。

貳、機關權責劃分不清影響政府形象的事例

由於機關間權責劃分不清，而飽受社會輿論指責，影響政府形象者，其事例不勝枚舉，即就近一年餘來所發生較爲重大而深受社會矚目的事件，摘要舉例說明如次：

㈠處理病牛，主官機管作風被喻為「推拖拉殺」。

七十五年十一月十二日由美國進口乳牛九十二頭，經過商品檢驗局港口檢疫單位檢驗，其中有八十六頭呈現陽性反應，其餘數頭亦呈現疑似陽性。依據現行「家畜傳染病防治條例」與以往慣例，陽性反應病牛應立即撲殺，換言之，立即可以處理撲殺之事，卻延到七十六年元月廿二日執行，拖延了七十天。其間涉及經濟部、商品檢驗局、台糖公司、農業委員會、衛生署、環境保護局等機關間的權責。此事本可防止其發生，因我國檢疫規定，呈陽性反應的牛隻，不論是否由於施打疫苗而產生，均屬禁止之列，然美商心存僥倖，未經由正式管道取得批准，僅憑商檢局電話，貿然運台。經發現有問題後，商品檢驗局應美方說項，尊重美方健康證明，未經請示主管單位經濟部及農委會，打破往例進行複檢，致自毀原則，延誤處理時效。且在複檢仍不合格的情況下，進口商又要求退運，再經諸多機關會商，才確定維持撲殺規定。此後復因撲殺方式、程度，以無妥善的準備，又經多度商洽環境保護

局、台糖公司等單位，始行執行。此事被輿論指責爲：「主管機關作風，暴露被動心態」，「處理病牛，推拖拉殺」。監察院對本案經過亦甚關切，已列爲調查案，函請行政院查復。

㈡挖路、埋管，無止無盡，拖時間，不填平，不便民。

挖補道路，埋設管線，涉及單位頗多，如地方政府、工務、建設、交通、電信、電力、自來水、瓦斯、石油、衛生、環保等多個單位，缺乏統一規劃，旋舖旋挖，進度緩慢，做做停停，到處坑洞，行旅維艱，早爲市民所詬病。而台北縣較台北市狀況更差，如七十六年春節時輿論反映：「台北市對水、電、瓦斯等管線的埋設，多在晚上施工，若在白天亦以儘量不影響交通爲主，雖挖挖補補，仍受批評，但已力求統一作業，並有充裕財力支持。反觀中和市在近半年以內，主要道路即三挖三補，拖延施工進度，形成凹凸不平，行旅不便，車禍頻生，由於涉及各權責單位，既乏整體規劃，又無權力管制，更缺乏週密協調，致多年以來，仍難革新」。

㈢資訊系統主管，政出多門，協調作業，束手縛腳。

戶政作業自動化計畫建立後，可透過電腦連線，使民衆能在任何一個戶政事務所辦理全部手續，免除路途奔波，且可縮短作業流程，提高行政效率，自無可置疑。惟據七十六年三月報導：自內政部在七十三年成立規劃小組以來，規劃工作即費時年餘，七十五年九月呈報行政院後，遭遇各方面意見，形成關卡重重，歷時半年，又要「回鍋煎熬」，一審再審，定案時間，遙遙無期。本案全部硬體設備包括二四九套主機系統及二、五〇〇套終端機，總預算七十三億元，計算期間五年。由於目前中央機關主管資訊系統，政出多門，且又涉及中央與地方經費，如行政院主計處的第一局、電子資料處理中心，國家科學委員會，行政院研究發展考核委員會，經濟建設委員會，行政院秘書處、內政部、國防部、台灣省政府有關廳、處，臺北市政府、高雄市政府、審計部，以及行政院資訊工業推動小組等衆多單位，致被輿論指責爲：「協調作業牛步化，束手縛腳；戶政作業自動化，陷入泥淖」。「審核迭逢關卡，案件時時回鍋；本位主義作祟，計畫難以出爐」。因此，明確劃分職掌，統一事權，已爲行政革新的重要課題。

㈣**劇毒原料管制不嚴，時肇事端，權責不清，引起爭議。**

由於劇毒化工原料，管制不嚴，時常爲害社會。如七十五年七月新竹山胞購具三十五公斤氰酸鉀，放入河中毒魚，結果毒殺大量魚蝦，惟其本人跳入河中撈魚時，不小心喝了一口河水，亦不救喪命。據專家說，這一批氰酸鉀毒量可毒死十五萬人。又七十五年九月屏東婦人以藥房購買的氰酸鉀，毒害七個小孩，輿論震驚。七十六年四月間，臺灣省議會蘇貞昌等議員提出聯合質詢，首問劇毒化學工業原料，屬於那一廳處主管？省建設廳長李揚敬答覆爲衛生處主管。衛生處長林朝京則答覆說是建設廳主管，說法不一，引起哄堂大笑。旋李廳長再說明「毒性化學物質管理法」已經總統明令公布，主管機關應爲衛生處。林處長則稱：有關環境衛生用藥主管機關應爲環境保護局。而環保局局長李公哲則答稱：不知其詳。以上三機關互爲推諉，引起省議員不滿，被指責爲「不明權責，互相推諉」。

㈤**請釋「農舍」定義，四個局處不知責歸誰屬。**

七十六年四月報導，木柵徐姓農民，擬在其自有農地上建造一幢農舍，須向區公所申請「無自用農舍證明」，始能向工務局申請農舍建照。區公所因其配偶擁有公寓一幢，拒予核發。徐姓農民認「農舍」與「公寓」有別，乃在七十五年十月函請臺北市政府解釋「農舍」定義，公文分至工務局，該局認爲「農舍」認定及解釋應歸建設局主管，乃轉建設局核辦。建設局認爲「農舍」一詞，源自建築管理法規，係工務局權責，乃退還工務局轉到建築管理處處理。該處認爲依據「土地使用分區管制規則」中，雖規定有可供「農舍」使用的項目，但並無「農舍」的明確定義，應由都市計畫主管單位主辦。都市計畫處接到此件公文，認爲亦無適當法令予以明確解釋，再報到工務局轉請主管法制單位提供意見。此件民衆請求解釋「農舍」公文，居然在臺北市政府內六個單位中旅行半年，依然出不了大門，形成權責不清的現象。

㈥**淡水河整治分工合作問題，民間團體提出建議。**

淡水河整治問題，甚爲各方所矚目。七十六年四月間，財團法人環境品質文教基金會與消費者文教基金會，曾聯合舉行淡水河整治實務座談會，邀請政府各相關機關及民意代表與學者專家多人參加。僉認此一重大工程計畫主管機關甚多，如行政院經濟建設委員會、內政部、經濟部、交通部、農業委員會、衛生署、環境保護署、臺灣省政府、臺北市政府有關廳、處、局，將來如何統一事權、分層負責、明確權責至爲重要。各與會單位意見並不一致。最後幾經磋商，提出四項建議：1.政府中央機構應研究成立淡水河整治統一機構，負責審核、協調、監督現有各分工單位的工作、預算與進度，並定期與民間環境公益團體溝通，以達成資訊中立公開的目的。2.中央主管機關應比照國科會大型環境計畫方式，加強實務與學術密切合作。3.國內工程顧問單位，應積極參與此一工作，使整治河川工作在科技方面植根。4.請政府文教主管機關加強宣導環保觀念，供民衆知行合一。

又同年七月間行政院環境保護署成立，爲有有效整合整治淡水河計畫紛亂的步伐，首件大事即宣布成立「淡水河系整治委員會」，希望藉聯繫、協調、整合現有各單位分工的進度，俾能使此一投資千億的計畫，能順利進行。由於淡水河整治主要包括：污染源管制；淡水河整治工程；水質責任稽查三大部分，其執行內容至爲複雜。這些工作目前雖由各主管單位推動，不過輿論反映認爲：「坦白說，因爲計畫太大，部分單位對本身職掌仍欠清晰，所以在一片渾沌情況下，外界認爲談整治淡水河好比『瞎子摸象』，經常摸不著邊際」。因此，各界對環保署統一事權的做法，均寄以甚大期望。

(七)違章建築，查報拆除，互不配合，弊端叢生。

違章建築多如牛毛，拆除績效不彰，早爲社爲所詬病。以板橋市爲例，更層出不窮。而此項查報工作係由板橋市公所工務課負責，查報除平時巡查外尚須接受民衆檢舉，經查實後呈報縣政府工務局，再指派拆除大隊執行。依可靠統計拆除比率不及查報數的十分之一，其中原因至爲複雜。七十六年三月查實未處違建，至七月間已逾百天仍無消息。如向有關機關檢舉，亦有反導致索取紅包的機會。而違章建築，照樣合法用電、用水、用瓦斯，稅收機關亦照收捐稅，與地下工廠有異曲同工之狀況。此外，尚有明知其爲違章建築，初期不予阻止，待建成高樓大廈始行拆除者，尤爲輿論所指責。

㈧垃圾「攻防戰」，形成近年來熱門話題。

「都市垃圾處理」雖已列爲十四項重要建設計畫，並規定自七十五年七月至七十九年六月完成，並編列二八〇億元龐大預算，惟執行進度一直落後，據分析主要爲垃圾處理場用地取得困難，用地取得不僅涉及地政、都市計畫、工務、交通諸單位，即當地居民亦多表反對，各機關間的協調至爲困難。七十六年七月桃園龜山鄉爲嚴防垃圾入侵，曾發生暴力事件。新店碧潭垃圾山問題，引起消費者文教基金會、新環境主婦聯盟等七個民間團體，發表聯合聲明，指出：「碧潭垃圾山環境公害危機，已至必須向民衆直接發布緊急警報階段。此一事件不僅暴露了環境公害的嚴重性，亦暴露了政府無能，危害新店溪流域公衆安全。」並表示：「臺北縣政府任其違法，顯然未盡監督之責，省及中央環保局坐視問題敗壞，更屬失職」。此外，輿論更指責「淡水河畔垃圾問題，碧潭垃圾山僅是冰山一角」。同時立法委員孫勝治亦提出緊急質詢，指「地方屢向中央建議，希望變更都市計畫的分區使用，重編垃圾用地，並補助經費協助地方解決問題。但七、八年來，均石沉大海，未見下文」。從上各點說明，各權責機關對處理垃圾問題，仍未能發揮團隊精神，亟應改善。

㈨屠宰與進口牛肉問題，權責仍有爭議。

自七十六年四月廢除屠宰稅後，私宰頗爲猖獗，對衛生安全問題，與消費者而言，實爲一大威脅。嚴格來說，屠宰稅取消後，私宰仍不合法。過去經濟部曾規定由市場管理處會同管區警察，執行取締工作。雖然「食品衛生管理法」第十三條規定，應實施衛生檢查。但據報導多年以來主管食品衛生單位以乎始終置身事外，從未主動取締，被輿論指為「有虧職守」。又據報導：某縣政府於七十六年七月一日將屠宰場管理業務由稅捐處移交農業局，農業局則授權各鄉鎮公所處理。屠宰場管理員宿舍交接，則於八月底報縣核處。縣府農業局運銷科認係公有財產，乃於九月五日轉函財政局辦理。財政局認為仍應由農業局主辦，復於十日再行移還。財政局未予接受，再於十一日以公文轉回農業局。如此輾轉在三個單位中互相推諉，足徵機關間權責劃分不清與協調精神不夠之一斑。此外，進口牛肉衛生堪虞，整合檢驗體系不夠嚴密，經常產生問題，經濟部商品檢驗局、衛生署與農業委員會三機關之間，如何加強橫向聯繫，以免淪為三不管，亦為消費者大眾所關切。

㈩裝載危險物品管理法規雖多，五個主管機關卻鞭長莫及。

裝載危險物品車輛，被視為「奔馳的定時炸彈」，而法令甚多，計有「農藥運輸倉儲管理辦法」、「實業用爆炸物管理辦法」、「高壓氣體安全衛生設施標準」、「放射性物質安全運送規則」、「汽車液氨運輸糟安全規章」、「危險物之標誌」、「液氨儲運使用規章」、「液化石油氣汽車運輸槽檢驗法」、「公路油罐車罐體檢驗標準」、「道路安全規則」、「高速公路交通管制規則」、「勞工安全設施規則」等。但法令之間規定不一，甚至有彼此矛盾之處。因主管機關涉及內政部、交通部、經濟部國營事業機構、中央標準局、原子能委員會等機關，如屬軍用品尚涉及國防部。此等平行機關權責如何劃分，問題甚多。交通部於七十六年十月完成近三百頁的調查報告，其中問題重重，甚望能進一步研究解決。

(十一)「緊急採購」一拖三年，順利解決還要三年，如獲實惠，再等三年。

三年前行政院爲解決北部民衆通勤之苦，並疏解高速公路已呈飽和的運輸，同時爲平衡中美貿易逆差，特核准臺灣省鐵路局緊急採購四十八輛電聯車，用議價方式與美國巴德公司進行議價。不意該公司財務發生問題，乃決定改採開「美國標」方式辦理。但三家投標廠商經審核後均不符美國標定義，經鐵路局函請中央信託局，中央信託局函請國際貿易局，國貿局轉請外交部，往返要求解釋，公文輾轉即花了一年時間。今（七十七）年二月，終於確定不符「美國標」定義，再交鐵路局重議採購辦法。據估計即屬順利，購得此項四十八輛電聯車還要二至三年。如民衆能實際搭乘到這批電聯車，須再等二至三年。行政院指示的所謂「緊急採購」，屆時已完全失去時間意義。

(十二)四機關各自為政，導致萬壽山崩塌事件，危害人民生命財產，經監察院提出糾正。

今（七十七）年一月，監察院糾正案指出：國防部、經濟部、臺灣省礦務局、高雄市政府等機關，基於本位主義，未能對已知有危險的高雄壽山三五六高地，予以緊急應變處理，導致七十五年九月發生嚴重崩塌，造成四人死亡一人重傷慘劇。經調查此處原爲軍事要塞，七十一年十一月國防部即發現有地層陷裂情形，交由陸總部處理，長達三年三個月，因循延誤。嗣後經濟部礦業司、省礦務局一再忽視台泥公司函報該地的危險性，未加處理。此外，高雄市政府明知三五六高地危險萬分，但屢次參與會勘，不知處理，公文往返，爭論未定。監察院表示：「由於各機關本位主義太重，各自爲政，應負責任未予主動擔當，細微末節，卻毫不放棄，以致造成重大災害」。並建議行政院「應以此爲鑑，對涉及各機關間權責問題，應切實注意改善」。

叁、形成機關間權責不清的基本原因和影響

綜上事例說明，行政機關間權責劃分不清，已形成當前行政革新的嚴重問題，吾人自應加以重視。如進一步分析其原因，亦不難發現概由以下各端所形成。

㈠部分行政機關基本職掌重疊。

行政機關的設立，均有組織法規的根據，組織法規中又必明確規定其主要職掌。此項職掌在擬訂與立法時，考慮即未盡週延，或由於文字記述含混籠統，尤其新成立的機關，未充分考慮到原有機關的職掌。例如此次行政院組織法修訂研究小組，於展開工作時，輿論對此一問題，反映即至為熱烈，認為機關職掌重疊比比皆是。舉例如：內政部與中央選舉委員會的選舉罷免業務重複；勞工委員會的職業訓練與教育部、經濟部、國防部、退輔會、青輔會重複；內政部的古蹟調查保存維護與教育部、交通部、文建會重複；國科會的科技發展政策職掌與教育部、國防部、經濟部、中央研究院、科導會等混淆不清；衛生署主管食品、藥物檢驗與農委會、經濟部諸多混淆，而職業病與工礦衛生調查又與勞工委員會重複；環境保護署的一般環境與生態保護，與內政部營建署掌理的國家公園又難以劃分。凡此事例，不勝枚舉。

㈡由於政治社會的變遷，業務內容愈趨複雜。

如輿論批評：「涉外事權不一，缺乏溝通協調，多頭馬車行動，外交體制亟待全盤定位」。事實上，目前外交工作至爲艱鉅，除正式外交關係外，推行實質外交範圍甚廣，如僑務、教育、文化、新聞、經濟、國防、科技等，無不包括在內。且各部門多派有代表，駐在領使館或駐外辦事處之內。以上各項業務，均有主管機關督導，在工作上分工不清或重疊的現象，在所難免。甚至輿論批評：「在國際間，恐難找到像我國這樣涉外事權支離破碎的國家」。

㈢**因業務需要新成立的機關，未充分考慮其他機關職掌。**

對因需要而新成立的機關，往往寄望過殷，未充分考慮其他機關的既有職掌，形成了業務重疊，執行困難。即如行政院文化建設委員會的成立，與內政部、外交部、國防部、教育部、蒙藏會、僑委會、研考會、新聞局等職掌，均牽扯不清。組織功能難以發揮，對於當時成立之初的期望，顯難達成，並已列爲此次行政院組織法修訂的重點。

㈣**新發展的業務或新發生的事件，缺乏處理的依據與經驗。**

由於經濟發展迅速，社會面臨轉型期，加之國際事務繁複，政府業務不斷擴張，往往產生新的業務，或臨機發生的事件，既缺乏處理法令的依據，又無過去處理的經驗，致形成職掌不清，相互推諉，甚至貽誤事機的情事。例如：港口廢船停靠碼頭艙底存油爆炸；九十頭病牛處理；外籍勞工等問題。即以大衆捷運系統的規劃與執行而言，其間由於多頭督導，權責不清而遭遇的困難，不知凡幾。某次，經建會主管邀集會議後發言，謂必須儘速策訂「大衆運輸法」才能解決；然則，通過立法程序至爲繁複，自然緩不濟急。

㈤法令多如牛毛，問題仍難澄清。

即以前例危險物品裝載運輸而言，有關法令十數種，其中甚至有矛盾牴觸之處，致使執行時發生困難。行政法規的策訂與管制，最重要的，不僅要隨時調整修訂以應需要，尤應建立法規體系，使有關法規能相互關聯，始能發生整體效用。

㈥主動負責、協調合作的團隊精神不夠。

行政機關缺少主動負責與協調合作的精神，影響行政效率和效果，乃當前推動行政革新的最大阻力。平行機關間，固然可能有部分權責劃分未清者，惟如能主動負責，以良好的協調溝通，解決若干困難問題，以發揮團隊精神，處理新發生的種種問題，亦可避免相互推諉，欠缺擔當，貽誤事機，形成嚴重後果方。

今後我國正面臨一個轉型期，社會結構變遷迅速，各種法規對於若干新發生的事項，勢難完全加以調適。如以上所舉各項事例，亦可能繼續不斷的發生。至於形成機關間權責不清的原因，已如以上分析。此種狀況，如不能有效改善，則無論就政府機關的行政效能、爲民服務、社會安全等，均有重大影響；甚至影響國際視聽與政府形象，亦且妨礙國家進步。

肆、綜合建議

茲針對以上分析，並參照所舉事例發生的原因與後果，研提改進建議如次：

㈠**列舉重點業務，指定主管機關，研擬權責劃分改進辦法**。

政府機關間權責不清亟待檢討的問題頗多，除有關涉外事務及文化建設部分，已列為行政院組織法修訂小組研修重點外，茲建議下列備受社會矚目的重點問題，應列為優先檢討，請行政院責成主管機關積極辦理：

1.由食品衛生而涉及衛生、工業、貿易、商檢、教育、社會、農業等機關的權責劃分問題。

2.因藥品與毒性化學原料的管制，而涉及衛生、環保、工業、商檢、標準、警政等機關的權責劃分問題。

3.影響重大社會安全，除純警政機關職掌範圍外，其餘涉及內政、國防、交通、經濟及地方政府等機關的權責劃分問題。

4.因環境保護而衍生的若干問題，涉及環保、衛生、都市計畫、工程、水利、農業、工業、交通及地方政府等機關權責劃分的問題。

5.屬於都市計畫、區域計畫中，包括縣市間「區際」所產生的問題，以及中央與地方間的權責劃分的問題。

㈡**在治本上，應促使組織法規中對職掌的制定，達到科學化與體系化的要求**。

1.行政院在規劃建立行政資訊系統，應速在此系統中建立組織法規與職掌的支系統，將各機關職掌納入電腦，除可檢查重複牴觸者促其修訂外，新成立機關所訂職掌，亦可先予查核。

2.機關職掌中，常訂有對某項業務的政策、研究、規劃、協調、聯繫、資料蒐集、審議、督導、推動、考核等抽象字樣，含混籠統，形成權責劃分不清，今後宜檢討改進。

3.各種組織法規，對職掌記述方式並不一致。有僅記述本機關的綜合性職掌者；有僅記述所屬司處分項職掌者；有兩者兼而有之者。又在各機關職掌最後一項，通常均列有「其他有關事項或上級交辦事項」，又似無所不包。均宜以科學管理方法，加以研究改進。

4.現代立法，注重建立立法體系。使法律能具有上下一貫、左右配合的系統精神。組織法規的未能體系化，已如前述各種例證。故運用系統方法來檢討改進相關組織法規，以促進權責分明，並進一步推動組織法規立法體系的建立，乃為當前急務。

㈢在治標上，加強有關機關間的協調合作，主動負責，培養團隊精神，切實解決的問題，釐訂具體辦法。

1.在同一地區內，各相關業務單位，平時應對可能發生權責困擾的業務，預為協調研商，訂為處理此類工作的協議，報請上級機關備查，作為爾後處理此項工作的準據。

2.如果過去已發生此類權責不清問題，經過處理後，應詳細紀錄處理經過，作為以後處理類似問題的案例，視同法院「判例」，以免再蹈覆轍。如碼頭廢船存艙廢油爆炸案、九十頭病牛處理案；又如甲乙兩縣境的「區際」問題，如處理得當，亦可作為丙丁兩縣的參考。

3.在同一地區內業務相關機關，應定期舉行協調會報，檢討有關問題，以資溝通解決。必要時，亦可舉行聯誼性活動，加強交流，增進瞭解。

4.於某一問題發生後，如平行單位不能解決，上級機關應速主動指示處理，或授權某單位負責指揮督導，其他機關亦應密切配合，勇於負責，解決問題。以避免如基隆河水患時，台北市工務局與經濟部水利司相互公開指責；訂定瓦斯價格時台北市建設局與經濟部工業局又互推責任，引起輿論譁然，影響政府形象。

以上各項建議，敬請行政院及有關機關參考。

（國家建設委員會，民國七十八年八月）

總統府組織更新展現新貌

由於今年三月舉行首次總統全民直接選舉，爲使充分具有民意基礎的總統，有了符合實際運作的總統府組織架構及幕僚人員，乃著手研訂「中華民國總統府組織法修正草案」，大幅度進行修正，並大幅精簡員額。此一草案業經元月三日立法院三讀通過。使數十年來迄未加以澈底檢討修正的總統府組織法，有一新的面貌出現，輿論界與絕大多數民衆，均加以讚揚。

從組織理論而言，無論基於行政學或管理學的觀點而言，組織機構有如一個有機體，從組織的設立、成長、停滯、老化，以至於必須再加以調整、更新，乃是一種必然的現象。須知道組織成立以後，經過了若干歲月，由於時間、空間、政治、經濟、社會等各種環境生態的變化，勢將導致組織發展的老化、停滯等現象。此種現象，由於組織內部及組織間權責發生問題，協調產生困難，與員工心態有所變更；或由於時代進步迅速，客觀環境變遷劇鉅，使組織職掌擴張、變更、萎縮等因素。若面臨此一狀況，仍不立予調整、更新，則由於組織愈趨老化，可能導致組織作風趨於保守，行政效率和效果逐漸低落，甚至社會形象遭受嚴重損害。何況全民直接選舉的總統即將產生，五十年前所制定的組織法，早已不能配合當前政治、經濟、社會的需要。

這次修正總統府組織法，可說幅度相當之大，其主要重點及精神分述於次：

首先，將總統府編制員額由九五九人至一、〇九七人，大幅精簡至三八六人至四五三人。亦即大幅精減僅及原有員額的百分之四〇左右。因此，其經費預算，亦必配合大幅降低。目前行政機關正實施「減肥計畫」，國防兵力亦實施精兵主義，總統府爲領導全國的最高機關，能率先有此大的魄力，至爲讚佩。在內部組織上，亦配合當前需要，加以組織更新與調整，將原編制六個局，緊縮爲三個局；亦增設公共事務室，專司對外定期發布新聞，爲總統與民衆間溝通的橋梁。增設政風室，裁撤稽勳委員會，以符實務需要。

在組織上一項重大措施爲裁撤參軍長、參軍、典璽官等，將總統府參軍長，參軍的編制，回歸到國防部參謀本部，爲此，不但解決了目前總統府秘書長與參軍長雙首長制的權責困擾，也充分象徵著全民直選的文人政府到臨。

在民主國家中，絕少設有參軍長這樣的職位，而公共事務室的設置，猶如美國主管公共事務的國務助理職位。總統施政的理念要告訴民衆，而民衆的心聲與反映，也是總統必須了解的重點。這些都可象徵著面臨民主時代，配合主權在民的精神，是一種相當進步的修法。

在立法院討論時，最受爭議的是資政與國策顧問的設置，以及設置多少的問題。因原規定總統府可設置資政若干人，國策顧問三一至四七人。事實上，目前總統府現有資政三二人，國家顧問一一二人，似嫌浮濫。經審查通過規定有給、無給之資政，人數分別不得逾一五人。國策顧問有給職不得逾三〇人，無給職不得逾六〇人。戰略顧問十五人。均有了明確的限制，且聘期不得逾越總統任期。

整體來說，總統府組織法的修正、更新，已經幅度相當的大，而有了若干的突破與創新，特別在員額上大幅精簡，值得讚揚。惟能配合時代及迭次輿論反應，仍有數點淺見，以爲今後組織發展的參考：

第一、政府體制與總統府組織

一個國家的政府體制，亦即政治制度與政府組織關係至爲密切。我國憲法修增訂以後，憲法學者與實際從政者，看法未見一致。有認爲是「內閣制」、「總統制」或「總統與內閣雙用制」，由於此一問題涉及政治理論與實際運作問題，至爲複雜，亦非本文討論範圍，無法加以究明。然其基本精神，自然影響總統府組織構架甚大。過去學者均認爲我國憲法的基本精神是「內閣制」，但在彼一時代均爲「強人政治」所領導，自可另作別論。今後面臨一個全民直選的眞正的民主時代，不僅總統府的組織架構，必須更趨適應此一背景，即經費預算，亦將更趨透明化。

第二、資政、顧問備受爭議

此次總統府組織法修正，已接納民意，將資政、國策顧問、戰略顧問之員額、任用期限，大加緊縮，值得讚揚。然此等職位，在先進民主國家，甚少先例，過去在大陸及在臺初期，由於軍政大員一時無法安置，且未建立健全之退休制度，容或可以考慮。爲今國家一切邁向制度化，此種職位之設置，似仍值得檢討。如爲一種榮譽職位，即不宜再支給特任官待遇；如爲實際須爲總統顧問、諮詢人員，應予專設，比照美國國家安全顧問或特別助理方式，處理實際業務。茲事體大，事實上總統府未來組織發展方向，可能已向此一方面著眼。

第三、總統、副總統府待遇問題

總統、副總統待遇問題，雖非本文主題，惟亦願藉此略申淺見。總統、副總統爲國家之最高元首、副元首，其待遇應較優遇，應無可厚非。且於上年度討論預算案時，對調整全國公教人員待遇時，總統府已表示維持上年度俸給標準不再調整，此種虛懷若谷精神，贏得人民欽敬與擁戴。然欲求得一公平合理之標準，亦非難事。如照先進國家元首待遇與其國民所得之比例，亦即總統府待遇約爲該國平均所得之若干倍，作爲概略衡量之基準，此爲調整一般公務員待遇之參照標準，大致相似，似不失爲一種參考的方法。

（原載八十五年三月二〇日「會計與管理」旬刊第一一三八期）

行政院組織更新的展望

壹

不論從行政學或管理學的觀點來看，組織好像是一個有機體，自組織的設立、成長、停滯、老化，以至於再加調整、更新，乃一必然的現象。組織成立後經過若干歲月，由於時間、空間、政治、經濟、社會等各種環境的變化，常導致組織發展老化、停滯的現象。此種現象，或由於組織內部及組織間權責發生衝突，協調發生困難，與員工心態有所改變；或由於時代進步迅速，客觀環境變遷劇鉅，使組織職掌擴張、變更、萎縮等因素。如已面臨此一狀況，仍不予以調整更新，則由於組織愈趨老化，勢將導致組織作風趨於保守，效率和效果逐漸低落，甚至社會形象遭受嚴重損害。

我國正面臨一個政治、經濟、社會的轉型期，行政院組織是否能適應內在與外在情勢的需要，已面臨嚴重的考驗。行政院居於政府施政中樞的地位，對於主客觀情勢變化尤具有敏感性。其組織法係於民國三十六年制定公布，爲時已歷三十餘年，迄未作大幅度的修正。去年八月，行政院有鑑及此，特宣布成立行政院組織法研修小組，邀集學者專家與有關主管，積極進行研修工作，並預定將於半年後提出修正方案。此一創舉，已贏得各界人士的讚佩和支持。

貳

組織的意義，學者論說頗多，歸納言之：組織乃經過層次和範圍的區分，在充分的協調溝通下人類活動的連續體系，它朝向一個共同目標，運用組織成員的集體智慧、知識及技術，同時結合各種資源和條件，在社會心理環境下，分工合作，相互依存、整合、協調，而能在符合效率與效果的雙重條件下，達成團體目標的一種社會體系。

所謂效果乃是組織達成目標的程度，或指決策的正確性，亦即做正確的事；效率是組織達成目標所運用的資源情況，或指經濟有效運用資源，亦即用正確的方法做事。

管理學家強調重視組織邏輯，即設置或調整組織，須依邏輯思維程序產生。此一程序概爲：1.確立目標；2.擬定衍生的分項目標；3.訂定完成目標、政策、計畫所需要的職掌；4.擬訂此項職掌的層次和分類；5.以可能獲得的各項資源條件再區分此等職掌；6.授予職掌負責人，以及執行其職掌所需權限；將各項職掌以職權關係和資訊系統，從縱橫兩方面加以聯繫，使成爲組織體系。

叁

學者從理論上對組織應具備的條件，和設立組織以及組織更新的時機，均曾提示許多原則與條件，然而如就行政院組織更新而言，不僅在行政學和管理學的角度上應妥慎考慮，且更具有超乎此等理論的政治意義。尤其行政院具有內閣樞紐的地位，其牽涉範圍又甚廣泛，將來對若干決策，仁智之見自屬難免。然從理論與實務兩方面考慮，當不外從以下各項基本原則去研究抉擇：

第一、適應時代進步和環境變遷的需要——三十多年來時代突飛猛進，環境變遷極大。行政院組織法無論就院本部的組織和所屬機關的組織型態體系而論，多已不能切合需要。因此，學者專家幾乎一致主張，應加速組織更新，一面使行政院秘書處、各組室能名副其實，權責分明；一面必須打破八部二會的限制，使能依實際需要以新面貌的組織型態體系面對國人。

第二：配合行政業務的迅速發展和擴張，以及力求國家各項建設能保持均衡發展的原則——如我國經濟突飛猛進，業務不斷擴張，經濟部雖已先後將農業、證券管理等業務劃出，但仍主管工業、礦業、商業、國際合作、國營事業等繁複業務，勢有再加區分的必要。又如由經濟發展迅速，面臨社會轉型期，當前已發生甚多嚴重的社會問題，社會福利顯難滿足國民需求，更非內政部社會司所能負荷。勢將考慮擴張，或與相關機關工作予以重組的必要。

第三、明確劃分權責，是一切組織設計的基本原則——行政機關間權責不清，時爲社會所詬病。如文化建設委員會與內政部、外交部、國防部、教育部、農業委員會、新聞局等職掌，多有重複。藥物、食品管理，衛生署與經濟部，農業委員會等，亦時有爭諉。此類事例不勝枚舉，自宜列爲組織調整更新的重點。

第四、委員會的地位和功能，值得檢討——從理論言，委員會的性質不一。有正式或非正式的；

永久或臨時的；直線或幕僚組織的；有決策權或無的；專負建議或資訊傳達的。因此，固然有集思廣益、避免集權、利於協調及傳遞資訊的優點，亦可能產生浪費時間資源、議而不決、責任分散及少數把持等缺失。行政院下現有十四個委員會，除法規委員會外，均相當於部的地位。然如詳加檢討，其權力、功能，又各異其趣。自宜依組織更新原則，予以重組或提升為部。

第五、促進組織制度化、現代化原則——惟有制度化可以維持組織的尊嚴性和公平性；惟有現代化可以提升行政效率和效果。如行政機構稱謂問題，輿論多有評論。又如各部的副首長均為政務官一人，常務官一至二人；而各委員會則有將其均列為政務官者。組織現代化是行政革新的原動力，吾人正迎接資訊時代的來臨，在此次組織更新中，如能摒除影響效率和效果的陳舊行政包袱，才能以嶄新的組織型態出現。

第六、組織更新常會導致員額膨脹問題——許多學者均曾論及此點。員額業務合理增加，自無可厚非。由於公務人員中亦缺乏組織問題的專家，致新成機構如何計算工作量以衡計其適切的員額標準，並非易事。又推行工作簡化，鼓勵用機械化代替人力，其能自減縮員額者，幾屬少見。因此，組減應重視現代化與制度化，為一體兩面的問題。

第七、組織設計與更新程序問題——學者對此頗多論說，然以行政院組織更新而言，無論其範圍、深度及重要性均難與比擬。在實質程序上，必須經過方案研擬；行政院組織法修正與立法；部會修法與立法，調整或成立組織；次級機關組織及隸屬的調整；人員、資材的劃撥等。尤其涉及衆多機關和繁複的立法程序，工作至爲繁鉅。如待前一階段工作完成再進行次一階段工作，勢將曠日持久，緩不應急。在此一狀況下，建議採分階段梯次進行方法，以爭取時效。並詳細劃分階段，列舉詳細工作項目，訂出詳細作業時程預定表，以系統方法控制工作的進行。

（原載民國七十二年二月「中央日報」專論）

政府再造方案初步構想之探討

壹、蕭內閣的努力方向

行政院長蕭萬長於就任之初，即提出「政府改造」的號召。數月以來，經過局部內閣改組，人事底定後，由有關部會開始研究，積極規劃，數度集會，已完成初步構想及努力方向，包括六大部分，概如次述：

第一、在政府角色調整部分

政府不再扮演領導者，改為協助者角色，因此，未來將檢討政府目前所辦的各項業務，經ＢＯＴ（即指由民間興建、營運、移轉）、民營化、委外、外包、公辦民營等各種方式交由民營。

第二、在政府組織再造部分

將厘清中央到地方政府職權，自中央到地方全盤調整機關組織。

第三、在工作簡化與工作效率部分

將利用全面設立單一窗口、網網相連的電子化政府，提升服務效率與品質。

第四、人力資源管理部分

除加強提升人力素質，將研究政府與民間人才交流的可行性。

第五、財政改革部分

將全面檢討現行租稅政策；確定金檢一元化政策；充分利用或開放使用公有財產等。

第六、法規鬆綁部分

將以事後的審查取代事前的規範，經濟部分法規將以促進自由化爲原則，管制爲例外；社會性法規將以道德所需的必要條文爲限。

依據以上方向，在行政院下設立「政府再造推動委員會」，由行政院長擔任召集人，相關部會首長及專家學者任委員，委員會下依前述六大主題，分設政府角色、組織、人事、服務、法規與財政等六個改造小組，積極規劃與推動。

其實，過去歷任行政院長，如嚴家淦、蔣經國、孫運璿、俞國華、連戰等任內，均曾提有政治革新與行政革新方案，其中尤以蔣經國、孫運璿任內，對於加強經濟建設、推動行政革新最爲卓著。而連戰任內除推行行政改革外，復對跨世紀長期規劃與提昇國家競爭力的推動，不遺餘力。羅馬不是一天建造成功的，國家的建設也是歷任政府領導人政績的累積，才能有今天的成就。

吾人面臨即將到達的公元兩千年，以及國家即將進入已開發的現代化國家的前夕，可以說是面對一個高度挑戰的新時代，確實是一個新的階段。如果說的嚴重一點，能夠超越這一個階段，我們必可邁入現代化國家的里程碑。反之，我們如果不能超越這個階段，則將遭遇更多困境，尤其外對彼岸中共，亦在不斷求進之中，且飛速成長處處打擊我國；對內我們的社會問題，日趨嚴重，政府亦必求各項建設齊頭並進，才能突破困境，履險如夷。

貳、政府再造與行政改革

雖然吾人尚未窺及「政府再造」方案的全貌，然而從以上六大方向探討，仍不難發現其與過去歷次作法與行政改革的差異與特點，茲分述如次。

第一、以「政府再造」爲號召，具有挑戰性，及一新耳目之感，較過去「行政革新」更具政策性，高層次。

第二、六大方向充分表現我國民主政治已進入成熟階段，今後要更致力政府各項業務的開放性、國際化、自由化。

第三、「政府組織再造」將以「精省」爲主軸，大力推動，自係一項新的措施。

第四、以長期規劃政府機關行政業務資訊化、辦公室自動化的成果，強調提昇服務效率與品質。

第五、倡導充分利用或開放民間使用公有財產，使公有資源、財產的運用，更充分發揮其效能。

第六、強調提昇公務人員的素質，並與民間人才交流，亦將對人事制度採取若干突破性措施。

第七、強調經濟性與社會性部分法規「鬆綁」，與過去著重「限制」、「管制」的階段，大異其趣，勢將導致一種新的觀念。

基於以上說明，吾人對此一初步構想及其努力方向，除概表肯定與充分支持外，以筆者多年服務行政機關，且親身參加各階段行政革新的規劃與推動，仍願就過去經驗的體認，提供評估與展望淺見，分述於次：

叁、政府再造的展望

第一、此一方案構想，雖以「政府再造」具有號召力與說服力，然若干部分項目，仍似較爲抽象，或尚在可行性研究階段，美好的言論，距離形成具體行動，尚有一大段距離。能否在李總統任期內立竿見影，尚待考驗。

第二、窺其內容，無論在政府業務推行BOT制度、政府組織再造、人力資源管理、檢討租稅政策，大幅度修訂法規等，均須長期規劃推動，非可一蹴而成，故一面宜分別研討長、中程計畫，一面仍須對若干應急問題，加速規劃推動，計日程功，始能儘速以新面貌呈現於國人之前。

第三、人民與政府的權利與義務，在憲法上早已明文規定，尤其以我三民主義、五權憲法、權能政治的精神，對「政府角色不再扮演領導者，改爲協助角色」，與實際「政府部分業務委托民間辨理」不盡相同，深冀政治學者、憲法學者，再加研究澄清。

第四、本案涉及政府組織、人事管理、財政、經濟等法規範圍至爲廣泛，除涉及行政院各部會外，亦涉及立法、考試、監察等各院，修正法律問題，是牽一髮而動全身，如何有計畫，有組織、有魄力、有管理的推動此案，將爲蕭內閣的一大考驗。

第五、釐清中央與地方權責，亦即「精省」案，乃爲本案的核心問題。惟既係「中央到地方全盤調整機關組織，自宜一併考慮到平行機關權責劃分的檢討，由於冗員充塞，顧問、委員坐支乾薪，不計其數，工作量與員額不盡符合，形成業務重疊，爭功諉過、人力浪費，政府機關全面精簡，勢在必行。

第六、「工作簡化與提昇工作效率」是每一階段行政革新不可或缺的主題。然本方案在現階段已近完成行政機關資訊化的基礎下，更能具有健全的基礎爲特色。然而「工作簡化」並非僅止「爲民服務」的「單一窗口」而言，機關內部的「工作簡化」並不徹底，眞正做過「工作簡化與分析」的行政機關（指要托學者要求來客觀執直與評估的），實在少之又少。此外，行政效能應包括效率（efficiency）與效果（effectivieness）兩方面，才能週延。至於「單一窗口」確屬理想，惟亦應免蹈過去「馬上辦中心」的覆轍，說是「馬上辦」，實際什麼事也不能解決。

第七、「提升人力素質」問題，目前政府公務員素質，似不算低，自然繼續加強，精益求精，無可厚非。至於「政府與民間人才交流」，由於制度與任用資格等限制，並不簡單。尤以公務員退休制度以鼓勵服務屆滿卅年，其退休月俸係以年資遞增。迨至六十左右，再轉民間已嫌老大，待研究問題甚多，似難以一、二政務官爲代表。

第八、「法規鬆綁部分」，「採以事後的審查取代事前的規範」一節，立意至佳。然審查、考核乃在糾正或防止錯誤的發生。如審計工作亦有內部與外部審計的區別。現代管理中控制或考核，在理論與實務上，均著重所「先期控制」用以防止錯誤的發生，「無缺點計畫」亦即由此一理論而產生。如將錯誤已經發生，再來事後糾正，則爲時已晚。研究發展考核委員會所建立的管制考核制度，其理論亦基於此。且在考核國家重大建設計畫時，經驗教訓屢見不鮮，不可不愼重考慮。

以上各點，僅就報端刊載有關本案初擬六大方向，略抒淺見，以供當局參考。深冀早日公布詳細推行方案，俾使學者、專家有更進一步之瞭解，亦望主辦機關能多多徵詢意見，的確能使政府再造方案實際可行。

（原載民國八十六年十二月「會計與管理」旬刊一二〇二期）

簡化政府層級
——廢省值得省思

關於簡化政府層級——廢省的問題，成爲政壇討論的焦點，不僅立委舉辦公聽會，且有五十多位立委連署提出修憲案，尤其即將舉行的國家發展會議，亦將列爲討論的主題，可見其重要性。

日前爲加速國家建設與發展，提高國家競爭力，最重要的阻礙，是政府行政效率不彰，行政組織架構疊床加屋，影響行政效率至鉅，是以簡化政府層級，已至非要改革不可的契機。然而，此一問題涉及理論，實際、法律、政治循多層面的考慮，並非一單純的組織調整問題，所以值得省思。

我們先看看各方面對此一問題所持不同的意見。

支持廢省的意見，約有以下各端：

一、國家行政體制應隨時代需要作適當調整，過去我國幅員廣，設置行省。目前蕞爾小島，仍保持中央與地方四級政府，未免疊床架屋，且組織員額不斷擴充，而行政效率卻每況愈下，極待改善。

二、就國外言，版圖不大的國家，同時存在四級政府的情形較爲罕見。以新加坡與日本，行政效率極高，政府層次卻相當簡化。前者因為一城市國家，而日本人口逾億，由中央政府直接管轄三十餘個縣，行政運作，並無窒礙。

三就國內而言，台北、高雄二院轄市，現行二級制行政，難與臺灣省各縣市相較，無論戶政、地政、吏治等，均能劍及履及，迅速推動，行政管理及效率，亦較進步，事權更較統一，不至鞭長莫及，推動無力之感。

四將現行政府四個層級，予以簡化為二個層級，可以大幅精簡政府組織與員額；更可減少民意機構及民意代表的人數；尤其可將選舉的頻率降低，以免每逢選舉熱潮，勞民傷財，影響整個社會安寧。

五簡化政府層級，對改善中央與地方財政，大有裨益。不僅可以節約財政支出，且亦避免中央與地方財政收支劃分的爭議，此為歷年籌編中央政府總預算之最大困擾。

六可解決若干中央與地方權責劃分不清之弊端。歷年在行政上發生重大事故時，因肇端於權責劃分不清之因素者，事例甚多。且若干業務原屬中央，授權地方辦理之事業，目前中央欲收回頗為困難，如簡化層級，均可迎刃而解。

至於反對廢省以維持現狀並在體制內改革為主張者，其所持理由，亦有以下各端：

一、廢省在意識形態上，便難免有「統」、「獨」之爭，此由民進黨力主廢省，新黨則未表示強烈的主張，既然廢省，難免有「臺灣建國」的聯想。

二、在我國實施省縣自治法、省長民選以後，其政治地位顯著提高。甚至有「葉爾欽效應」之說，廢省可能會引起強烈反彈，未來爭論，正方與未艾。

三臺灣省有七十九位省議員，三〇九個鄉鎮縣轄市，均有首長與民代，且多出自民選，如言及廢省，廢鄉鎮縣轄市，無論在民意基礎上，或稅政的角度言，引起困擾勢將無法避免。

四廢省一舉，涉及省市地方自治法規，有數百種之多，以目前國民大會，立法院等機構的議事效率，民意代表的分歧立場和意見而論，在尚未獲得相當共識以前，恐非易事。

五省及鄉鎮縣轄市有公務員十數萬，亦有龐大的財產包括土地，尚有債務，將來安置與處理，確非易事。

六設若省廢以後，省所管理的事務，勢將交由中央接收處理；鄉鎮縣轄市業務，勢將移由縣（市）接收處理。以目前中央機關與縣（市）的行政業務負荷量，已不勝負擔，若再大量增加，其預見的後果，將會得不償失。

七為樹立我民主政治之基礎，經過多年的努力始通過地方自治有關法律，並首次舉行省長全民選舉，在選舉進行過程中已能充分表達我國民主政治已臻成熟，不僅奠定了爾後總統全民大選的基礎，更贏得世界各民主國家的讚譽。如忽爾廢省，且非前功毀於一旦？

以上主張廢省及反對廢省的理由，均有其觀點與將來研討決策此一問題的參考性。然而對此一問題的複雜性，吾人卻不可忽視；甚至已不是一個單純的行政管理問題。

其實，簡化政府層級，並非以「廢省」二字來代表；此一問題亦非目前才產生的問題，多年來亦曾有學者、專家提出過若干研究。「廢省」不過是其中若干方案之一。茲將所知列舉說明：

一、廢除臺灣省政府，各縣（市）直轄中央政府。

二、將臺灣省政府予以虛級化，僅負協助督導責任。

三、多省制，取消臺灣省政府，分設北、中、南、東四省。

四、大市制，仿照大陸地方政府，分設若干市，並將原屬院轄市台北、高雄二市擴大為大台北與大高雄，接近國土開發計畫中北部、南部、中部、東部四個區域計畫的範圍。

從以上各種輿論，以及學者專家意見的歸納，目前對於此一問題，因其本質上的複雜性，自不易在短期內獲得共識，政府亦不可能草率予以決定。

我國憲法規定地方制度為省、縣二級制。憲法條文明定「省設省政府」；憲法增修條文規定「省設省政府，設省長一人；縣設縣政府置縣長一人」；省縣自治法也規定「省為法人，省以下設縣（市），縣以下設鄉、鎮、縣轄市，均為法人」。

又從推行政務的實質而言，中央的權限主要在國防、外交、司法等有全國一致之事權；如兼理全般地方業務，似有違均權理論的建立。

然而，行政效率不彰，組織架床疊屋，事權劃分不清，組織、員額與工作量未劃分平衡，亦係不爭的事實，歷年推行行政革新，固有其成效，然若干根本問題，似仍未能解決。簡化政府行政體制，為一重要而複雜的課題，但仍宜列為重要施政目標，循序漸進，不宜操之過急。行政效率問題，除簡化行政層級外，最重要的是在明確的分工，如交通、水利、防洪、環保、治安、消防等，或則爭功諉過，或則一事數管，或則無人過問。或遇偶發事故，往往處理緩慢，顯見行政管理不彰。簡化政府行政層級，是一大而複雜的問題，吾人不能因其障礙多，而不去研究；更不能因爲從事簡化政府行政層級的研究，而忽略了體制內的大力，放手的行政再革新。

（原載民國八十六年十二月　「會計與管理」旬刊第一二〇九期）

國防法與國防部組織法

壹、前言

制定「國防法」與「國防部組織法」，不僅早為立法機關質詢更頗為關切的問題，且由此一問題涉及方面頗為廣泛，自亦有其相當敏感性。又由於「國防法」涉及問題相當廣泛，國防部經多年研究，為促使立法院順利過關，仍以先研訂「國防部組織法」為努力目標。然最近發展又有變化，似有轉向先制定「國防法」，再制訂「國防部組織法」之趨勢。

貳、「國防部組織法」的最近發展

據悉今(87)年元月初國防部向李總統簡報「國防部組織法」草案時，李總統雖未就國防部所擬，軍政、軍令維持二元或一元作具體裁示，惟將來行政院審議時最後仍將選擇一種架構，送立法院審查。李總統強調，國防組織的功能在於建立適切的國防體系，以凝聚整體的國力，達成保衛國家安全之目的，依照憲法精神，應該規劃軍政、軍令權責劃分的原則性問題，而不僅是組織問題。因此，李總統指示，將原來「國防組織法」草案，改名為「國防法」草案，組織問題則納入「國防部組織法」規範。

另據國防部說明目前「國防組織法」草案已於去年九月送達行政院，但新的「國防法」即將以現擬「國防部組織法」內容為主，而另將現行「國防部組織法」和「參謀本部組織法」做必要調整，作為「國防部組織法」的主要內容。李總統裁示，未來擬將「國防法」與「國防部組織法」併案送審，其關係為母法與子法的關係。然須等「國防法」草案在行政院決定後，才能據以修訂「國防部組織法」草案。因此在時間可能拖上一段時間。

參、輿論反映軍政、軍令一元化問題

參照輿論反映，將國防部原擬的「國防組織法」除去國防部與參謀本部組織部分，改名為「國防法」，主要在該法中規定由總統召集、主持的「國防軍事會議」，做為國防最高決策機構，亦即由總統掌握國防政策的權力，所謂軍政、軍令一元化領導的精神。輿論方面認為經此修正的「國防法草案」乃是不折不扣的違憲案，非但無助於軍政、軍令二元化問題的解決，且此種以法代憲的方式，將使憲法錯亂的情形更形惡化。設若以此精神所研訂的「國防法」草案送達立院審查，立院可能為維護立法尊嚴而予以否決。

輿論進一步論及軍政、軍令一元化的問題，二元化必須分向行政院長及總統負責，使行政權割裂，即造成權責背離，可能有權無責，有責無權，國會監督不易。

㈡然而若將軍政、軍令歸於一元領導，則應釐清最高行政首長是行政院長抑爲總統？此點又應視憲法如何規定？

㈢我國憲去雖經不斷修訂，增加若干附加條款，然而行政院長爲全國最高行政首長的規定，始終沒有變動。因此軍政自然爲行政權的一部分，就應歸行政院長負責。如必須將軍政、軍令一元化，則對全國最高行政機關首長的行政院長，即有將其權責分割的現象。因此若由總統擬親自主持「國防軍事會議」，做爲國方最高決策機構，顯有未全。

肆、中共國防法的內涵

今欲將我國國防部所擬的「國防組織法」除去其中的「國防部組織法」與「參謀本部組織法」，而成爲更高層次的「國防法」，其可行性如何？首先必須了解「國防法」應包括的內涵究竟如何？目前國防部在研擬中的「國防組織法」草案，或未來的「國防法」草案，在未送達立法院審議以前，尚視爲不對外公開的機密文件，吾人自亦無法獲知其詳細內容。惟探討「國防法」的內涵，吾人不妨略舉彼岸中共的「國防法」內涵，以供參考。該法是一九九七年三月十四日在八屆全國人民代表大會通過，內容包括十五章，摘分如次：

中共國防法

第一章　總則，包括目的、適用範圍、國防使命、戰略，與經建關係、統一領導、優遇、軍民關係，對外軍事關係、獎懲等。

第二章　國家機構與國防職權，包括人大、國家主席、國務院、中央軍委、協調關係以及地方政府等職權。

第三章　武裝力量，包括依法治軍、共黨領導、強調革命化、現代化、正規化、訓練、組織、現役及預備役等。

第四章　邊防、海防與空防，包括保衛領土、軍委統一領導、國防建設等。

第五章　國防科研生產與軍事訂貨。

第六章　國防經費和國防資產，強調國防經費增長應與國防需要和國民經濟發展相平衡。

第七章　國防教育，強調全民參與，並納入國民經濟與發展計畫。

第八章　國防動員和戰爭狀態，包括總動員、局部動員的定義和準備、戰略物資、戰爭狀態等。

第九章　公民組織的國防義務和權利，包括公民服役義務、全民接受國防教育、企業對國防的義務等。

第十章　軍人的義務和權益。

第十一章　對外軍事關係。

第十二章　附則。

從以上中共國防法十二章七十條內涵來看，可以瞭解包含範圍相當廣泛。不過中共無論如何改革，仍舊是一個共產集權的國家，其領導人集國家主席、軍委主席與黨政治局首腦於一身。然而所謂「國防法」內涵的事項，卻可以供吾人作爲重要參考之資料。尤其在兩岸相互競爭的今天，更不可不加以研究。

伍、我國「國防法」未來發展的前瞻

㈠基於國防立法體系而言，制定「國防法」勢有其必要性。且從理論上言，依據「國防法」爲母法，而產生有關子法，並對國防各項基本事項，有所指導，以爲軍、政及一般國民的依循，亦有必要。

㈡就現代國家的發展而言，對於「國防」可從廣義與狹義兩方面來解釋，如前述中共「國防法」的內涵，即係從廣義來解釋，近乎舉國皆兵，軍事第一的大國防思想。如從狹義來說，則較偏重在軍事本身方面。

㈢我國「國防法」如即以目前所研訂的「國防組織法」草案爲基礎，而將其中「國防部組織法」與「參謀本部組織法」拿出另行立法，則顯然原訂內容較爲狹義。如此將來能否滿足國家及民意代表的需要，仍將通過重重的考驗。

㈣目前我國制定「國防法」仍有以下的困難：

1.「國防法」本身所涉及的各項問題，原即具有敏感性，甚至爭議性。

2.我國憲法架構經過多次的修訂增補，然部分政治學者，仍認爲反而「治絲益棼」，而並未定型。即以「總統制」與「內閣制」而言，迄今仍有爭議。進而影響軍政、軍令一元化或兩元化的問題，與論反映已如前述。

3.「國防法」各項內涵多少具有一些管制性，而目前動員戡亂時代已經過去，民主憲政推行，人民崇尚民主自由，其觀念與以前大不相同。甚至行政院在推行「政府改造」號召時，亦有法令「鬆綁」的呼籲。則「國防法」前途多舛，可以預料。

4.依「國家統一綱領」以及今後發展，兩岸均以和平統一爲目標，敵對意識逐漸模糊，影響國防戰略思想的確定。

5.由於前條關係，將來在「國防法」中所必須表達的領土問題、戰略思想、國防經費、國防資產，甚至有關軍人的義務與權益，都可能引起民意代表的爭議。

6.所謂擬設置的「國防會議」，早在「國家安全會議」之前即曾設立，而後取銷前者並以後者代替。並將「國家安全會議」增列於憲法增訂條款之中，當時對其職掌原擬設「國防、外交、大陸政策」等具有決策權，然經立院審議後修正認定其仍爲「諮詢機構」。由此可見如在將來的「國防法」中設置「國防軍事會議」，爭議勢所難免。

㈤雖然基於前條所述的各種困難，然層峰既已決策先策訂「國防法」，再依據策訂「國防部組織法」與「參謀本部組織法」，則先制定「國防法」已無庸置疑。下述研議方向似可供參擇：

1.先邀集眞正對國防法有認知的學者、專家，深入研究「國防法」應涵蓋之事項，以及針對當前我國實際處境，確定其範圍，進而研議「國防法立法要旨」的主要構想。

2.依據前項「國防法立法要旨」的基本構想，與有關機關及民意代表充分溝通，取得初步的共識後，至少能確定各項基本前題，再進而擬訂有關條文，以免徒勞無功。

3.在廣義與狹義的國防思想中，應選擇較爲適中解釋，以增加其適應性、彈性和融和性。

4.我國兵役制度已相當完善，各種有關動員、及基本軍制等亦相當完備，宜充分加以運用歸納。又由於實施「精實計畫」，基本軍事思想、戰略指導、建軍目標、武器系統的未來發展，亦似有相當軌跡可循。

5.中共仍爲一共產集權國家，過去窮兵黷武，多次對外發動侵略性戰爭，所以他的廣義的大國防思想，黨政軍一元化的領導以及全民皆兵的思想，乃爲其主要特徵。對照我國完全是一個民主自由開放的國家，一直以三民主義的和平精神爲立國基礎，再處於目前的國家情勢，「國防法」的立法精神必有更顯明的特徵，以證明與中共各異其趣。在形成此種特質後，又必須爲各階層絕大多數人士所認同。此乃主管部門研訂「國防法」的主要努力方向。

以上淺見，藉供參擇。

（原載民國八十七年二月　「會計與管理」旬刊一二〇七期）

精簡省級組織主要運作機制

廢省？凍省？到精簡省級組織，中間經過若干戲劇性的變化，雖經一般民意、輿論，甚至兩千位以上教授的聯署反對，終於經過國民大會三讀通過，成爲修憲的重點課題。此一問題一般人均認爲政治意義更大於實質意義，將來所收到的提高行政效率的成果如何，尚未敢預判以前，由於事前對精簡省級組織，並無一個已經溝通的具體概念，將來付諸執行時，欲將省府這一個龐大組織，以及所涵蓋的千頭萬緒的問題，予以釐清解決，恐非易事，更難一蹴而成，此乃可以預想之事。

關於這次精簡省級組織的整體規劃工作，行政院責成由行政院研考會負責總其成，根據該會的規劃，對此次精簡省級組織主要運作機制，是組成「臺灣省功能業務與組織調整委員會」，其下分設六個工作小組，辦理相關事宜，區分如次：

一、省組織員額調整小組：由行政院研考會、人事行政局、臺灣省政府民政廳及人事處負責。

二、省公務人員權益保障小組：由銓敘部、人事行政局、臺灣省政府人事處負責。

三、省自治法規小組：由內政部、行政院法規委員會、臺灣省政府法規委員會負責。

四省財產處理小組：由財政部、臺灣省政府財政廳負責。
五省公務人員專長轉換訓練小組：由人事行政局、臺灣省政府人事處負責。
六省事業機構民營化小組：由行政院經建會，臺灣省政府經濟建設及研究發展考核委員會負責。

從以上行政院精簡省級組織主要運作機制來看，對於這次精簡省級組織的重大決策，雖迅速展開因應的行動，希望在中央各主管機關與臺灣省政府各機構，積極規劃，密切配合之下，達成此一空前的艱鉅任務，然而我們仍有以下的看法：

壹、組織乃基於任務而產生，功能乃基於職掌而運行。

臺灣省政府在精簡以後其基本任務爲何？以及其分項職掌爲何？乃爲確定臺灣省政府未來如何精簡的先決條件。猶如欲建築一大廈，必先確定其基本用途，而後再繪製工程藍圖，一切設計完成後，再拆除原有建築，依照預定用途與藍圖施工，似非先拆房子再設計。所以未來臺灣省政府的基本使命與職掌，乃爲決定精簡到如何程度的先決條件。

貳、非「虛」、非「廢」，只是「精簡」。

輿論也有反映，省府存在近五十年，業務不斷發展，可說極爲龐大而繁雜。而這次修憲，省府的定位，非「廢」、非「虛」、非「凍」，只是「精簡」。然而如何「精簡」？「精簡」幅度如何？未來省府尚保有那些功能？與省府有關法規，如何修訂？這些問題，都是「臺灣省功能業務與組織調整委員會」當前極為繁複而重要的問題，這些先決的問題，必須先予解決釐清，才能進一步規劃進行。

叁、迅速解除因「凍省」的議題，所產生的省府與中央微妙關係。

輿論反映，政府從中央到地方本為一體，但因「廢省」、「凍省」的議題，使中央與地方政府間，一度呈現微妙而緊張的關係。表面上雖尚未至影響到施政的推動，但因彼此間影射揣測的「心結」，卻難免影響到政府整體的形象與政府團隊的和諧，此乃不可諱言的事實。現在雖然精減省府組織已成定局，然省府各級單位員工，仍不盡了解到底精減到何種程度？因此，中央與地方政府的關係，應迅速尋求解凍，以達到上下一致團結和諧，共同為省民福祉而努力。

肆、中央與地方在精簡省級組織中，應重視工作的爭取，而非權利的爭奪。

在精簡省級組織決策確定後，中央及北高兩院轄市，即積極著手爭取如何接管省府原有土地與財產，如何收回港口、鐵路與捷運、如何接收金融、產業等事業機構。然而對於原來即在中央與地方若干權責工劃未清的業務，似尚未積極爭取此類工作權責的歸屬與明確劃分。諸如歷年以來發生風災、水患，每每爭功諉過，若干社會安全問題，亦有權責不清情事；金融紀律或風暴，常難事前予以遏止。類以事件，不勝枚舉，其問題之重要性，不可忽視。

伍、宜先制訂一精簡省級組織的全般構想，以為作業依據。

行政院設立之「臺灣省功能業務與組織調整委員會」，雖然已設有六個小組，作嚴密的分工，然必須由綜合規劃單位，先制訂一精簡省級組織的全般構想，不僅可爲委員會各小組作業的依據，甚至亦可昭告全國，特別是臺灣省府所屬員工與全體省民，使能洞悉如何調整？如何精簡？以釋疑慮。臺灣省政府尚包括民、財、建、教、農、警、交、衛、環……等各業務部門，亦宜訂定分部門的組織調整與精簡的構想，以利各部門的詳細規劃與協調進行。

陸、委員會各小組應擬訂各項工作的優先順序。

精簡省級組織工作，可說千頭萬緒，依目前委員會六個小組的分工，無論組織員額調整、省公務人員權益保障、省自治法規之修正或廢止、省屬財產之處理、公務人員專長轉換與訓練、以及省屬事業機構今後之歸屬，彼此間均息息相關，甚至必須先確定前一步驟，始能繼續進行下一步驟者。因此，欲使此一委員會能產生高度功能與效率，在各小組工作齊頭並進之中，必須律定工作優先順序，才能井然有效進行。又此一問題，原爲社會大衆所關懷，故委員會的工作進度與內容亦須隨時向輿論提出報導。

柒、省屬事業機構業務繁複，其歸屬似非民營化一途。

省屬事業機構業務繁複，種類亦多。如交通事業之港口、鐵路、公路、捷運；金融事業之銀行、保險、土地開發；產業單位、農林單位等更不勝枚舉。在委員會中僅設有「省營事業民營化小組」，而中央各主管機關，如交通部、經濟部、農委會等，亦未納入委員會之中，自擬詳加考慮，以求週延。

捌、允宜先制定省屬土地有效運用與處理政策，以資依據。

省屬土地資產龐大而複雜，且與中央、院轄市、各縣市關係密切，其間原有產權歸屬，可能尚有若干無法予以釐清者。此次精簡省級組織，各方視省屬土地資源爲爭取的對象，尤其北、高兩院轄市，亟欲分得一杯羹。目前既非「廢省」或「凍省」，將來的省府似仍有其相當的功能性。筆者認爲此不僅是一個財產處理與劃撥的問題，應該是一個土地有效運用與處理的政策問題。易言之，先決定土地有效運用與處理的政策，才能談到財產處理與劃撥的問題。土地的政策應歸內政部主管，是從一個積極面去處理問題的看法。

以上各項淺見，謹提供主管機關與當局的參擇。

（原載民國八十六年九月「會計與管理旬刊」一一九三期）

臺省組織功能調委會本身行政效率的考驗

為達成精減臺灣省政府層級，已於國民大會通過了憲法修正案，在決策層次已算塵埃落定。然而由於省府組織龐大，業務繁複。據省府統計，現有卅一個廳、處、局，七四一項主要業務，將來對組織、業務、功能的調整、規劃、協調與執行，其工作自必甚為艱鉅。尤其此一問題，涉及政治層面，千萬省民，無不翹首以待，亟想瞭解未來的臺灣省府組織，到底精簡到一種什麼程度？

政府為縝密推動此一歷史性工作，特於行政院組成「臺灣省功能業務與組織調整委員會」，由行政院長兼任召集人，下設六個小組，分由各主管部會參與，並由行政院研究發展考核委員會綜其成。如此以繁鉅且涉及政治層面的問題，自然在處理過程中，不很簡單，又因其為社會矚目，更須妥慎處理，更因其具有時效性，自應劍及履及，立見成效。

吾人均深切瞭解政府修憲精減省府層級，乃為提高行政效率，進而提昇國家競爭力。此次組成「臺灣省功能業務與組織調整委員會」，來規劃推動此一重大國家政策，如何能立竿見影，正是對委員會特別是研考會，行政效率的一大考驗。所謂行政效率，實際是比較狹義的，廣義的，更應包括效率與效果兩方面，或綜合稱之爲「效能」，更較適切。

爰就該委員會如何有效規劃和推動此一政策，以彰顯高度效能，略申淺見如後：

一、應速制定一簡明的政策、目標與構想。

由於對凍省、廢省到精簡省府層級，迄尚無一鮮明的政策，目標與構想的概念，不僅國民未盡明瞭其精簡到什麼程度，對於各小組，各主管部會，以及省政府的作業，亦缺乏一明確的依據。如任由各小組自行發展規劃，每月向委員會報告，可能步調不一，緩不濟急。既由研考會總其成，即應發揮綜合規劃的功能，從速厘訂對臺灣省功能業務與組織調整的簡明政策、目標與初步構想，以後循序漸進，裨能充分因應。

二、運用系統分析方法，找出分類分項問題，尋求對策。

精簡調整省級組織業務，內容繁複，允宜運用現代系統分析方法，從整體觀點到各部門業務，分類、分項找出必須檢討改進的問題。進而逐一尋求解決的方案，才能使委員會的工作，在有計畫、有目標的前題下，作整體的推動。以免使委員會成爲一個只聽取報告、綜合、承轉的消極性機構。

三、厘訂整體工作流程與時序，並適時調整。

如此繁複工作，又涉及甚多部門，以及中央與地方政府的業務，不僅在各類業務中，有其先後優先的順序，亦有相互交錯的關係。必須由委員會協調各部門，厘訂整體工作的流程與時序，並因應業務需要，適時加以調整，才能執簡馭繁，依序進行，而不至於互相等待、互相掣肘，以求加速完成此項功能、業務與組織的調整。

四、訂定各階段、分類、分項工作預定進度表。

依據前項分類、分項問題，及整體工作流程與概定時序，訂定委員會及六個小組的分類、分項工作預定進度表。通常對此項時序與預定進度，係採一種「逆序法」進行，既律定一個假定的整體工作與分階段工作完成的預定時間，自亦包括分階段的預定完成時間，然後據以此最後時間逆序計算。如預定全部工作在民國八十七年十二月中完成，自本（八十六）年八月開始則所有分項工作均應分佈在這十七個月內分期完成。唯有如此，才是爭取行政效能的現代管理方法。

五、人力、物力、財力的劃撥，必須公正廉明，井然有序。

此次省政功能、業務與組織的調整，涉及範圍甚大。在人力方面，必因組織的精簡、裁併、隸屬的變易，而有所更動，致產生人員交接編汰等各種狀況。物力方面，爲最繁複的問題，其中尤以土地未來的歸屬與處理的問題，最爲嚴重。在多年累積的土地歸屬問題方面，可謂錯綜複雜，主管機關對所屬地籍權屬，尚未必完全清晰，將來整理劃撥，極爲費時費力。在財力方面，一面由於精簡調整，原有經費預算，多不適用。一面由於金融等事業機構，資產龐大。在以上人力、物力財力如此複雜狀況之下，如何確實做到公正廉明、涓滴歸公的要求，必須掌握充分的資訊，事前週密的規劃不爲功。

六、權責劃分，必求明確清楚，以為精簡調整的基礎。

中央與地方權責劃分不清，亦爲此次精簡省級層次主要因素之一。藉此次業務功能調整的機會，正是一個澈底檢討的時候。不僅中央與地方政府間上下層次的權責，即涉及此一問題平行部會廳處間的權責，亦應澈底檢討，務求明確分工。從權責劃分上制訂組織精簡調整的原則，勿再推拖敷衍，留下一些尚未解決的後續問題，至於委員會與各小組的作業權責，亦須劃分清楚；委員會不僅是消極的綜合，更須進一步以綜合規劃的精神，發揮政策領導的作用，以增進作業效能。

七、週密的協調，分工與合作，解決所遭遇的各種困難問題。

此項繁複與艱鉅的作業，中央與省府間，各部會與各廳處局間，必會產生若干困難問題，或不易解決的歧見。此類問題，如不能逐一迅得解決；勢必影響整個作業的進展。所以在作業全程中，必須充分運用協調溝通的方法，力求密切分工與合作，使各項困難問題，能迎刃而解。

八、運用作業研究精神，建立省政資訊系統，有效運用。

委員會以下六個小組的作業，待提到委員會報告時，可能已是較成熟的結果，委員會召集人是行政院長，自仍具有決策性作用。而各小組可能乃爲作業的重心。必須經常運用小組研究的方式，來研討問題。甚至小組內尚有若干個別問題的分組，或牽涉相關單位的跨組會議；甚至相關主管人員集中辦公，以研討計畫、方案、推動執行。均在力求集中人力、專才、事權，以進行作業，增取時效。在此期間，建立相關而完整的省政資訊系統，以供有效運用，在所必需。此外邀請學者、專家，如金融、港務、地政、組織、管理等，於必要時參加，仍屬必要。

總之，研考會承辦此次省政精簡調整案，責任重大，各方寄望尤殷，以其人才濟濟，想當可勝任。爰申淺見，以供參考。

（原載民國八十六年十月「會計與管理」旬刊一〇九六期）

商港收歸中央的展望

壹、港埠的意義。

所謂「商港」係一習慣的說法，實際應說「港」、「埠」二字，來加以解釋：

「港」（Harbor），俗稱港灣，係指具有天然或人工的屏障，有足夠的寬廣與水深，可以使船舶在港內安全碇舶。

「埠」（Port），通稱港埠，其拉丁文原字（Parta），係指「位於海岸之門戶，並有安全屏障之義」，故與港灣涵義不同，即除須有良好的港灣外，尚須具有碼頭、倉棧、裝卸、修護、油水食物供應，交通設施，以供貨物裝卸及旅客上下之處，亦可謂是水陸交通的樞紐。

貳、世界各國對商港管理體制的種類

參考有關著述，世界各主要國家對港埠的管理體制，雖由於立國精神，歷史背景及地理環境的不同，各有千秋，然大別可以分屬五大類：

㈠屬於財務及政策上獨立機構之管理

係由有關港埠的公私營單位，與政府各主管機關，派遣代表，組成港埠管理委員會管理之。如英國主要港埠倫敦港最早採用此制。美國各大港亦多採用。

㈡中央政府管理

港務局長由中央任命，財務預算由中央編製，港埠工程由中央負責。如沙烏地阿拉伯、伊朗等國，均採此制；共產集團的國家，亦多採集權管理的方法；以往法國各港亦曾採用此制。

㈢地方政府管理

港埠由地方之州或省及市（縣）政府管理，如德國的布萊梅港；日本的大阪港等。

㈣地方政府管理中央補助

港埠由地方政府設管理機構管理，惟港埠的發展，向中央呈報計畫，經核定後列入國家經濟計畫，按年度編列預算，撥款補助。如日本的東京港等。

㈤企業公司管理

籌組公司負責港埠的管理。此與其他企業公司依公司法籌組方式相同。如英國的曼徹斯特港，由曼徹斯特運河公司所經營。又如南威爾斯卡地夫港，即由英國大西洋鐵路公司管理。

總之，港埠管理體制的決定，乃根據該國港埠的歷史、政治環境、地理位置、經濟發展以及土地所有權等而決定，不可一成不變。

理想。

叁、商港收歸中央的構想

參考有關報導如次：

基隆、臺中、高雄及花蓮四個國際商港，目前委由臺灣省政府管理，屬於三級單位，不僅政策規劃必須屢屢提報，港際間合作規劃，專責機構與人才亦感不足，以致發展受到限制，成長尚不能盡如理想。

爲發展國內海運事業，積極發展亞太海運轉運中心，交通部於三年前即規劃航政局的設立。此次國民大會通過了「精省」的憲法修正案，交通部門認爲將商港收歸中央，有利港際的整體規劃，及發展一元化，進而提升國家競爭力。按交通部決定成立航政局，其構想係先將屬於公權力執行的航政監理權收歸中央，由中央統籌規劃海運事業的發展。以後陸續將港埠建設更新，提昇營運效能。瞻望未來，更將結合地方政府，民間企業成立公司組織，達成企業化、民營化的目標。

由於商港年營運額頗高，如高雄港每年營運所得高達四〇億元，臺中港則近二〇億元，如基隆港亦近一〇億元。對於各商港所在地的地方政府來說，得到很大財源的補助。此外，由臺灣省政府收取的商港建設費，每年更高達兩百多億元。

以上這些航運業者所徵收的費用，實際投注在商港的建設上，似屬有限，形成我國港埠費率偏高，建設更新緩慢，影響航商來臺投資或轉運的意願。主管機關僉認國際商港收歸中央，並加速港埠民營化，有助於提高港口營運效能，降低費率成本，吸收外商來臺的意願，並對整體提升國家競爭力，頗有裨益。

肆、今後的展望

(一)商港管理體制種類不一，貴在適應國情，發揮效能。

前述世界各主要國家商港管理體制，雖分爲五大不同類別，然均能各別適應國情與環境需要，發揮高度效能。我國目前在臺灣復興基地，爲一島嶼國家，幅員不大，過去商港業務由中央授權省府處理，現「精簡」以後，由中央收回，則中央與省原爲重疊，亦即中央與省應爲一體，變易不大，因爲臺灣幅員尚不若美國的一州，或大陸的一省，似可不必對「收歸中央」，加以過份強調。

(二)港務局係一大型企業組織，必須具有獨立作業權責。

港務局下轄龐大組織，所屬員工數千人，其擁有鉅大資產與預算收支，且分別位於基、高、中、花，各有獨自的海域與陸上土地。不僅在每天廿四小時內營運期間中，隨時可能發生各種狀況，即在港區擴建的各項工程設施，亦無不需要局方隨時監督與管理。總之必須在充分授權，分層負責的狀況上，使其具有獨立作業的權責與能力。如事事干擾，凡事請示，不僅徒增困擾，亦失卻企業管理的精神。過去省交通處亦不過設置港務科，協調承轉，將來航政局亦不可能增設大量員額，尤不宜以「太上皇」居之，徒增困擾。

(三)配合自由化、國際化、推動企業化、民營化。

自由化、國際化是我國當前經濟的主要政策；而企業化、制度化、民營化，亦爲必須努力的途徑。然而過去四個商港，從擴建或新建到營運管理，在省府與中央的協調分工督導之下，其已有的輝煌成就，亦不可予以抹殺。亦即既有的努力已走到一個相當水準的程度；再進一步，可能是比較不易突破的難題。今後由中央（交通部）接管後，對自由化、國際化、企業化、民營化，如何訂出更進一步的鮮明目標？如何厘訂較明確的時程表以加速進行？如何訂出一個更合理的權責劃分表，讓港務局仍保有相當獨立作業的地位，進而更顯明的增進其營運作業的效能。期能早日公諸社會，吾人願拭目以待之。

（原載民國八十六年十月　「會計與管理」旬刊一一九六期）

精省後如何有效運用省有土地資源

修憲後「精省」的大原則已經確定，龐大的省有土地資源，難免成爲各方覬覦的目標。省屬事業中資產龐大的相當多，除了省屬七行庫等金融事業外，如臺灣人壽等保險公司，菸酒公賣局等，均擁有很多土地。

據統計省有土地共有七萬多坪，依使用性質可以分爲「公用土地」和「非公用土地」兩大類。前者約四萬多坪，後者爲三萬多坪。特別是後者，使用情形頗爲複雜。

如以位置來區分，「公用土地」隨業務主管而各異，「非公用土地」的位置，大別只有三種：一是位於臺北市區；二是位於高雄市區；三是位於省屬各縣市區。不過以上三種位置的分佈狀況，卻並不平衡。

由於國內的大企業，均想在都市繁榮區或計畫開發地區，爭取土地資源獲得的機先，所以土地常被視爲寸土寸金。例如，六月中旬南山人壽以十七億餘元的天價，標下信義地區的國有地。先後又有以中華開發爲主的團隊，標下臺北國際金融大樓，得標價爲二〇〇零六億八千萬元。以後又有地段及其他開發地區土地的漲風，亦促進吾人對省有土地的處理，更應加以愼重。

近據資訊獲悉，財政部國有財產局，因應省府精簡組織後，初步擬訂四項對未來省屬土地的處分方案，如次：

甲案：「公用土地」隨業務而異；「非公用土地」則全部由國有財產局負責管理。

乙案：「公用土地」隨業務歸屬；「非公用土地」以其所在地的位置來分配。

丙案：「公用土地」所有權仍屬臺灣省政府，管理權隨業務而定；「非公用土地」由國有財產局負責。

丁案：「公用土地」隨業務移轉；「非公用土地」所有權仍歸臺灣省政府，管理權則由國有財產局負責。

以上四條列如下表，當可一目瞭然：

區分	公用土地	非公用土地
甲案	隨業務而異。	由國產局管理。
乙案	隨業務而異。	以所在地位置分配。
丙案	1.所有權歸省府。 2.管理權隨業務而定。	由國產局負責。
丁案	隨業務而異。	1.所有權歸省府。 2.管理權則由國產局負責

以上甲、乙、丙、丁四案，經初步評鑑，認爲：

甲、乙、丁三案，對「公用土地」之處理，均係隨主管單位的業務轉移與歸屬爲依歸，亦即如菸酒公賣局收歸中央，其所有土地亦隨之轉移中央，此自然爲天經地義之事，然則，究竟那些業務與單位收歸中央？那些單位業務仍保留省府，截至目前止，尚未由中央與省府協商公布。

至於丙案所有權歸省府，管理權隨業務而定，看似一個折衷案，事實上由於事權不統一，勢將掣肘難行。

甲、丙兩案，對非公用土地的處分，均由國產局管理，事權自然較爲統一，然精省後究竟精簡到什麼程度？即省政府的功能是否連自己所使用的「非公用土地」，也無權管理，在仍可能保持犬牙交錯的狀況下，亦尚有商酌的餘地。

至於乙案「非公用土地」以所在地位置來分配，由於在省有土地分佈於臺北市、高雄市及省屬各縣市的情形下，並非均衡。如依所在地位置分割，不僅有失土地歸屬的公平性，且所謂「精省」，並非「廢省」，自亦非屬妥當。

丁案「非公用土地」所有權仍歸屬臺灣省政府，管理權則由國產局負責。此案雖然在國有財產局主管者，認爲是最佳方案，然若詳加研究，其主要前題仍基於「精省」至何種程度問題，到底「精省」與「廢省」不同。

綜上分析，吾人特提出以下的看法：

第一、本案的基本前題，仍在「精省」的全盤構想，政策與目標，應及早定案公佈，以為各種作業進行的準據。行政院已成立了「臺灣省功能業務與組織調整委員會」，下以分為六個工作小組。惟成立已經三月，迄今仍未見至「精省」的具體構想。月前政府忙於國民大會、修憲、執政黨十五中全會，接著內閣局部改組，似不暇及此。目前塵埃已定，宋省長亦返回行政院會議與中央常會，應速將「精省」且具體構想商定公布。在此未公布確定以前，各部會似不宜個別發表主張，如財政部要收回銀行；交通部要收回港口；國有財產局要收回土地等，以免被譏為缺乏統一規劃。

第二、徵諸近況發展，收回省有土地之議，尚待繼續觀察。今(86)年九月九日，宋省長楚瑜在列席省議會答復省議員質詢時，曾分別從歷史背景、法理依據及現實情況，嚴論駁斥財政部對臺銀、土銀認為屬於國有，並擬收歸中央的論點。同日新任行政院長蕭萬長首度列席立法院會議時，答覆立法委員質詢此一相同問題時，亦僅以婉轉的口吻略加說明，並未提出行政院的決定性主張。由上說明，「精省」程度，似尚未確立具體方案。省有土地的處分，或則言之過早，或則僅能視副劃撥時的個案，逐一協商規劃。

第三、地籍的清理，是調整劃撥與處理土地的基本問題。政府為加強土地資源的有效運用，歷年推動多次計畫方案。然據吾人所悉狀況，地籍資料，極為複雜，即屬初步清理，亦須保持常新。而侵佔公有土地，發生土地糾結仍時有所聞。地籍清理不僅是一種消極的查對帳籍，更須積極的清查其有效利用的程度。

第四、省營事業民營化的過程，並非一蹴即成，其所有土地在未轉移前，仍宜清理並促進其有效利用。省營事業民營化，亦經多年規劃，惟推動並非易事。將來在整個的時程表上，自亦非可能在短期內等量齊觀。自然其所有土地亦恐非以「隨業務處理」一語可以概括。藉此機會，予以清理並促進其有效運用，亦爲理所當然之事。

第五、配合國土開發計畫，積極運用省有土地資源。國家訂有長期綜合開發計畫與各個區域計畫暨都市發展計畫，在以上各種計畫中，對土地開發利用，乃計畫中的重點。此次因爲「精省」而產生的土地歸屬問題，自仍應以整體國土開發爲重點，而以積極有效運用土地的目標爲出發點，將爭取土地歸屬權視爲次要，將來政策確定則歸屬問題以「水到渠成」來形成。至於土地的所有權與管理權，亦應力求事權統一爲依歸。

（原載民國八十六年十一月　「會計與管理」旬刊一二〇〇期）

增進行政效果與效率推動行政再革新

壹、前 言

蔣總統經國先生總結執政黨第十二屆四中全會的使命和課題，號召以黨的革新帶動全面政治和行政革新。接著行政院已於六月二十七日召開全國行政會議，其會議目的，即在研討如何達成政治革新、行政革新這一重要使命。

在這次會議中　蔣總統訓示我們：「要達到行政現代化的要求，必須建立工作的責任制度，以行政三聯制的精神爲基礎，以科學辦事的方法爲依據，做到行政制度化，辦事科學化。使一切業務，事權分青，責任確鑿；使所有工作人員，更能負責盡職，竭誠奉獻；並使每一計畫都有結果，每一工作都有著落，做到求眞求美，貫徹始終」。

行政院俞院長在這次會議開幕時致詞，提出七點要求勉勵全國行政人員：「一、認清自己的責任；二、具備整體的意識；三、發揚團隊的精神；四、重視民意的溝通；五、要有科學的觀念和方法；六、確立法治思想；七、維護職業的尊嚴」。

從以上的提示和全國行政會議的七大議題看來，現階段行政革新的主要目標，是在增進行政管理效能——效果和效率。

復興基地在五十及六十年代，均曾經掀起了行政革新的浪潮，蔚成一種運動和風氣，尤其在六十年代初期，蔣總統經國先生主持行政院時期，大力倡導革新行政及社會風氣，改革各種行政管理制度，積極推動爲民服務，簡化各種申請程序。一時雷厲風行，政風爲之丕變，這是有口皆碑的事實。

無可否認的，近年以來，部分行政工作表現在效果和效率兩方面，均可能有亟待改進的地方。誠然，這些局部現象，不能否定我國在政治、經濟等各方面的全面進步；然亦不能忌疾諱醫，我們必須百尺竿頭更求精進。須知，行政革新原來是永遠沒有止境的。如果能夠重視當前的缺失，正是未來再進步的導因；反之，如果以現實爲自滿，可能已形成將來落後的根源。

爰本此旨，特就增進行政效果與效率加以探討。

貳、效果與效率是行政管理的具體表徵

我們常在檢討，一個機關的行政管理效能的良窳如何？一言以蔽之，須視其行政效果（effectiveness）和行政效率（efficiency）的表徵如何？

有人將現代管理發展的沿革，區分爲三個主要時期：從一九一〇年到一九二七年，是管理萌芽時期，此一時期講求工作研究，是以科學精神設計最佳工作方法，並力求工作的標準化，以增進工作「

效率」，對象則爲操作的工人。

迨一九二七年以後，到一九四七年期間，由於行爲科學的發展，重視人群關係，講求激勵方法，改正完全把人當著機器予以嚴格要求的觀念，鼓勵工作人員情緒，以增進工作「效率」，惟仍以操作的工人爲主要對象。

到了一九四七年以後，由於電子計算機的發展，可以研究運用數據方法，來處理大量的資訊，協助決策者作選擇問題的最佳途徑，亦即決策最好的方案。這乃是以追求「效果」爲目標，而其對象則是表持這一計畫的主管或首長。從以上現代管理發展的演進來看，可以說明追求「效果」已日趨重要。然而時至今日，無論管理科學如何發展，儘管在管理的層次上，在問題的性質上，在規劃執行的階段上，「效果」和「效率」可能產生孰重的問題，但一般來說，實具有同等的重要性。

叄、效果與效率的涵義

效果與效率固然有些各別的涵義，然有時其界說亦頗不易加以劃清，以物理學的觀點來說，效率通常是指一個物體投入的功能和產出的功能之比。而效果則指一項行爲或行動所產生的結果；如就效用理論（utility theoty）來說，即指對某種決策問題採取各個行動效用的研究，用以討論各個因素相關的數字價值和上項價值的組合方式，而產生選擇各個行動相對的效用價值。

管理學家杜拉卡（Peter Drucker）名言：效果乃是「做正確的事」（Do the right things）；而

效率乃是「用正確的方法做事」（Doing things right）。

茲再進一步來加以闡釋：

・決策的正確性——最佳而又可行；
・效益的合理性——較高而又正常；
・品質的優越性——合格且能領先；
・利益的長遠性——適切而能持續；
・整體的配合性——全面且能協和。

總之，效果應從綜合的、整體的、深遠的來看，它是比較著重目的、後果、效益等方面的。例如汽車工業政策、核能發電建廠、廢五金進口、人事制度改革、新制營業稅等，均涉及行政決策問題，必須先從決策的效果來考量這些問題。

效率——可以說是，

・時間的有效管理——速率的增進和正常保持；
・行政或生產作業的有效管理——數量的達成和質量的增進和保持；
・經費的有效管理——既不形成浪費亦不吝嗇。
・人力的有效管理——組織成員的合理分配與運用；
・物資的有效管理——需求、獲得、儲存、分配、處理構成良好的循環。

總之，效率是比較著重於方法、手段、程序等方面，以求達到人、時、地、物、事的適時、適地、適質、適量。例如行政機關的公文處理系統，衆多的人民申請案件，計畫執行進度的追蹤，以及其他各項事務管理等，均以要求效率爲主。

肆、影響行政效果的主要因素與增進方法

影響行政效果的因素固然很多，以下各項乃屬主要因素：

一、決策——決策的正確性直接影響行政效果，如決策不健全，計畫再週密，執行再澈底，亦無濟於行政目標的有效達成。參照許多民意代表反映，政府機關應建立健全的公共行政決策系統，早爲社會所矚望。自然，政府各機關也都逐漸注意及此。健全的決策系統應具備：㈠週延性，㈡正確性，㈢可行性，㈣果斷和明快性，㈤系統的回饋性。

二、規劃——如徒有正確的決策，而不經過周密的規劃，仍將難以將一項抽象的政策，予以付諸執行。有人說：「計畫是二十世紀行政的特徵」。也有人說：「在現代的行政中，計畫就是管理」。現代規劃通常具備：㈠前瞻性的計畫觀念，㈡邏輯性的計畫程序，㈢整體性的計畫體系，㈣持續性的計畫作業，㈤科學性的計畫方法。

三、組織——能否充分發揮組織功能，對於有效增進行政工作成果影響甚大。因此，現代行政組織必須具備：㈠合理的組織員額，使無冗員，單位無駢枝；㈡明確分工緊密合作，使責有攸歸，合作無

間；㈢分層負責逐級授權，使上不侵權，下不越權；㈣建立對各機關組織功能運用嚴密的考核方法。

四人員素質與士氣——是建立良好團隊精神的基礎。高昂的士氣，表現在旺盛的、進取的、和諧的各方面。良好的素質，發揮於優越的判斷與建議。這樣才能促進團體目標的有效達成。同時，一面有了上層的卓越領導，一面也有了下層上進的幹部，如此相互配合，才能相得益彰。

五充分的協調溝通——包括行政體系上的上下左右，以及政府機關與廣大民衆。現代目標會談、諮詢制度、建議制度，尤其是民意調查與測驗等各種方法，均宜擴大運用，使決策系統建立在一個眞正集體智慧的基礎上。

六研究發展——對於業務的推進和管理的革新，必須經常以研究發展的精神，以求改進和創新。一個機關中，如能培養成爲研究發展的風氣，形成制度和風尚，尤其注重研究發展的落實，必可以創新進步的精神，來追求工作成果的增進，而不以現實成就爲滿足。

七政策規劃評估工具的建立——對於政策規劃的評估，不僅是現代政策科學的一環，也是決策系統中重要的一個步驟。廣義的說，更包括政策規劃可行性的評估，以及政策規劃執行結束的驗收與考核，對具體效益與可行性的衡量，才能裨益於計畫成果的增進。

伍、影響行政效率的主要因素與增進方法

影響行政效率的因素亦屬甚多，茲舉其主要者如次：

一、時間及其他各項資源的合理分配與有效運用——包括時間、人力、物質、經費等與計畫有關的資源，是否能夠作最合理的分配和最有效的運用。浪費和無法消化均屬不當。此點，可以從兩方面來衡量，例如可以從個別計畫的衡量，也可以從機關整體管理來衡量。

二、建立一貫作業的標準程序——標準作業程序（SOP—Standard Operating Procedure或稱爲Standing Operating Procedure）是推行工作分析與簡化的最終目的，是對現行作業程序經過詳細檢討分析，將繁複的工作，予以剔除、合併、簡化、重組後，簡化了手續層次，節省了時間人力的程序。使行政作業程序，也能和一貫作業的生產工廠一樣，成爲一條最捷徑的作業路線。政府機關在人事行政局大力推動工作簡化之下，已有顯著成效，不過眞正建立了這一程序者（經過分析簡化）爲數不多。

三、良好的事務管理——事務管理的範圍很廣，根據行政院最近所頒布的「事務管理手冊」所規定，即包括：文書、檔案、出納、財務、物品、車輛、辦公處所、宿舍、安全、會議、工友、員工福利等多項。以上內容甚爲廣泛，無一不與行政效率相關。在這些事務管理方面，我們卻已有很大的進步，然如公文時效不易突破，車輛集用未盡澈底，內部審核未臻健全，會議效能仍待考驗，宿舍管理困擾諸多，百尺竿頭自應更待精進。

四、健全的人事管理——一個機關中要想有高度的效率，必使升遷有序，獎懲適時。一面厲行制度，一面還要使制度不致於僵化。爲有助於機關首長的領導發揮功能，一面應賦與人事運用的全權，而另一面對各機關是否恪守制度，亦尚宜建立層層節制的考核功能。

五積極推動各項管理革新——要提高行政效率，對各項管理方法制度，必須不斷突破現狀，追求進步，不能墨守成規，固步自封。各行政機關尤應適應機關性質，訂定各項管理革新計畫，明定實施方法和步驟，並重視推行成效，計日程功，而不以應付日常業務為滿足。

六有效管制考核制度——我國研考制度，已對重要工作計畫，予以有效控制嚴密追蹤，期能切實掌握進度，適時糾正偏差，並厲行階段性的中期考核，和最後的期終考核，自應加強實施。惟對於施政計畫的全面執行，如能提出檢討分析報告，則更能發揮管制考核制度的整體效能。

七行政效率衡量工具的建立——研訂行政機關行政效率評估模式，對個人、對單位、對個別計畫、對整體管理，均訂有一定的要求標準，適時加以評估，以激發工作人員時時有追求進步的觀念。

陸、衡量行政效果與效率的主要事項

政府機關部門繁多，業務各異，如純就其主管業務來衡量其績效，很難相互比較。例如外交與經濟、國防與內政，因其業務性質不同，自難同日而語，要訂出一項共同的指標來衡量績效，亦屬不易。然而各機關的行政管理效能，大體來說，應無甚差異。不過，我們推行行政革新多年，似尚未建立一套可以用為衡量行政效果和效率的具體指標，來作為行政管理考核衡量的工具。本文限於篇幅對於這一複雜問題，自難詳盡列舉，惟若從其主要衡量事項，亦不難窺測其重點和方向。茲試舉如次，以供繼續研究此一問題的參考。

一、在衡量行政效果方面，特應著重以下各項：

㈠效益性——可能獲得的或已經獲得的具體效益如何？包括可以計量的，以及非計量的效益在內。

㈡可行性——包括在財務上、技術上、管理上等各方面的可行程度，以及實際執行的成果。

㈢適應性——政策措施對當前及未來、主觀和客觀適應的程度，以及應變、安全的考慮如何？

㈣整體性——以年度關鍵性計畫目標來衡量整體性目標達成的程度與影響。

㈤配合性——對相關部門政策目標協調配合的程度。

㈥持續性——長中程計畫與持續性計畫，以及對政策目標貫徹的程度。

㈦積極性——包括機關成員對業務的主動、積極、創新等。

二、在衡量行政效率方面，特應著重以下各項：

㈠時間因素——以衡量工作速率爲主，迅速而不確實，確實而不迅速；或執行進度分布在一種不正常的曲線上，顯示先快後慢，或先慢後快，均屬不當。

㈡人力因素——以衡量人力運用與發展的效率爲主。多人辦少事乃屬浪費，少人辦多事亦非正常。

㈢財務因素——以衡量財力運用的效率爲主，用錢浪費，一再追加預算，既有預算無法消化，均屬不當。

㈣物力因素——以衡量物資包括土地運用的效率爲主。計畫所需的物資不能如期獲得，或雖已充分獲得而分配使用不當，均屬缺乏效率。

㈤作業程序和方法——作業程序未盡簡化，工作方法未盡改善，均屬缺乏效率。

㈥分層負責逐級授權——由核稿決行的層次上來分析，首長及高級主管，過度集權，影響行政效率的提高。反之，若從某些個案上發現主管有明顯諉責情勢，亦將對行政效率有所影響。

㈦目標數量與質量的達成——顯示執行成效，可用計量的方法表達。

柒、結　語

因爲正值全國行政會議之後，舉國正期望著在七十年代再綻放出一個行政再革新的新貌，各行政機關也正在掀起一個行政再改新的運動和浪潮。個人淺見以爲無論通過的任何方案，如能均以增進實際行政效率與效果爲評估的標準，將來執行以後，也均能以增進實際行政效率與效果爲考核的依據，則必可收獲改革方案的實效性。

以上對行政效果與效率的涵義，以及影響因素與增進方法，與主要衡量事項，僅作簡要介紹。深望我們國家行政也能與經濟發展同步前進，不僅作爲開發中國家的楷模，更能與經濟發展並駕齊驅，步入已開發國家之林。

（原載民國八十七年八月　「人事月刊」三卷二期）

發揚前瞻、宏觀、整體精神增進行政效能

李總統登輝先生，在今（八十五）年九月間，曾先後數度批評公務員保守心態，績效不彰，語重心長，切中時弊，值得全體公務員及主管部門的省思。歸納其所述要點為次：

一、缺乏整體觀念，本位主義太重。

㈠見樹不見林，偏重個體，缺乏整體。

㈡只考慮自己單位，沒有國家立場。

㈢推動國家建設，必須以整體著眼，不能單為某一族群、某一黨派、某一城鎮、某縣市；更不能獨厚中央或地方。

二、統籌運用資源，合理分配，整體發展。

㈠國家資源有限，各項建設需求龐大，公平、合理分配，尤其重要。

㈡全民必須取得共識，認清國家整體發展的重要，才能藉由相互的配合，得到預期的效果。

三、墨守成規，推托、形式的傳統官僚體制，必須澈底加以改進。

㈠層層束縛的官僚體制，已無法適應瞬息萬變的環境生態和潮流趨向。

㈡徹底掃除過去官僚、本位、推托、形式，事務主義等的陰影，建立政府的新形象。

㈢培養主動、積極、負責、務實、前瞻、創新、廉能的現代公務員的特質。

㈣必須能勇於任事，敢於擔當，才能落實行政革新，提升績效，爲國家跨世紀注入新生活力。

四、最近所發生的社會問題，暴露政府機關不良心態。

㈠因循苟且，推托保守的心態，依舊根深蒂固。

㈡事前缺乏前瞻性的周詳規劃，事後又乏嚴密監督與防範事端再發生。

㈢遇事既未能劍及履及、妥善處理，使問題獲得圓滿解決；更未引以爲鑑，使同樣錯誤以後不再發生。

從以上各項指責與批評，可探討現階段公務員的心態，不僅瞭如指掌，亦且一針見血，表露無遺。政府主管機關，自必依照以上各項指示，研訂改進方案，舉辦各項教育訓練，以求激發公務員的士氣、活力，提升工作績效，以求立竿見影，改進政府形象，其具體成效，國人勢必拭目以待。

筆者服務公職數十年，又曾長期服務於主管行政革新，考核行政效率的單位，亦曾擔任公務人員訓練，有關行政管理課程達廿年之久。爰就數項關鍵問題，略抒心得與經驗，以供參考與採擇。

一、關於組織與工作量問題：

㈠改進組織惰性加速組織更新

機關組織成立愈久，其所產生的組織惰性必大。管理學者主張所謂「組織更新」，誠爲行政管理革新的重要方法，如不力謀調整改進，自難激勵工作效能。由於組織法規必須通過立法，往往遷延時日，如行政院組織法的修正，自倡議至今，已歷十年，仍完成無期。在此一狀況之下，因應業務發展，採用臨時或任務編組，或可補救。

㈡改進工作惰性，運用現代作業方法

公務人員久任一職，易於因襲成規，故步自封，難免產生工作惰性。故鼓勵運用現代作業方法，適時調整輪調，激勵除舊創新，均爲提高行政效能的重要手段。

㈢公務人員的工作量必須適切平衡

每一公務人員必須依據職掌，負擔一定的工作量。如見若干部門部分人員工作冗繁，少數人員輕鬆閒散，甚至無事可做。對各機關、單位配置人員是否合理，亦乏嚴密的考核。甚至坐領乾薪的顧問、委員，爲數不少，如何提升士氣與激勵工作效能？

二、澈底分層負責，釐清機關間權責：

㈠澈底分層負責，逐級授權

此一行政管理目標，執行輒未澈底，尤以中央機關爲甚，少數新官僚較之舊官僚體制，獨斷抓權，行之尤甚。如何能培養公務員敢作敢當的態度？且部分首長形成習慣，更乏具體考核的方法。

㈡機關間權不清，影響行政效能

中央與地方政府間，機關與機關間，鄰接縣市間，經常發生有權責到分不清事件發生。尤其每當發生重大社會事件時，如水災、火災、安全、環保等，處理緩慢，時為社會詬病。甚至一再發生，仍重現故態。除在治本上確切劃分權責外，更應在事件發生時，立即協調裁定，使責攸所歸，免於貽誤事機。

三、適時修正法規，加強政策溝通：

㈠建立動態法規體系，適時修正

受法令約束或不合時宜的影響，每難有效推行政令，甚至影響公權力與公信力。每一部門，均應依業務類別，建立立法體系表。明列由母法所產生之各層次的子法，並註明何者必須修正、合併、廢止、增訂等動態資料，以為檢討立法的準據。韓國政府即準此而行。

㈡運用小組加強政策溝通

機關制訂各項政策，應與所屬公務員及相關單位密切溝通。必要時邀集小組研討問題，使參與人員具有榮譽感。切忌個人武斷、閉門造車。妥愼運用集體智慧，以適應時代需要。

四、改進公務人員職前訓練，培養研訂政策計畫能力：

㈠檢討改善公務人員職前訓練方式與內容

目前訓練似較偏重通識教育，未盡深入。如高普考及格人員職前訓練，每班次近百人，效果未著。對各機關新進人員，亦應對本機關的使命、組織、職掌、標準規定等加以講習，俾使其及早進入狀況。

㈡訓練公務員的參謀作業能力

勿僅以辦好一般公文為滿足，更須培養其研訂政策，策訂計畫，創訂法規的能力。藉此亦可促進其前瞻、宏觀、整體等觀念。

㈢行政機關公文書的再革新

在民國六十年代初期，蔣經國先生任行政院長時，曾大力推動公文改革，廢除紹興師爺及官僚作風，甚具成效。目前推動辦公室自動化及時代進步，文書處理續作第三次改革，已急迫需要。

五、激發團隊精神、加強行政管理效能的考核：

㈠激勵發揚團隊精神

機關首長除處理日常業務外，應講求領導統御，激發團隊精神，培養每一成員具有高度的士氣、旺盛的企圖心、熱忱的榮譽感，怯除個人本位主義，促進整體觀念，表現蓬勃的朝氣與活力。

㈡加強行政管理效能的考核

管制考核制度僅對重點業務加以追蹤管制、考核評估，至於對各機關行政管理的效果與效率，則乏有效考核。亟宜選訂各項指標，訂定嚴密考核辦法，厲行考方核。

六、鼓勵公務員終身服務公職，宜加檢討：

我國有關人事法規，以鼓勵公務員終身服務公職為依歸，既運用其長期公職的經驗，並珍惜人才培養之不易，固未可厚非。然一般公務員能具有發展潛力，且學能亦可隨時代進步，日新又新者，亦屬鳳毛麟角。部分資深公務員，難免有故步自封，墨守成規，甚至缺乏新知，較少競爭的企圖心。而六十五歲以後，轉業益趨困難。如日本政府公務員，常在五十餘歲退休，轉至企業任職，對於促進新陳代謝，並使此等公務員創造專業的第二春，均不無可採擇之處。（按我國公務員有關法令，對服務公職愈久者，其退休、保險均有更多優遇——報載銓敘部正研擬公務員分段、限齡退休辦法，分別在45、55、65歲各階段實施退休）。以上各項，提供參擇。

（原載民國八十六年一月「會計與管理」旬刊一一六八期）

貫徹行政院連院長六項重要行政革新指示

——就關鍵問題提供建言

壹、前　言

行政院連院長永平先生，於就職後不久，即在行政院院會中明確指示各部會，力圖行政革新，以符合社會各界對政府廉能及行政效率的期望。並針對如何提高行政效率一事，提出六項指示，要求行政院研考會在兩個月內提出具體辦法，其六項指示如次：

㈠以服務便民之心推動行政工作。

㈡檢討現有法令規章，對不合時宜者，應立即予以修正或廢止，務使法令與民眾需要配合，行政工作不受過時法令影響。

㈢應加強公務人員之進修與訓練。

㈣貫徹分層負責，減少公文流程，革除推諉習性。

㈤積極推動辦公室自動化，以增進效率。

㈥嚴格執行管考。

連院阿所舉上列六項行政革新、提高效率的重點，確能針對時弊，把握重點；至爲重要與中肯。以上各項指示，相關主管機關已綜合各方意見，撰擬改進方案，提報院會討論，逐步付諸實施之中。

過去多年來政府爲推行行政革新、提高行政效率，亦曾多次研訂方案，付諸實施，或已具有成效，或則仍未彰顯。實由於行政革新範圍至爲廣泛，每每曲高和寡，或日久變質；尤其新今社會型態轉變迅速，國民意識型態與水準，均不斷提升；加之，社會科學與自然科學不斷進步，行政管理與革新，甚至有時難以配合齊頭並進；更以施政者靠人來執行，人爲的因素並非完全能以控制。因此，就時代的配合，施政者與國民的願望而言，提高行政效率、加速行政革新，均係永無止境。由此亦帶來政府機關人員與行政管理學者，永無窮盡的研究空間與新的課題。

筆者除對連院長的高瞻遠矚和務實精進的看法，表示敬佩之意外，爰就多年從事政府工作的經驗，對以上六項重要指示，分別逐項提出二、三關鍵性的建言，以供主管機關參擇。由於問題面的廣泛，且主管機關均有詳細規畫，自亦毋須多作贅言。

貳、以服務便民之心推動行政工作

由於政府推行爲民服務工作多年，確已具有相當績效，無論在爲民服務的觀念上、態度上、程序上、方法上，與二十餘年以前相比較，均有大幅度的進步，乃不可否認的實事。因此，連院長指示，在爲民服務的良好基礎上，要拿此種爲民服務之心，來推動一般行政工作，旨意至善。

記得先總統　蔣公，有三句勉勵公務人員的名言：

以服務的態度代替管制；

以合作的態度代替干涉；

以同情的態度代替指責。

如果公務人員來推動行政工作，無論同事與同事之間，機關與機關之間，上級對下級之間以及公務人員對民衆之間，都能採取此種服務、合作、同情的態度，則何事不可爲，行政效率自然容易提高了。

此外，就爲民服務本身而言，尚有以下淺見：

㈠爲民服務固然績效顯著，然而由於時代進步，國民現代化意識提高，或難免少數單位故步自封，不便民之事仍比比皆是。如表格重複填寫（郵政匯款劃撥須民衆填二次、承辦人填收據，重複三次；所得稅同一表上，須填姓名四次，不勝枚舉），掛號、購票等工作線未盡妥善等。

㈡爲民服務場所未符便民要求，或設備未妥善，或未盡充分運用。如限於經費場所狹窄窄，樓梯窄陡，未便老殘；雖已擴建，並未充分利用；設施不適使用未便；需要影印文件處卻無自助或繳費影印設備等，不一而足。

㈢除部分事業機構外，少見有委托專家來對本單位工作流程、使用書表、工作方法，專案加以研究分析，提供改進建議，以供採擇改善者。又對於人民申請時效效率的評估，應以五至十年具體數字作比較，有些顯著進步或退步？爾後逐年統計比較，以激勵效率的不斷增進。

叄、檢討法令規章予以修正或廢止

行政法規多如牛毛，配合時代進步，予以檢討修正，至屬必要。多年以來，自李副總統元簇、胡監察委員開誠諸先生，主持行政院法規委員會以來，多所貢獻，績效良多。且我國行政法人才輩出，亦有建樹。僅就管理觀點，提出淺見兩點，以供參擇：

㈠建立法規體系，以前瞻性眼光，適時作爲調整指標與立法規劃的依據。參考韓國對法規體系建立與管理方法，頗見現代管理精神。至於建立立法體系，如勞工立法體系、商業立法體系等，已逐漸注意，惟尚未能將其形成動態管制。

㈡法規作業制度化、標準化，編訂統一詳密的作業手冊，增進行政人員作業技術。「中央法規標準法」，僅有廿六條條文，較爲簡略。即行政院函發「行政機關法制作業應注意事項」，仍感不夠詳盡。尚有省、市所頒「法規準則」、「法制實務」、「法制工作手冊」等。即以法律與命令所包括種類而言，如法、律、條例、規程、細則、辦法、綱要、標準、準則，以及未列入「中央法規標準法」之要點，注意事項等種類繁多。不僅新進人員不易作業，即服務多年之公務人員，亦不一定全能熟練。試從報行政院審議之法規章草案而言，仍有若干基礎規範未盡符合者。因此編訂詳盡手冊，加強在職訓練，爲健全法制的首要工作。

肆、加強公務人員之進修與訓練

公務人員進修與訓練，體制概已完備，師資水準與課程內容，水準日益提升，尤其在行政管理訓練方面，已具相當績效。茲略申淺見如次：

㈠提升人事行政局訓練委員會之地位，與延攬人才，使之確能產生對全國公務人員訓練之規劃、督導、協調等職責。對各階層訓練課程內容之區分，予以統籌規劃。對部門訓練期終或告一階層，均應加以考核，評估其得失，以利未來發展。對各班教育計畫，視必要應邀任教人員說明座談，以便協調配合。

㈡公務人員訓練之內容，雖至爲廣泛，然仍不外乎新知之吸收與經驗之傳承，亦即理論與實務並重。前者新知之吸收，當前學者專家，人才輩出，借重教授，亦非難事。後者經驗之傳承，反感不易。究其原因，若干經驗並不一定均有書面記錄，纂以成章；且能「爲」者不一定能「教」，理論與實務融會貫通，更屬不易。故優秀之退休高、中級公務員，其具有學驗俱優，教學經驗者，應予羅致爲最佳教職人員。又各機關對所屬人員之在職訓練，除調至訓練機構集中訓練外，在本單位內爲適應某項業務之需要，予以在職之就地或機會教育，亦有需要，並能發生立時之效果。

伍、貫徹分層負責、減少公文流程、革除推諉習性

此一提示，涉及分層負責制度、公文時效管制制度及工作分析與簡化之推行。以上制度或措施之推行，主管機關雖已大力執行，或則流於形式，或則似已進入相當階段之「高原期」，不易再行突破，更求精進。茲分述之：

㈠就分層負責而言，雖訂有各種辦法，然每囿於主管之個性，幕僚既無能爲力，考核又流於形式，以至進步較緩。僉認各項分層負責辦法，以三級或四級區分，似感籠統，應以主管、副主管、幕僚長、廳處主管、副主管、科、股長，以迄承辦人各層次詳細區分。並依此層級，統計每月決判文稿所佔之百分比，再以平行比較、持續比較方法，以評估其效率與效果，始能落實執行。

㈡就減少公文流程而言，政府推行工作分析與簡化，已歷二十年，固有相當進步，然各行政機關委托學者專家，對本單位進行詳確調查，就公文流程之整體分析，以提出簡化流程之具體建議，進而接受澈底改進者，爲數並不多見。如能藉此次要求，各機關即從本身做起，未嘗不可能於近期內獲一新貌。

㈢就公文時效管制制度言，行政院研考會正在全面檢討，修訂公文時效管制手冊，其著眼不僅在於作業制度化、計算標準化，更力求配合辦公室自動化、公文處理資訊系統之建立，使此一提高公文時效之工具，再求精進。行政院院本部將超逾一個月未辦出之公文，每月提出業務會報報告，督促加

速處理。另行政院衛生署抽樣五〇〇檔案，邀請學者專家逐一評估，檢討處理流程，研提綜合性改進意見，均值參考借鏡。

陸、積極推動辦公室自動化

行政院研考會對規劃建立行政資訊系統，推動辦公室自動化不遺餘力。從全國六大行政資訊系統，發展近六〇個分系統，長期推動，已具規模。進而推行辦公室自動化，策訂方案，選樣示範，無論在資訊硬體設備、軟體應用，以及管理因應措施方面，均在積極進行。惟此項工作至爲艱鉅，不僅需要龐大預算支持，更需全體公務員現代化的觀念來支持。茲就非技術層面較超然的觀點，略抒淺見如次：

㈠現代管理科學的各項理念與實踐，必須植基在良好的傳統科學的基礎上。例如，若未能以工作分析與簡化的方法，建立簡捷有效的工作流程，以及未能具備現代化適用有效的辦公設備與工具，如何能更進一步談到資訊化、電腦化。所以有人提出一切自動化必須具備四個要件，即爲：1.機械化（Mechanigation），2.連續化（Continuous Process），3.自制化（Autiomatic Control），4.合理化（Rationalization）。前面所說工作流程即是連續化的具體表現。而辦公大樓和所有設備，能否符合機械化的要求，不僅影響辦公室自動化的推行。即對一般行政效率而言，亦影響甚鉅。就如個人過去主持基隆港口某單位，當船開駛馬祖，即發電報通知馬祖某部，電報僅須數分鐘即可傳到。惟該單位並無電台，尚須送達五里外之電台拍發，送電報之傳達人員亦無專車，尚須靠走路前往，自然就難以要求時效了。

㈡配合行政資訊系統之建立與辦公室自動化之推行，就前瞻性的發展，即速研究第二次公文革新的構想與方案。自民國六十年蔣前院長經國先生主持行政院時，即大力推動公文書革新，可說對我國傳統紹興師爺式的公文處理，是一項歷史性的挑戰，也可稱爲「公文革命」。這一行動已收至甚大的效果。迄今已逾二十年，時代不斷進步，公文處理資訊系統與辦公室自動化，均在規劃推動之中。預想未來發展，無論在公文書程式、處理系統、工具等各方面，均須配合改變，始能適應。

柒、嚴格執行管考

控制是現代管理功能重要的一環，管制考核制度，亦即追蹤管制考核評估的簡稱，歷經二十餘年的建立與發展，已形成具體規模，而參與共事的人員，亦人才輩出。可見運用此一制度精神，來領導與管理行政機關，確屬可以提高行政效能，無往而不利。首長重視管考，則更能促進所屬人員的重視，發揮輝煌的效果。然而任何一項管理制度，歷時愈久，必易產生惰性或僵化。甚至原以取法乎上，僅得乎中；更若取法乎中，僅得於下。自應再求精進，以配合時代需求。關於各項加強措施，行政院研考會均有良好構想與措施，仍以超然立場，略抒淺見如次：

㈠配合行政資訊系統，健全立即回報之管考資訊系統，使隨時能瞭解列管案件執行進度，際此分秒必爭時代，以每季乙次傳達管考資訊，似感緩不濟急。自十四項建設以迄國建六年計畫之追蹤管制以來，多數計畫均處於長期進度落後之情況下，如何促其改進，似有無力感。自宜分別專案檢討，尋求問題所在，研擬有效對策，充分發揮管考功能，計日程功，以求達成原訂目標。

㈠今日各賢明長官，無不以要求提高行政效率，加強行政革新為施政重點。故對行政機關之年度考成，應以考核各機關行政管理之效能，包括行政效率與效果為主。良以各機關所掌理之業務不同，不易衡量其績效，以為比較良窳之標準。行政管理之基本方法與內容，並無二致。

㈢行政院研考會、經建會、國科會列管案件有限，不及年度施政計畫之十一，分層列管又漸流於形式，則全部施政計畫與預算之執行，有時不易掌握，立法與審計機關時有批評。為資補救，行政院研考會亦正在研究。過去筆者亦有研究，曾提出每季施政計畫與預算檢討分析制度。尚冀主管機關加速研訂，早日施行。

捌、結　語

關於連院長永平先生所提六項行政革新事項，切中時弊，至為重要。主管部門已策訂辦法，付諸施行，將來績效可期，自當刮目相看。爰本過去服務公職多年，以及擔任教職之理論與實務經驗，提供芻見，以供參擇。

（原載「研考報導」季刊第二十四期　民國八十六年十一月）

公文處理現代化之推動與展望

壹、前言

「公文」即係「公文書」的簡稱，亦即「處理公務或與公務有關的全部文書」而言；而「文書處理」，則指「公文自收文或交辦起至發文歸檔止的全部流程」而言；其處理程序又概分爲「收文處理、文件簽辦、文稿擬判、發文處理、歸檔」等五大步驟。至於文書的簡化、保密、公文時效管制、文書用紙等，影響文書處理效率至大，自亦包括在公文處理範圍之內，此在「事務管理規則」與「文書處理手冊」中，均有詳盡的說明，凡任公務員者，亦莫不日日身在其中，熟練深知。

所謂「現代化」一辭，雖應用甚爲普遍，然窺其意義，諸家學說，頗多主張，亦曾引起學術的論爭，吾人不擬在此加以申論。廣泛來說，時代在進步，科技在進步，思想、觀點都在進步，人們在生活上、工作上的一切工具也都在進步。吾人必須不斷的前瞻，無數個未來的明天，無數個新的希望，用以代替過去，代替昨天。然而所有的進步、希望、明天，必須以現實的成就爲基礎，才能向前邁進。現代化的具體表現，通常以速度——較前更迅速；正確度——較前更精確；適應度——較前更能適應各種變化的狀況，因此產生了自動化、電腦化、資訊系統的建立。其實現代化永無止境。昨日所為，今已陳舊；今日所為，明又非新。不過在進步的過程中，仍然必須經過一個階段性的過程。我國邁向已開發的現代化國家，已將接近的前夕，追求現代化更為主要的課題。

行政院連院長於就任後，即大力倡導行政革新。行政院研考會遵照此一指示，擬具「行政革新方案」，經於民國八十二年九月二日行政院第二三四七次會議審通過。其中年度實施要項二、增進行政效能之㈢賡續推動工作簡化，之㈣推動辦公室自動化，都與推動公文處理現代化有密切的關切。尤其在㈣之4項明確指出：

於半年內完成各項公文處理現代化與革措施之規劃，從制度、電子作業、法規研修及推廣宣導各層面，規劃推行新速實簡之公文處理作業。

㈣之5項：「配合現代化公文處理系統推展時程，訂定適當百分比，逐年提高各機關公文處理的效率及精簡公文處理的人力，並選定『公文處理現代化示範發展中心』，進行試辦」。

行政院研考會孫主任委員得雄，在「行政革新」一文中，亦曾述及：增進行政效能之㈣賡續推動工作簡化，落實分層負責，縮短作業流程及簡化表報，推動櫃臺化作業，節省民眾申請時間。㈤推動行政機關辦公室自動化及公文處理電腦化，提高公文處理時效，發展「一處交件，全程服務」系統。

由上說明，在行政院全面推動行政革新之下，如何規劃及推行公文處理現代化，已為行政革新中一項重要課題。

貳、公文革新的歷史回顧

我國傳統公文，歷史沿革甚久。形成官僚政治中一項包袱，而運用詞藻，不切實際，致有「紹興師爺」之稱。無可諱言，以往公文程式既不夠簡明，用語又復累贅，等因奉此，虛應故事，模稜兩可，似是而非，不僅影響行政效率，亦且難以解決實際問題。民國六十二年蔣經國先生任職行政院長時，即要求大力改革，變更幅度甚大，吾人不妨稱之為「第一次公文革命」，亦無不可。

此一改革的宗旨有四：

㈠使政府公文所要表達的意思，讓社會大衆普遍接受。

㈡使政府機關在大幅度的改革措施下，澈底擺脫陳舊落伍的程式用語，使能充分發揮溝通意見、推行公務的功用，並在行政革新中發生引導作用。

㈢使政府機關公文結構、程式、文字趨於簡單明瞭，即使一位初任公職的青年，也都可擬辦公文。

㈣使政府機關減少不必要的行文程序與數量，提高行政效率。

又在公文結構的製作要領中說。

㈠文字敘述，應儘量使用明白曉暢，詞意清晰的語體文，以達到公文程式條例第八條所規定「簡、淺、明、確」的要求。

㈡文句應正確使用標點符號。

㈢文內不可層層套敘來文，祗摘述要點。

㈣應絕對避免使用艱深費解，無意義或模稜兩可的詞句。

㈤應採用語氣肯定、用詞堅定，互相尊重的語詞。

以上公文改革推行已廿年，初期雖略有不便，但時之日久，早已行成習慣，政府機關公文風氣爲之丕變，公務人員與民間無不稱便，使我國數千年來的官僚體系，幕府文書來了一次大的革新。由於行政效率的提高，對政治、經濟、文化等方面的進步與革新助力至大。

在配合文書革新的同時，行政院研考會遵照蔣前院長經國先生的指示：「提高公文辦理時效，應列爲研考業務特別注意事項之一」。乃參考國防部引進美國的空軍的公文查詢制度，經於民國六十三年訂定「公文時效管制制度」大力推行，先後並經過四度修訂，成爲管制考核制度重要之一環。前者公文改革的重點在於公文程式和製作的改進，偏重於公文的內容和品質方面；後者公文時效管制，著重於公文處理流程和速度方面。故作業範圍約如次述：

㈠建立完整的登記系統，對公文全部流程正確登記。

㈡精確統計每一公文全部流程所使用的時間。

㈢分析流程狀況，發掘瓶頸所在。

㈣有效稽催，以防止積壓與偏差。

㈤登記、統計、分析稽催結果所發現的問題，檢討改進。

㈥促進公文流程簡化，達到迅確處理，提高行政效率。

依擬概略統計資料，各機關近二十年來公文辦出的平均天數已不斷提升，摘舉如次：

內政部自一一·三六天↓三·二五天。

財政部自七·六九天↓三·二八天。

教育部自一一·四天↓四·五六天。

法務部自七·一一天↓四·八八天。

經濟部自六·七八天↓四·五五天。

交通部自六·三一天↓四·三三天。

僑委會自九·四四天↓四·五六天。

國科會自九·二天↓二·七四天。

臺省府自四·一二天↓三·二四天。

北市府自四·四九天↓二·九八天。

由上例舉公文時效管制的績效，自不言而喻。

叁、公文處理現代化的規劃與推行

筆者在多次任課或演講時，均曾提出：「吾人即將迎接第二次公文革命的來臨，並速面對此一事實預作準備」。事實告知吾人，時代加速進步，歷二十年卓有貢獻的公文改革與公文時效管制制度，在今日資訊時代，辦公室自動化發展之下，促進公文處理現代化已迫不及待。

在行政院推動行政革新各種方案之下，亦於今年二月設置「公文處理現代化規劃及推動小組」，研訂「公文處理現代化推動方案」。其初步所擬工作目標如次：

㈠有關公文文書方面，在求：

1.提高公文處理的品質；

2.擴大公文處理的容量；

3.簡化文書處理的方式。

㈡有關公文處理流程方面，在求：

1.提升文書交換效率；

2.確實掌握文書處理流程；

3.有效管理制稽催公文時效。

㈢有關處理人力方面，在求：

1.公務人員人人會用現代機具；

2.依辦公室自動化重新配置運用人力；

3.進而精簡公文處理人力。

參照前項初步目標，研訂以下九項措施：

㈠成立「公文處理現代化規劃及推行小組」。

㈡選定「公文處理現代化示範發展中心」。

㈢預定民國八十七年度完成公文處理電子化，及早發布有關辦法、規劃。

㈣配合公文處理現代化，修訂公文格式、程式、法規、程序等。

㈤研訂提高公文處理效率及精簡人力之追蹤考核標準。

㈥建立「文書及檔案管理電腦化作業規範」驗證制度。

㈦擬訂公文處理電子化作業所需軟硬體環境規格。

㈧辦理公文電腦化之教育訓練。

㈨籌辦機關公文電子交換服務。

以上各項均待推動小組研商規劃，以利積極進行。

行政院研考會年來推動建立行政資訊系統，不遺餘力，頗具成效。其實促進文書處理現代化，是以該會所規劃的「公文處理資訊系統」爲基礎。「公文處理資訊系統」又以該會推動的「辦公室自動化」構想爲依歸。以上都是相輔相承，相互關聯的。雖然完成全面辦公室自動化，可能須至民國八十七年，然而相關措施的逐年推動，尤須依序整合完成，以竟事功。

肆、辦公室自動化與公文處理資訊系統

政府機關辦公室自動化（ＯＡ）是利用資料處理、通訊及事務機器等設備、處理辦公室內業務，並注重人性化的管理配合措施，創造辦公室合理的工作環境，以提昇工作品質及生產力，達成機關既定的政策與目標。

有人說：狹義的辦公室自動化，即係以辦公室資料，文書處理、影像處理、音訊處理、及人性因素等爲範圍。

無論就廣義與狹義言，辦公室自動化的整體架構，不外包括：

㈠資訊硬體設備方面——電腦及週邊設備、通訊設備、光學設備、現代化的事務機器。

㈡資訊軟體應用方面——人事、會計、文書、財產管理、圖書管理、規費查詢等事務性工作，以及個人資訊應用等。

㈢管理因應措施——如資訊軟體使用親和力、硬體設備辦公室環境、組織、資源整合運用，評估制度、作業標準化。

行政院研考會年來爲推動辦公室自動化，並配合國家資源、優先順序，硬體設備進度，已著手從事公文處理資訊系統（或稱電子化）的規劃與推動。

在處理電子化各項制度方面，研訂公文電子交換法規、研擬公文電子交換標準，檢討公文處理作

業方式。

在配置公文電子處理軟硬體設備方面，推動各機關公文電腦作業、提供公文電子交換服務，提供作業軟硬體環境與類別分析資料。

在公文管理系統及輔導上線應用方面，採行共同規範，公布整合系統功能需求，由業者配合發展。

以上自去（八二）年開始，預期至八十七年完成，自必有一相當時期的艱辛歷程。

內政部等機關已率先推行辦公室自動化——公文管理電腦化作業系統，已具初步成效，其特點如次：

㈠統一建立總收文資料檔，配合條碼之應用，節省重覆登錄人力。

㈡以簡單的電腦化程序，取代人工抄錄，節省人力。

㈢便利人民申請案件查詢，提昇櫃臺作業爲民服務品質。

㈣承辦人員可用電腦立即查詢公文處狀況，提高時效。

㈤自動稽催逾期處理公文，加強時效管制，節省時間人力。

㈥迅提各種統計資料，以供主管決策參考。

㈦配合縮影及影像光碟之應用，增進檔案管理運用之安全性與迅確性。

㈧提供辦公室自動化基本作業軟體，加強傳輸及資料共享，奠定辦公室自動化之基礎。

伍、展望

公文處理現代化的範圍雖絞廣泛，然而公文處理電子化，亦即公文處理資訊系統的建立，卻爲其重心與基礎工作。誠如在公文處理電子化規劃的結論中說：「最明顯的效益是將以往費時一至兩天的公文傳遞交換，可於一、二十分鐘內完成，除了大幅提升行政效率外，對於政府機關以公文資訊流通主體的作業方式，也帶來革命性的改變」。因此，公文第二次革命範圍，將遠較第一次革命爲大。吾人爲適應與迎接此一變革，自須審愼而又積極。爰提展望拙見如次：

(一)「簡、淺、明、確」四字：不僅爲迭次文書處理手冊的目標，也是此次公文處理現代化推動方案的要求。然就現代智識領域言，僅且指文字表達方法而言。事實上「簡」不見得就「明」，「淺」亦不見得就「確」。就現代專業分工觀念言，政府各部門業務，多具專精，愈至高、中層機關，業務愈繁複，文字的表達固可淺明，業務的內涵卻具專業。過去要求一位中學畢業的公務員的撰寫公文，目前任公務員的素質已大爲提高。故以此四字懸爲目標，亦宜加以斟酌。

(二)有人說達到自動化應具備四個要素：1.機械化（mechanigation）；2.連續化（continuous process）；3.自制化（automatic control）；4.合理化（crationalization）。因此，管理科學如資訊系統的建立，必須有良好科學管理爲基礎，否則必難配合落實。

(三)關於公文程式、格式、製作，爲公文現代化重要檢討項目，僉以愈求簡化、表格化，雖較簡明，亦愈易趨於形式化。即以目前「主旨、說明、辦法」而言，各機關抽查公文中，泰半未能確到好處。至於公文製作手冊雖有原則規定，而幕僚的整體觀念，完整的行爲，邏輯思維的程序，分析事理的素養，更須加以培養訓練。

㈣公文處理現代化推動方案與公文處理電子化規劃，其內容重點已如前述，以上均預定在民國八十七年完成。吾人雖已有良好之起步，然方案內容與涉及機關，勢必繁複艱鉅。在此五年期中，如何加以整合？如何規劃推動，自宜策訂一五年中程計畫，再釐訂分年度計畫，控制執行，以期貫徹目標，然主管機關，早已考慮及此。

㈤除上項方案已述及之原則與內容外，公文時效管制制度，將來在此一方案中所扮演之角色，似亦不可忽視。甫於八十二年五月修訂之「公文時效管制作業手冊」，亦勢將重加檢討。

（原載「研考報導」季刊第二十八期　民國八十三年七月）

檔案管理的基本精神和展望

壹、前　言

無論在行政機關、學術機構、工商團體，無不重視檔案的管理，因爲處理事務、決定政策、業務運作或研究考據，無不需要完整的檔案爲依循。我國政府制度、行政體系，雖然具有悠久的歷史，檔案制度的建立，亦有相當的成就，然而日新月異，卻未盡能隨時代的進步，更求健全。尤其建立、管理與運用檔案者，均須依賴承辨的人員與主管，因之，人爲因素對檔案制度的建立與推動，影響甚鉅。

依據「事務管理規則」稱「檔案管理」係指「有關各種公務文書歸檔案件的點收、分類、編案、編製目錄、保管檢調、清理等程序及其工作」。

參考正在研究討論中的「檔案法草案」，指：「稱檔案者，指各機關經管之文書及其附件，依照管理程序歸檔保存，可供應用者」。

檔案管理的重要性已不待言，任何人都知道檔案不僅是國家的重要歷史、文化的資產，亦爲政府機關處理公務詳確的紀錄和重要、合法的參考與徵信資料。

行政院研考會馬前主任委員英九，在主持研討檔案法草案第一次會議致詞說：

「檔案是保存歷史眞實絕錄的第一手資料，不僅是民族資產，也是社會公器。由於我國檔案的管理，一直缺乏一套徵集、建檔、收藏及開放使用的完整制度和法律依據，致使各級機關檔案管理有欠健全。爲了建立檔案管理制度，確立檔案開放的基本原則，以提供學術研究及纂修史實的依據，訂定『檔案法』實屬當前急務」。

貳、檔案管理的基本精神

檔案管理的目的已如上述，檔案管理的方法，涉及很多現代管理的原則和方法，然而檔案管理的基本精神究竟是什麼呢？

依據「事務管理規則」第三編「檔案管理」、第四十條：「各機關之檔案，應採統一管理方法，由檔案管理單位集中管理。」

又參考正在研擬中的「檔案法草案」第一章第五條：「檔案管理以統一規劃、集中管理爲原則」。

此外，「事務管理手冊」中「檔案管理」部分，壹、總述中的第一條，開章明義即說明：「各機關應設置檔案管理單位（人員），建立檔案統一管理制度，以統一方法管理檔案」。

從以上相關條文說明，可以歸納起來說，檔案管理的基本精神，是「統一」與「集中」四個字。

再從行政院七十二年四月二十九日臺七二秘字第七六〇七號函修正發布的「事務管理規則」中第

三編「檔案管理」總計二十三項條文，以及行政院七十四年三月十八日臺七十四秘字第四七一六號函發布修正的「事務管理手冊」中「檔案管理」總計八十一條條文來觀察，絕大部分是爲達到檔案管理的基本精神——「統一」與「集中」而設計。

正在研訂中的「檔案法」草案，亦係鑒於我國對檔案管理尚無特定的法律做依據，亦乏專門負責管理檔案的機關，來制定政策、制度與督導執行。一俟「檔案法草案」研訂完成，通過立法程序，形成法律，即以達成檔案管理的基本精神，「統一」與「集中」來貫徹本法的執行。將來依法設立專門負責管理檔案的機構——國家檔案館，仍係以達成檔案管理的基本精神——「統一」與「集中」爲主要使命。

叁、檔案管理的基本精神——「統一」

統一規劃、統一方法、統一管理，是檔案管理的重要基本精神之一，對於促進檔案管理的正確性與效率關係至鉅。茲從統一檔案管理的觀念、程序、方法，公文處理的程式，以及從統一管理來促進正確性與效率各方面分述如次：

一、統一檔案管理的觀念

我國政府建立檔案管理制度，雖然歷史頗爲悠久，然無論一般公務人員或國民，對於檔案管理觀念，並未完全趨於一致，所以亟待建立統一的檔案觀念。所謂統一檔案管理的觀念，至少應包括：重視檔案管理的觀念，整體性的檔案管理觀念，以及現代化的檔案管理概念。

就重視檔案管理的觀念說，檔案是重要歷史、文化資產，行政、司法等稽查徵信的依據，自機關首長以迄各級公務人員，必須重視檔案，才能珍視檔案，建立檔案管理單位與人員的良好形象，健全組織、人員與運作的實務。

就整體性的檔案管理觀念而言，每一個檔案有其整體性，每一機關的檔案有其整體性，業務單位與檔案主管單位的分工合作有其整體性，所以需要統一規劃、統一管理。任何公務人員對其承辦的案件，就納入檔案管理系統而言，如存有本位主義，都會影響檔案制度的建立和管理的成效。

就現代化的檔案管理觀念而言，管理本身即是科學的，追隨時代而進步的。惟有具有現代化的觀念，才能促進檔案管理效果和效率。回顧我國檔案管理，雖然在設施、方法、技術等各方面，不斷的加以改進，不過由於人才與經費，尤其是首長支持的程度和決心，進步的幅度還是相當緩慢，所以必須建立現代化的檔案管理觀念。

二、統一檔案管理的程序

檔案管理的程序，是機關運作的基礎。雖然各級行政機關組織與業務職掌及性質不一，可能有不同的作業程序。然而依據有關法令，在管理作業的幾個重要關鍵大原則上應該統一的掌握，才不致有較大的出入。基於檔案管理的程序，必須經過文書處理和檔案管理兩大程序，一件公文、一宗案卷，須經歷了整個機關很多層次和人員，如缺乏統一的程序，自難建立健全的檔案管理。

又基於檔案管理最後程序，必須集中在機關的檔案管理單位，甚至永外性檔案，還要集中到國家檔案管理機構去管理，亦必須在統一的檔案管理程序下來運作，才能產生良好的管理效能。

訂定了統一的管理程序，必須由一般公務人員與檔案管理人員來切實遵守。例如檔案管理規劃中所指：「點收、分類、編案、編製目錄、保管、檢調、清理等」程序，而在「點收」中又規定在十種狀況下應退還補正，經詳查無誤後如何點收按個別程序，其餘類推。然而，這些程序雖有統一規定，是否能互實遵守？即以公務人員承辦的案件應按時歸檔而言，恐怕很多機關執行成效都難以彰顯。

三、統一檔案管理的方法

檔案管理的方法，包括檔案管理的方式、程式、技術、作業方法，甚至於包括使用的設施與工具在內。「事務管理規則」中有關「檔案管理」部分，以及「事務管理手冊」中，有關「檔案管理」部分，其中絕大多數條文，都以說明檔案管理方法爲主旨。其所以在手冊中詳加規定，主要目的仍在求其「統一」。

即以「檔案管理手冊」中，「叁、分類編目」、「肆、編製目錄」兩節而言，其中規定如何製作檔案分類表、檔案分類項目編製要領、分類目錄如何編製、以及檔案人檔的詳細程序等，均屬於檔案管理重要方法範圍。由於檔案管理是所有行政機關，甚至是全國性的，而且又必須達到集中管理的要求，所以在方法上必須統一，以免分歧。

然而在不斷進步的時代中，管理方法亦必須追求進步，才能增進管理效能。在民國七十二、三年間，行政院從事修訂「事務管理規則」與「事務管理手冊」，花費了約近兩年的工夫，先由主管部會組成小組研修，次經人事行政局綜合小組初審，再經行政院複審，先後召開會議不下數百次，工作不可不謂之艱鉅。然而如僅就「檔案管理」部分而言，主要精神仍係將現有作業狀況與過去不同者，予以修正補充，使其能充分符合現況。如對檔案管理方法而言，能配合現代化需求作前瞻性、創意性改進或新建制度者，顯然並不多見。至於行政機關現有檔案管理人員的訓練培養，則以接近「學徒制」的方式，邊做邊學，自然缺乏有系統的培訓，難以大幅改進。

四、為建立檔案管理的基礎工作，先求統一公文處理的觀念與方法

公文處理雖然不是屬於檔案管理的範圍，然而卻是檔案管理最基礎的工作，而且兩者有密不可分的關係。如果是一位良好的幕僚人員，他在案件處理過程中，對所附的案卷，必然整理得有條不紊，先後有序，各項附件完整無缺，使各級主管核閱感到便利，很容易即進入狀況，以便核轉批判，否則反是。

目前雖有「文書處理手冊」規定，各機關在運作上仍有很大的彈性。甚至在公文程式與所用紙張上，亦不盡一致。尤其隨時代進步，若干公文產品，如電腦、傳眞、西式打印等，在手冊中均無規定的，均可能影響將來檔案管理與集中管理的效能。

檔案管理程序中的第一項工作，即爲「點收」，如果歸檔的公文是非常完整的，亦即將檔案管理的基礎打好了，自然有利於檔案管理的效能了。

五、從統一規劃的精神中促進檔案管理的正確性與效率

統一管理既如前述在觀念上、程序上、方法上均須齊一步驟，使其管理運作能夠標準化、合理化，其目的即在達成管理的方法正確性，以及作業具有高度的效率。然而反顧一般行政機關，能夠依照手冊規定完全做到者，已屬不易。若能在各層次運用統一管理的精神，不斷加以研究改進，使其更能促進加強者，更屬鳳毛麟角。

因此，有既定的手冊、制度以外，尚須發揮統一規劃的精神，各機關或未來擬議設置的國家檔案館，應配合時代進步與科技發展，每年有年度的統一規劃，中程有四、五年的統一規劃，長程有八至十年的統一規劃，訂定各程期檔案管理發展計畫，才能改進作業方法，培訓所需人才，改進各項設施，以達到不斷提高正確性和效率的目的。目前行政資訊體系正逐步建立，雖然進行頗爲緩慢，然而辦公室自動化，終將爲未來追求的目標，屆時爲適應需要，可能現行許多作業方法，勢將面目全非，自亦非加強統規劃不爲功。

肆、檔案管理的基本精神——「集中」

檔案必須集中管理，才能便於整理、分類、編案、編目，以及處理與運用，而不致散失，乃爲檔案管理重要的原則。此次由行政院研考會設置研究小組，研訂「檔案法」草案，其最重要的目的之一，亦即爲設立國家檔案管理機構，以補救過去我國未設置集中管理機構的遺憾。茲從國家階層、行政機關

以及個別檔案的集中管理等各方面，分述如次：

一、**國家檔案的集中管理**

我國具有悠久的歷史與文化，以及完備的政治制度與政府組織，卻缺乏集中管理的國家檔案管理機構，以至許多極有價值的檔案，分散在歷史或研究機構以及各機關自行管理。其中由承辦業務人員或主管轉為私人收藏或散失者，又不知凡幾。

反觀各先進國家如美、英、德、法、日等國，均設有國家檔案管理機構。即以中共而言，已設立了「中共檔案館」，又先後成立了「中國第一歷史檔案館」及「中國第二歷史檔案館」，均隸於「國務院」之下。各省市亦分別成立檔案館，據有關資料統計已有廿九個省、市、自治區，成立了檔案局（處）。在大陸二、五七四個市、縣中，已建立了二、五五一個各類檔案館。

目前我國行政院第七組設有檔案科，僅負責院本部本身的檔案管理，既不負責國家檔案的管理，更不負責國家檔案的政策、制度、統一規劃和督導考核。這些工作至今並無專責管理單位。記得筆者在行政院任秘書室主任時，適屆修訂「事務管理規則」和「事務管理手冊」之際，臨時奉指定擔任「文書處理」與「檔案管理」兩部分修訂與審查小組的召集人，於全部工作完成以後，亦曾為將來主管單位而煞費苦心，幾經研究簽辦，亦迄未能獲得解決。因此，國家檔案的管理機構，亟待解決。

二、**機關檔案的集中管理**

機關檔案的集中管理，是我國目前各行政機關的特色，各項現行手冊法規的設計，亦無不以機關檔案爲管理爲對象。無論將來設置何種型態的國家檔案管理機構，甚至設立地區檔案管理機構，機關檔案的集中管理均居重要的地位。因爲機關檔案是從業務單位中將經過文書處理後的案卷，第一手的接管，並負責點收整理成爲完整檔案的單位。至於業務單位是否依照時限如期歸檔，內容是否完整無缺，以及業務單位對檔案重視的程度，均將視機關檔案管理單位執行是否認眞而定。如果機關檔案已奠定良好的基礎，則將來移送至國家檔案管理機關，自然便於接收管理。

一般行政機關檔案管理單位，多半是人員、組織有欠健全，設施不足，改進發展受經費限制，難以抱有遠大理想，自然不易建立檔案管理的權威性，進而影響業務單位嚴格執行檔案管理的各項規定。由於我國過去未建立國家檔案管理機構，各機關所管理的永久性檔案，也日積月累逐漸增多，紛紛請求增加建築和設施，使機關檔案管理單位業務負荷日趨沉重。將來如照研議設置國家檔案機構，對於此項狀況自應加以檢討。

三、臨時檔案確保完整性的集中管理

依據「事務管理規則」第三編第四十一條規定，將檔案區分爲「臨時檔案」、「定期檔案」及「永久檔案」三種。「臨時檔案」是指「尙未結案，待繼續辦理之案卷」。此項檔案顯係由業務承辦人員保管待辦未結的案件，其中或係正在簽辦尙未歸檔，或係個別公文（而非全案）歸檔後再調出續辦者。此類「臨時檔案」在整個檔案管理過程中，以其尙未成爲正式檔案（包括定期檔案及永久檔案）並未重視。例如在研議的「檔案法草案」中，即未將「臨時檔案」一詞列入其中。

通常公文歸檔是根據收文或發文字號，故可控制全部收發公文全部歸檔而一無遺漏。然而整個公務處理過程中，許多是沒有經過收發文程序而對全案關係甚大的事項，例如不須發文的會議紀錄、協談紀錄，重要的電話紀錄，長官交辦的手諭或口頭指示等等，是否保有完整的紀錄，或雖已有了紀錄但歸不歸檔，全看承辦人員是否克盡厥職。過去亦有將長官手諭（如先總統　蔣公函諭），視爲珍貴文獻有私人抽下留爲珍藏者。亦有附件圖表，欠缺完整者，均影響正式檔案的完整性。所以臨時檔案確保完整性，全視承辦業務人員，有無對全案集中管理的整體觀念。

至於承辦業務人員或主管，怠惰疏忽，積壓公文不辦，甚至遺失者，亦屢見不鮮。足見單位主管公文稽催工作與檔案主管單位未盡管制考核追蹤調查的責任，致使檔案欠完整，管理未集中，影響檔案管理的效能。

伍、對於檔案管理工作未來的展望

行政院研考會正組成檔案法研究小組，研議「檔案法草案」，並已完成第二次討論。如能及早完成，經行政院核定後再送請立法院完成立法，則不僅檔案管理有了法律的依據，國家檔案管理機構亦可依法設置。「檔案法草案」擬案中亦貫注若干現代管理的精神，實爲我國檔案管理數十年來一大貢獻。爰對未來展望略申淺見如次：

一、加速促進檔案管理現代化

我國檔案管理歷年雖不斷改進，但幅度不大。雖然儘量配合科技發展，部分檔案已進入「微縮」時代，然就全面管制作業的程序和方法而言，改進程度不大，更缺乏突破性的創意革新。即以傳統科學管理方法而言，尚未聞及何機關曾對檔案管理作業程序，專門約請專家來做工作分析與簡化，切實檢討改進者。如就管理科學或技術而言，遲早政府會推行全面辦公室自動化，建立全面的行政資訊網路，屆時檔案管理將如何配合，乃亟待籌劃準備的一項課題。

公務文書乃爲檔案的主要內涵。蔣經國先生在行政院長任內，於民國六十年代初期，大力推動公文改革，可以說是向「紹興師爺」式的老舊公文的一次革命，成效甚大。預期在實施全面辦公室自動化之時，目前各種公文書的型態，可能又將發動第二次革命。然則屆時的檔案管理又會發展到何種型態呢？吾人不能不做前瞻性的規劃。

即以推行辦公室自動化，建立行政資訊系統而言，目前步伐顯見緩慢，在各機關逐漸建立時，又不知能否將檔案管理工作列爲優先考慮的項目？我們檔案管理單位爲配合未來發展，如何充實人才、先期規劃，積極推動？以上均宜加速籌劃，以應需要。

二、加強檔案管理的管制考核

「事務管理規則」及「事務管理手冊」中，均列有「工作檢核」一章，在「工作檢核」中又定有「通則」與「檢核要項」，例如第四〇一條即規定檔案管理的檢核要項有十項，內容甚爲詳細。在手冊中對檢核結果的處理亦規定「每年度工作檢核結果，應報告機關首長及上級機關備查」，「事務管理工作檢核結果，得分別予以獎懲」。事實上各機關甚少依照辦理。而檔案管理在行政院之下，既無明確主管機關，亦乏統籌督導與考核的單位。

管制考核的目的，在增進行政管理的效率和效果，所謂「效率」是著重在時間、作業、經費、人力、物力等有效管理，比較著重於方法、手段、程序等方面。所謂「效果」著重於決策的正確性，效益的合理性，品質的優越性，整體的配合性等方面，比較著重於目的、後果、效益等方面。

三、從速完成「檔案法」，設置國家檔案主管機構

正在研議中的「檔案法」草案，其重要性與急迫需要性已不待言。而設置「國家檔案主管機構」尤迫不及待。行政院於七十二年間，修訂及審查完成「事務管理規則」與「事務管理手冊」時，以事務管理若干個別業務及整體管理單位，尚乏明確主管單位，如檔案管理即爲一例，由小組召集人行政院秘書長簽呈院長，建議數案，均以組織員額所限未奉核定，結果批示由行政院秘書長召集有關機關主管，組成臨時性協調督導小組，不久後又撤銷，至今缺乏主管機關。因此，設立國家檔案管理機關實已迫不及待。如俟完成法律通過立法，恐又不知稽延至何年何月，故在未完成法律案之前，建議行政院先行指定明確主管機關負責統籌規劃，未雨綢繆，使多年來缺乏主管的檔案管理，能責有攸歸。

（原載「研考雙月刊」第十五卷三期　民國八十年六月）

國家圖書館出版品預行編目資料

規劃與控制 / 邢祖援著. -- 初版. -- 臺北市 :
文史哲, 民 88
面 : 公分. --
ISBN 957-549-215-3(平裝)

1. 行政管理 - 論文, 講詞等 2.行政考核
論文,講詞等

572.907 88007901

規劃與控制

著 者:邢 祖 援
出 版 者:文 史 哲 出 版 社
登記證字號:行政院新聞局版臺業字五三三七號
發 行 人:彭 正 雄
發 行 所:文 史 哲 出 版 社
印 刷 者:文 史 哲 出 版 社
臺北市羅斯福路一段七十二巷四號
郵政劃撥帳號:一六一八〇一七五
電話 886-2-23511028 · 傳眞 886-2-23965656
實價新臺幣 四八〇元
中 華 民 國 八 十 八 年 六 月 初 版

ISBN 957-549-215-3